寶塔山下江贛文藝人

陈军 编

江蘇鳳凰教育出版社

友情题词

（按题词人姓氏音序排列）

為『寶塔山下江蘇文藝人』題

學史彰文知人論世

壬寅歲 康震書

北京师范大学副校长　康震 题

人文沃土，花团锦簇；

深勾细描，群星熠熠。

江苏文脉源远流长，

陈军先生为之续写现代华章！

汪晖

清华大学文科资深教授　汪晖　题

宝塔山下江苏文艺人是江苏文脉汩汩流淌的一曲动人吟唱，是讴歌中国共产党人文化自信自强的一幕恢宏史诗。

赵耀宏

中国延安干部学院副院长、一级巡视员、教授　赵耀宏 题

寶塔山鐘聲送遠

延河水月影宜人

朱文泉敬書

原南京军区司令员、上将　朱文泉 题

序

为纪念《在延安文艺座谈会上的讲话》发表80周年，《宝塔山下江苏文艺人》正式出版。文艺是时代前进的号角，最能代表一个时代的风貌，最能引领一个时代的风气。80年前，毛泽东同志《在延安文艺座谈会上的讲话》如同一盏明灯，为中国文艺发展指明了方向。在宝塔山下，江苏文艺人创作出一大批思想性、艺术性俱佳的优秀作品，为繁荣祖国文艺百花园，满足人民群众多样化精神文化需求，推动江苏文化走向全国、走向世界，做出了积极贡献。

江苏文艺积淀深厚，历史上诞生了众多灿若星辰的文艺大师，留下了一批穿越时空的经典作品。在《在延安文艺座谈会上的讲话》发表80周年之际，出版《宝塔山下江苏文艺人》是一件极有意义的事情。文艺事业的创新发展，总是与时代的脉搏同频共振，《宝塔山下江苏文艺人》通过一个个短小精悍的人物故事来缅怀80年前一批又一批奔赴延安的江苏人，他们广撒文艺之种，创造传世佳作，谱写传奇历史。书中荟萃了延安十三年时期江苏文艺人的历史故事，犹如舒展开一幅幅琳琅满目、绚丽多彩的文艺画卷，如将素描技艺融入《白毛女》排演的舒强，从实验室中走出来的人民音乐家马可，为抗战写下不朽之歌的孟波、麦新，基于现实案件创作《刘巧儿告状》的袁静，为人民英雄纪念碑设计正面浮雕的彦涵，等等。书中一字一句都是他们的青春过往，一点一滴都凝聚着他们的奋进力量。书中65位文艺工作者与其精彩的文艺作品，不仅是江苏阔步前进、取得举世瞩目成就的历史见证，还以其深刻的精神蕴涵与美学力量感染和影响了一代又一代人，给人们以精神上的享受和艺术上的熏陶。这部作品凝聚着江苏一代文艺工作者的智慧、汗水和心血，反映了江苏广大文艺工作者对党的文艺事业的忠诚、对祖国和人民的深厚情感。

编者在选编撰写时，聚焦延安十三年时期学习、工作在文艺战线上的江苏籍人员，力求真实、客观地展现他们的生活。文字、照片、乐谱、旧时的节目单……作者将大量的材料汇集在一起，精心组织，关注人物的身世、生活故事、趣闻轶事、艺术追求、理想信念等，从正面到侧面、从形神到风骨、从人生到作品，尽可能地呈现其历史细节。对书中所提及的江苏文艺人，他既没有粉饰贴金，也不妄作褒贬虚意拔高，而是如同一位真诚而客观的旁观者，真实、真切、真挚地记述了他们岁月深处的留痕、甘苦交织的历程、奋斗不息的状态与一生追求的得失。一个时代有一个时代的留存，曾经的激情岁月已然成为历史，而留下来的文字却能够让后人了解延安十三年时期江苏文艺人的人生。

文章没有真情则不能感人。在阅读过程中我不时为作者真诚的记述而情动于衷。这本书没有空谈宏大主题，也不曾板着面孔布道，而是通过时代窥见人物，透过人物梳理时代，将时代的底色牢牢地与人物命运交织于一起，展现时代丰盈的血肉、真实的心跳、跌宕的情感，传递了一个时代的精神。作者在开篇便详细介绍了延安十三年时期广大知识分子热情奔赴延安的背景、缘由与当时延安欣欣向荣的景象，为下文展开记述六十余位江苏文艺人的故事做好了详实的铺垫。在物质匮乏的峥嵘岁月里，有胆有识之士以文艺之风润泽大地，他们隐姓埋名、远离故土、克服困难、昂扬以对。读罢全书，谁能不为这群来自不同领域的江苏文艺人隐姓埋名、远赴延安、挥洒青春的故事而感动。

古往今来，那些拥有家国情怀的文艺作品，最能打动人、感召人、激励人。纵观《宝塔山下江苏文艺人》全书，延安时期的江苏文艺人们无不饱含着浓厚的爱国信仰与人民情怀，他们用作品去激励人民同心同德、不断奋斗。大凡优秀的文艺作品，必然是笃定恒心、呕心沥血铸就的；大凡优秀的作家、艺术家，必然具有自我突破、创新创造、精益求精的精神。透过《宝塔山下江苏文艺人》一书，我们得以走进一个时代，见证一批匠人，感悟一代风华。

优秀的文艺作品蕴藉着人们共同的情感和梦想。文艺，如同一条柔美纽带，可以牵系起人与人的心灵；也如同一汪汩汩清泉，可以给人以春风化雨、润物无声的滋养。处于新时代，无论是爱国主义精神的弘扬、中华美学精神的传承，还是引导人们追求真善美，都离不开文艺。文艺为人民，是一条从延安出发贯穿新中国文艺史的精神脉络。中国共产党从成立之日起便将建设民族的科学的大众的中华民族新文化作为自己的使命，积极推动文化建设和文艺繁荣发展。80年后的今天，新时代的中国，江山壮丽，人民豪迈。以人民为中心，是历史的回响，更是时代的主题。习近平总书记指出，源于人民、为了人民、属于人民，是社会主义文艺的根本立场，也是社会主义文艺繁荣发展的动力所在。新时代坚持始终如一的人民情怀为我国文艺繁荣发展提供了前所未有的广阔舞台。

眼纳千江水，胸起百万兵。阅读《宝塔山下江苏文艺人》，让我们共同追忆江苏文艺人曾经走过的那段不平凡岁月，用心感受艺术家的追求与思考。未来，广大文艺工作者更应深刻把握民族复兴这一时代主题，与我们的国家，与我们的党，与我们的民族同呼吸共命运，用饱含时代精神力量的作品启迪心灵，焕发斗志，奋力书写中华民族伟大复兴的壮阔史诗。

周和平

原文化部副部长、国家图书馆原馆长

引 言

一、延安时期

本书主要聚焦的是学习、工作在延安十三年时期文艺战线上的江苏籍人员，对这些人员的文艺创作尤其是代表作品的介绍则涵括了他们在新中国成立之后的作品。

延安时期指的是中共中央在陕北的 13 年。1935 年 9 月，中共鄂豫陕省委率领红二十五军到达陕北，与红二十六军、二十七军会师。1935 年 10 月 19 日，红军到达陕甘革命根据地吴起镇（现改名为吴起街道，地处吴起县中部），在这里召开的政治局会议宣告了中央红军长征的结束。1937 年 1 月，中共中央入驻延安。1947 年 3 月 18 日，中共中央机关主动撤离延安。1948 年 3 月 23 日，毛泽东率中共中央从陕北吴堡县东渡黄河，前往华北。1948 年 4 月 22 日，延安又回到人民怀抱。

红军为何要主动撤离延安、转战陕北一年多呢？

抗日战争结束以后，国民党对中国共产党的攻势越发猛烈。解放战争后期，即 1947 年 2 月左右，国民党下达了摧毁中共指挥中枢的作战指令，发动近 30 万人的力量，围攻延安，这就是奠定国民党败局的关键战争之一——延安保卫战。

当时，中共在陕北的军队仅有 2 万多人，武器装备也远远落后于国民党军队。双方兵力对比差不多是1∶10。如果硬碰硬，红军必败无疑。1947年3月18日，面对国民党大举进攻延安的形势，中共中央做出一个重大决定：撤离驻留整整10年的延安，以退为进，开启转战陕北的历程。当时，中共中央军委副主席彭德怀负责指挥军队，掩护中央机关撤离。这场保卫战持续了整整7天7夜，毛泽东等领导人在3月18日傍晚完成了撤离，而19日国民党军队就占领了延安，由此可见当时战况之危。

从1947年3月18日决定转战陕北，到次年3月23日东渡黄河，在这371天里，红军经行12个县，行程达1000多公里。

延安作为当时的红色首都，其地位不言而喻，一旦延安失守，对于党和人民无疑是一次巨大的打击。以毛泽东为首的党中央宣布撤离时，许多人对此感到疑惑。毛泽东解释道，我们并不是放弃延安，硬拼只会白白增加伤亡，无法改变战局。只要蒋介石占领了延安，他就输了。这是因为，蒋介石占领延安以后，肯定会大肆宣扬自己的胜利，这样一来，国内外都将知道蒋介石是个撕毁条约、发起内战的小人，他在国内外都会失去人心和支持。毛泽东还分析道，我军打仗，不在一城一地的得失，而在于消灭敌人的有生力量。存人失地，人地皆存；存地失人，人地皆失。“我们要以一个延安换取全中国。”[①]

---

① 王淑芳：《解放战争时期，中央军委关于保卫延安的作战部署“我们要以一个延安换取全中国”》，《中国档案报》2020年4月17日第1版。

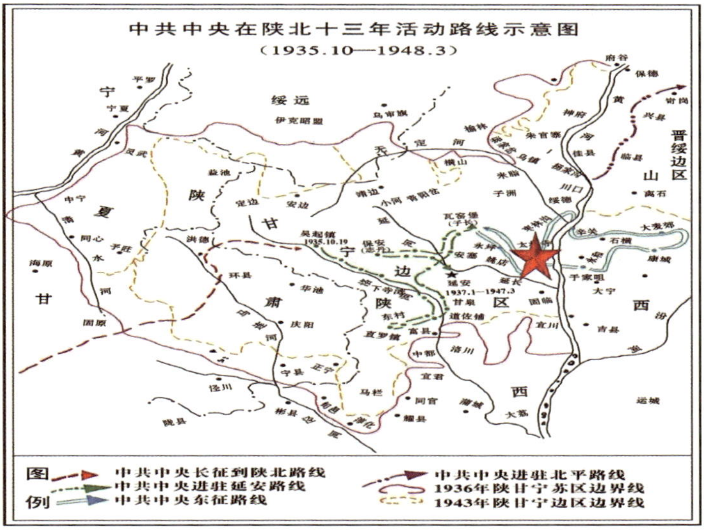

中共中央在陕北十三年活动路线示意图

国民党军胡宗南部占领延安后，急于寻找陕甘宁解放区部队决战。中共西北野战军以小部兵力将敌主力诱向延安西北之安塞，而西北野战军的主力则预伏于延安东北之青化砭。1947 年 3 月 25 日，西北野战军在青化砭地区全歼胡宗南部第三十一旅旅部及 1 个团 2900 余人，首战告捷。青化砭伏击战后，国民党军由安塞掉头东进，在延长、延川、瓦窑堡等地辗转求战，屡次扑空。

1947 年 4 月 14 日，西北野战军又在羊马河地区将单独南行的国民党一三五旅 4700 多人全部歼灭。4 月下旬，西北野战军以一部将敌主力 9 个旅引向绥德方向，主力则趁蟠龙空虚之际，向敌补给基地蟠龙进攻。4 月 29 日包围蟠龙，5 月 2 日发起进攻，激战至 4 日，全歼国民党补给基地蟠龙守敌 6700 余人，缴获大量物资。

1947 年 8 月 6 日，为配合晋冀鲁豫解放军的战略反攻，西北野战军佯攻榆林，主力则掩蔽集结于米脂东北地区，此举调动胡宗南主力北上增援榆林。国民党军判断西北野战军要东渡黄河，遂向米脂地区急进。8 月 20 日，国民党左路三十六师进入沙家店，西北野战军集中 4 倍于敌的兵力，全歼孤军南犯之敌三十六师 6000 余人。此役后，胡宗南集团开始南撤。

沙家店战役的胜利，标志着西北野战军由战略防御转入战略进攻，宣告了国民党对陕甘宁解放区“重点进攻”的彻底失败。

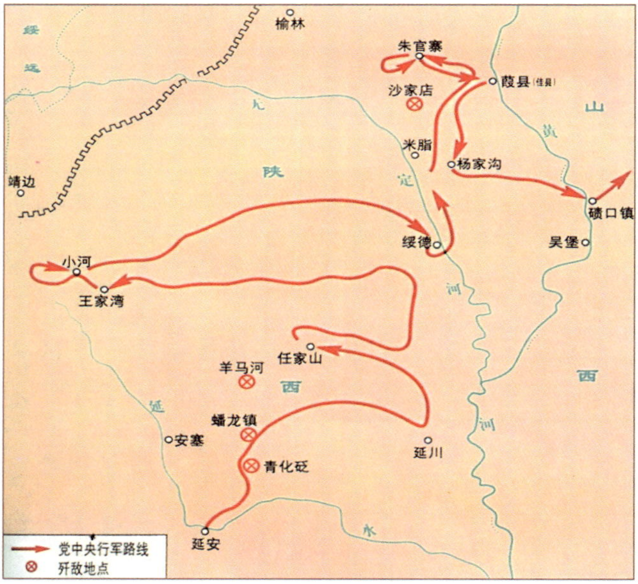

红军转战陕北图

二、为什么要奔赴延安？

《申报》1939年2月7日（第2版）曾转载过“水柏”的一篇文章《延安行脚》，其中写道：“上万的人已经到中国西北角的‘新圣地’去了。其中有两三结伴的，二三十人的，以至于数百人的团体，一对知己，或则因目的地相同而偶然遇合的。从不同的省份，或远或近，有男有女，有中年汉子，有中年妇女，有剧人，画家，学者，兵士，哲学者，新闻记者，传教师，教徒，医生，工程师。他们有的乘车，有的徒步，坐牛车，或则骑驴，搭大汽车，卡车，小汽车，乘飞机。这是现代的最奇特的‘参圣’旅行。他们的目的地都是延安，陕甘宁边区政府的行政首邑。到那儿去，为的是他们要探求救中国之真理。”

相关材料显示：抗战后到延安的知识分子有4万余人，就文化程度而言，高中以上占19%，高中占21%，初中占31%，初中以下约30%。他们的家庭出身也各不相同，包括地主家庭、富农家庭、小业主家庭、爱国华侨家庭、官宦世家、知识分子家庭以及其他的条件优渥的家庭等。

上述列举到的这些人为何会千里迢迢来到延安呢？

原因一：延安惜才爱才的革命氛围

中国共产党领导的红军队伍，从第三次反“围剿”前后，就特别强调“扩红”问题，即不断扩大红军队伍。1935 年 10 月，红军主力部队长征到达陕北后，这一问题显得比任何时候都更加突出。红军长征到达陕北时，红一方面军剩下 7000—8000 人，其中正规部队战士约 5000—6000 人。1937 年 1 月，中共中央随红军主力部队进驻延安时，延安城的本地居民约有 3000 人。为此：

1935 年 12 月，中央政治局召开瓦窑堡会议，明确提出要大量地吸引卷入反日浪潮的白军士兵与青年学生到游击战争中去。

1939 年 6—12 月，中共连续下发了 3 个接收知识分子参军的重要文件。

1939 年 6 月，毛泽东在延安高级干部会议上强调：工农没有革命知识分子帮忙，不会提高自己。工作没有知识分子，不能治国、治党、治军。政府中、党部中、民众运动中，也要吸收革命知识分子。

1939 年 12 月 1 日，中共中央发出由毛泽东亲自起草的《大量吸收知识分子》的决定，明确指出，“没有知识分子的参加，革命的胜利是不可能的”。

中国共产党不仅广泛发动和号召革命青年来到延安，更为他们提供了非常宽松自由的人身保障政策。著名音乐艺术家冼星海来延安之前在上海任教，据其日记记述，正当他要打听延安的时候，延安鲁迅艺术学院寄来一封信，音乐系全体师生签名聘请

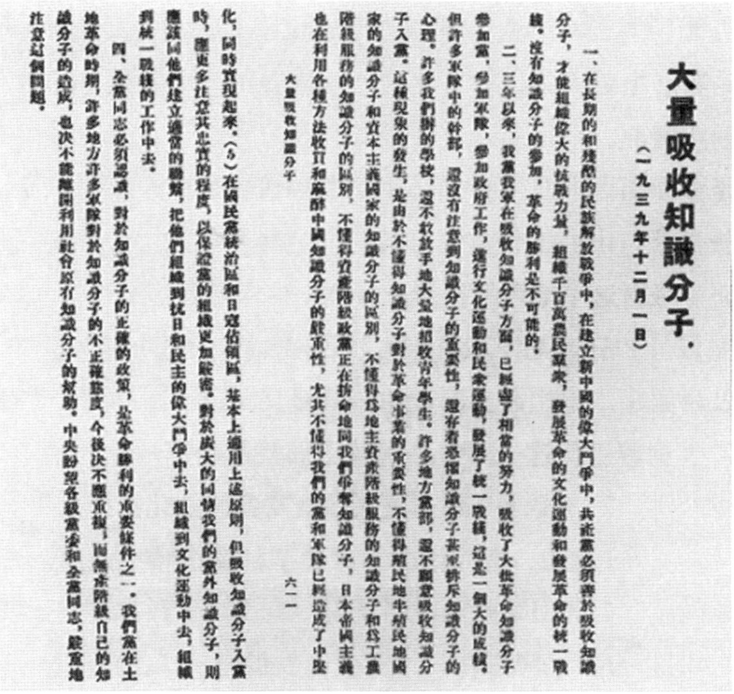

大量吸收知識分子

（一九三九年十二月一日）

一、在長期的和殘酷的民族解放戰爭中，在建立新中國的偉大鬥爭中，共產黨必須善於吸收知識分子，才能組織偉大的抗戰力量，組織千百萬農民群衆，發展革命的文化運動和發展革命的統一戰綫。沒有知識分子的參加，革命的勝利是不可能的。

二、三年以來，我黨我軍在吸收知識分子方面，已經盡了相當的努力，吸收了大批革命知識分子參加黨，參加軍隊，參加政府工作，進行文化運動和民衆運動，發展了統一戰綫，這是一個大的成績。但許多軍隊中的幹部，還沒有注意到知識分子的重要性，還存着恐懼知識分子甚至排斥知識分子的心理。許多我們辦的學校，還不敢放手地大量地招收青年學生。許多地方黨部，還不願意吸收知識分子入黨。這種現象的發生，是由於不懂得知識分子對於革命事業的重要性，不懂得殖民地半殖民地國家的知識分子和資本主義國家的知識分子的區別，不懂得爲地主資產階級服務的知識分子和爲工農階級服務的知識分子的區別，不懂得資產階級政黨正在拚命地同我們爭奪知識分子，日本帝國主義也在利用各種方法收買和麻醉中國知識分子的嚴重性，尤其不懂得我們的黨和軍隊已經造成了中堅

大量吸收知識分子　　六一一

化，同時實現起來。（5）在國民黨統治區和日寇佔領區，基本上適用上述原則，但吸收知識分子入黨時，應更多注意其忠實的程度，以保證黨的組織更加嚴密。對於廣大的同情我們的黨外知識分子，則應該同他們建立適當的聯繫，把他們組織到抗日和民主的偉大鬥爭中去，組織到文化運動中去，組織到統一戰綫的工作中去。

四、全黨同志必須認識，對於知識分子的正確的政策，是革命勝利的重要條件之一。我們黨在土地革命時期，許多地方許多軍隊對於知識分子的不正確態度，今後決不應重複；而無產階級自己的知識分子的造成，也決不能離開利用社會原有知識分子的幫助。中央盼望各級黨委和全黨同志，嚴重地注意這個問題。

1939 年 12 月 1 日，毛泽东为中共中央起草了《大量吸收知识分子》的决定

他。他打听得知在延安既有安心的创作环境，又可以自由进出，于是彻底打消了后顾之忧。1938 年冬，冼星海来到了延安。

不仅如此，中国共产党还想尽办法克服自身困难，给予知识分子较好的生活待遇。陕甘宁边区在 1939 年颁布《各机关津贴标准》，从 5 元到 1 元，分五级标准，毛泽东等中央领导是 5 元标准。《萧军日记》1940 年 9 月 26 日记载了延安作家的待遇

等级，从特等到工作人员一共五等，其中甲等12元/月、乙等8元/月、丙等6元/月、工作人员4元/月。[①]

原因二：知识青年拥有抗日救国情怀

中国知识青年拥有强烈的忧国忧民情怀，这是他们奔赴延安的根本内在动因。“七七事变”后，很多青年也曾赶到南京，希望能找到报效祖国之途径，但他们的抗战热情并没有得到回应。

华侨青年白刃从菲律宾回国，他先是到了南京，准备参加战地服务团，但是报名处冷冷清清，他和同伴要报名，负责人还要他找有钱的商家做担保，并且说现在汉奸猖獗，无担保就不能报名。白刃听了非常愤慨，立马决定奔赴延安。

西安中学生高秀芳、杨济安在回答为什么去延安时说：“现在正是国难时期，国民党的官员却不知奋发图强，而是贪污腐化，大发国难财，使得民不聊生，青年学生毕业即失业，没有出路，感到苦闷（彷徨），所以想到延安投奔革命，既为自己寻找出路，也替国家民族效力。”[②]

在陪都重庆，政治上，国民党压制民主，打击进步力量，强化新闻报刊审查制度；经济上，民族

---

① 萧耘、王建中、萧玉：《萧军日记（1940年9月26日—30日）》，《现代中文学刊》2012年第4期，第114页。

② 马克锋：《数万青年冒着风险奔赴延安的原因与启示》，《人民论坛》2021年第4期，第112页。

工业举步维艰；军事上，正面战场接连失败。这一切都使大批爱国青年对国民党政府丧失了信心。正如有研究者所说：“国民党政府统治期间，人民要求改善民生与政府强力索取之间矛盾尖锐。从 1942 年起，随着恶性通货膨胀，国统区物价飞涨，经济状况日益严峻。与此形成鲜明对比的是，四大家族资本倚仗权势巧取豪夺，大发‘国难财’。”“国民政府迁都重庆后，重庆作为大后方战时首都，效率低下，铺张浪费，相互宴请，奢靡成风，以至于被人戏称‘前方吃紧，后方紧吃’。”[①]

1937 年 11 月上海沦陷后，一批爱国青年以救亡团体的名义，历时 13 个月，徒步 5000 多公里到达延安。年仅 19 岁的爱国华侨孔迈悄悄离开父母，和几个小伙伴一起回国抗日。他托人将自己的照片捎给远在印度尼西亚的父母，照片背后如此写道：“妈，把我献给祖国吧！”

中国共产党高举团结抗战的大旗，主张建立最广泛的抗日统一战线。尤其是八路军开赴抗日前线后，连续取得平型关大捷、雁门关伏击战、夜袭阳明堡等对日作战的胜利，极大鼓舞了全国民众抗日救国的信心。

---

① 敖带芽：《国民党抗日战争中的领导力是怎样流失的》，《中国领导科学》2022 年第 2 期，第 115—116 页。

原因三：毛泽东著作的魅力和解放区政权的吸引力

美国学者伊佩霞（Patricia Buckley）在所著《剑桥插图中国史》中指出："毛泽东的经典著作大都完成于延安时期，这无疑为延安增添了光彩。"① 据统计：

《毛泽东选集》共 159 篇，延安时期完成 112 篇；

《毛泽东文集》共 803 篇，延安时期完成 385 篇；

《毛泽东军事文集》共 1628 篇，延安时期完成 938 篇。

毛泽东在延安时期撰写的一系列闪耀着马克思主义理论光辉的重要著作，深刻揭示了中国革命和革命战争的基本规律、基本战略和策略，阐明了中国共产党的思想路线、政治路线、组织路线和军事路线，给陷入迷惘困惑中的人民指明了方向，使爱国青年看到了拯救民族危亡的希望。

以延安为中心的陕甘宁边区是中共中央所在地，是敌后抗日根据地的政治指导中心、抗战大本营和战略总后方。党中央、毛泽东对陕甘宁边区一直寄予厚望，毛泽东在"七大"预备会上指出："陕北

---

① 李泽恩：《美国学者视野中的国共抗战》，《党史博采》（纪实）2015 年第 8 期，第 38 页。

已成为我们一切工作的试验区。”[1]毛泽东说，“边区的作用，就在做出一个榜样给全国人民看”[2]，以延安为中心的陕甘宁边区是当时全国民主政治建设的典范。中国共产党以陕甘宁边区为基点，在局部执政过程中探索和建立了一个能够呈现未来新型国家特点的基本雏形。“在为新民主主义中国塑造模型的意义上讲，陕甘宁边区对全国是有特殊贡献的。边区政权是新民主主义革命时期历史最久、形式最完备、经验最丰富的政权，因而对新中国政权建立的意义和作用也就最大。就其边区建设而言，时间最长。”[3]美籍华人徐中约在所著《中国近代史》中指出：“延安经验对于中国共产主义的发展来说就具有创新的意义，正是在延安经验中种下了毛泽东最后胜利的种子。”[4]

罗曼·卡尔曼是苏联及国际著名的新闻电影摄影师、导演、作家。1938年9月，他奉苏联政府之命到中国报道抗战的情况。后来，卡尔曼根据自己在中国的所见所闻，撰写了《在华一年：苏联电影记者笔记（1938—1939）》，这是一部记述抗战全面爆发初期中国军民团结御敌、抵抗侵略的纪实著

① 《毛泽东文集》（第三卷），人民出版社1996年版，第297页。
② 《毛泽东文集》（第二卷），人民出版社1993年版，第131页。
③ 李忠全：《略论陕甘宁边区政权建设的特点及其经验》，《中国延安干部学院学报》2008年第1期，第67—68页。
④ 李泽恩：《美国学者视野中的国共抗战》，《党史博采》（纪实）2015年第8期，第40页。

作，具有重要的史料和历史价值。该书 1941 年 5 月出版了俄文版，2020 年 8 月出版了中文版。卡尔曼经过考察得出结论：“可以说，在中国这个边区（特区）建立了真正的民主管理模式。”[⑤]

英国记者詹姆斯·贝特兰在记录自己中国之行的著作《不可征服的人们》中，也被延安政治上的民主气氛所感染，他写道：“这时的特区完全能够称得上是中国最接近彻底民主的一种体制。”[⑥]

美籍华人徐中约在《中国近代史》中也记载：

> 毕恩来把国民党的“封建中国”与共产党的“民主中国”作了区分。
>
> 美联社和《基督教科学箴言报》（*The Christian Science Monitor*）的斯坦恩把重庆称为“哀怨之城”和“一场噩梦”。从延安飞往重庆犹如“从中国的一个世界到了另一个世界”。
>
> 《时代生活》（*Time-Life*）的白修德描述延安人比中国其他任何地方的人都更“强壮健康”。[⑦]

---

⑤ 杨肖：《陕甘宁边区是中国抗日民主根据地的典范——读［苏］罗曼·卡尔曼〈在华一年：苏联电影记者笔记（1938—1939）〉》，《学习时报》2022 年 2 月 9 日第 4 版。

⑥ 张宪文等主编，杨菁著：《抗日战争专题研究：抗战时期的外国友人》，江苏人民出版社 2021 年版，第 119 页。

⑦ 李泽恩：《美国学者视野中的国共抗战》，《党史博采》（纪实）2015 年第 8 期，第 40 页。

在中国共产党的领导和治理下，延安成为革命圣地，成为朝气蓬勃的革命之城、青春之城。第一位来延安的作家丁玲于 1937 年 7 月发表了长诗《七月的延安》，对延安的社会生活予以由衷礼赞。诗中写道：

> 大伙儿来吧，/ 自己的事，我们自己管。/ 这是什么地方？ / 这是乐园。/ 我们才到这里半年，/ 说不上伟大建设，但 / 街衢清洁，植满槐桑；/ 没有乞丐，也没有卖笑的女郎；/ 不见烟馆，找不到赌场。/ 百事乐业，耕者有田。/ 八小时工作，有各种保险。/……四方八面来了 / 学生几千，活泼，聪明，/……七月的延安太好了。/ 青春的心 / 燃烧着。

1938 年 11 月 16 日夜，何其芳写下了爱国激情迸发的散文《我歌唱延安》，诉说了自己来延安两个多月的美好感受：

> 延安的城门成天开着，成天有从各个方向走来的青年，背着行李，燃烧着希望，走进这城门。学习。歌唱。过着紧张的快活的日子。然后一群一群地，穿着军服，燃烧着热情，走散到各个方向去。

在青年们的嘴里，耳里，想象里，回忆里，延安像一只（支）崇高的名曲的开端，响着宏（洪）亮的动人的音调。

……

我首先要大声地说出来的是延安的空气。

自由的空气。宽大的空气。快活的空气。

我走进这个城后首先就嗅着、呼吸着而且满意着这种空气。

……

我想，延安的人们那样爱唱歌，大概由于生活太苦。然而我错了，刚刚相反地，是由于生活太快乐。

延安还是清正廉洁的革命圣地。1940 年 2 月 1 日，毛泽东在延安讨汪大会上宣布边区“十没有”：

陕甘宁边区是全国最进步的地方，这里是民主的抗日根据地。这里一没有贪官污吏，二没有土豪劣绅，三没有赌博，四没有娼妓，五没有小老婆，六没有叫化子，七没有结党营私之徒，八没有萎靡不振之气，九没有人吃摩擦饭，十没有人发国难财……[①]

① 《毛泽东选集》（第二卷），人民出版社 1991 年版，第 718 页。

原因四：新闻报道的助推

“1928—1936 年，国际社会与中共的接触几乎完全被隔绝，西方想获得中共的一手资料和报道，几乎是不可能的。西方关于中共的认知，几乎都是来自国民党的宣传，认为中共与土匪、流寇并无区别。”① 中共也强烈意识到在对外宣传展示方面面临的严重危机，毛泽东指出：“在国民党统治区，在国外，由于国民党政府的封锁政策，很多人被蒙住了眼睛。在一九四四年中外新闻记者参观团来到中国解放区以前，那里的许多人对于解放区几乎是什么也不知道的。”② 为此，在中共的邀请和推动下，埃德加·斯诺成为第一个来到苏区调查了解情况的外国记者（1937 年 2 月第一个进入陕北延安采访毛泽东的中国记者是范长江）。相关资料显示：在 1938—1941 年的 4 年中，国内外友好人士到边区和延安参观访问的达 7316 人，其中 1938 年为 1660 人，1939 年为 1378 人，1940 年为 1412 人，1941 年为 2866 人，涉及苏联、美、英、德、加拿大、波兰、印度、朝鲜、日本、新西兰等 10 多个国家。他们把在延安和边区的所见所闻、所感所受，特别是把中国共产党的正确主张和毛泽东、朱德等人的领

---

① 刘克利、冯誉萱：《中共在抗战中成功塑造良好国际形象》，《历史评论》2021 年第 5 期，第 101 页。

② 《毛泽东选集》（第三卷），人民出版社 1991 年版，第 1054 页。

袖风采，真实、客观、公正地介绍给全国乃至全世界爱好和平、自由的人们，为中国共产党树立了良好的对外形象。

中共高度重视外国记者的来访，几乎每一位来访的记者都能得到中共领导人的亲自接见，有时甚至是彻夜长谈。在接待外国记者来访的过程中，中共采取用事实说话的宣传策略。1937 年 5 月，海伦·斯诺抵达延安。在历时 4 个多月的实地考察中，她访问了埃德加·斯诺 1936 年已结识和未结识的中共领导人和红军指挥员，广泛接触了苏区的战士、工人、农民、学生、文艺工作者、妇女和儿童。周恩来在首次见到来访的埃德加·斯诺时说："任何一个新闻记者要来苏区访问，我们都欢迎。不许新闻记者到苏区来的，不是我们，是国民党。你见到什么，都可以报道，我们要给你一切帮助来考察苏区。"[①] 埃德加·斯诺作为第一个访问毛泽东的外国新闻记者，也不无感慨地说："无论对我写的文章，或拍的照片，他从来不加任何检查，对这优待，我非常感激。他尽力使我弄到能够说明苏区生活的各个方面的材料。"[②]

恰如周恩来所言，国民党处处设置障碍阻挠外

---

① [美]埃德加·斯诺著，董乐山译：《西行漫记》，三联书店 1979 年版，第 42 页。
② [美]埃德加·斯诺著，董乐山译：《西行漫记》，三联书店 1979 年版，第 70 页。

国记者进行新闻报道。最早最全面报道中国抗战的著作《人民之战》的作者伊斯雷尔·爱泼斯坦不无抱怨地写道："所有来自共产党方面的言论的报道必须接受新闻检查，除非连同国民党的评论或驳斥一起发表。""在采访过程中，我所有的电讯报道都要通过重庆发出。尽管这些电讯都是发给很有名气的《纽约时报》的，仍然免不了国民党新闻检察官的乱删乱砍，即使无关紧要的细节也难以幸免。"①

外国记者来访，为中共打开了连通外部世界的渠道，也为外部世界观察、了解中共提供了难得的窗口和独特的视角。

在文章中，埃德加·斯诺这样记述毛泽东：

> 在我看来，毛泽东是一个令人极感兴趣而复杂的人。他有着中国农民的质朴纯真的性格，颇有幽默感，喜欢憨笑。
>
> 他博览群书，对哲学和历史有深入的研究，他有演讲和写作的才能，记忆力异乎常人……他精力过人，不知疲倦，是一个颇有天才的军事和政治战略家。
>
> 毛氏夫妇的主要奢侈品是一顶蚊帐。

① 张宪文等主编，杨菁著：《抗日战争专题研究：抗战时期的外国友人》，江苏人民出版社 2021 年版，第 156、158 页。

> 除此之外，毛泽东的生活和红军一般战士没有什么两样。
>
> 我发现他对于当前世界政治惊人地熟悉……毛泽东熟读世界历史，对于欧洲社会和政治的情形，也有实际的了解。
>
> 他读书的范围不仅限于马克思主义的哲学家，而且也读过一些古希腊哲学家、斯宾诺莎、康德、歌德、黑格尔、卢梭等人的著作。
>
> 毛泽东的伙食也同每个人一样，但因为是湖南人，他有着南方人“爱辣”的癖好。①

周恩来同样给埃德加·斯诺留下了“头脑冷静，善于分析推理，讲究实际经验”的良好印象，斯诺强调：周恩来“态度温和地说出来的话，同国民党宣传九年来污蔑共产党人是什么‘无知土匪’‘强盗’和其他爱用的骂人的话，形成了奇特的对照”。②

美国作家安娜·路易斯·斯特朗在1946—1947年间对延安等几个解放区进行了采访，她在《中国人征服中国》一书中也写道：“毛泽东直率的言谈，渊博的知识，诗意的比喻，使这次谈话成为我一生

① [美]埃德加·斯诺著，董乐山译：《西行漫记》，三联书店1979年版，第65—68页。
② 同①，第41页。

中遇到的最为动人的谈话。”[①]

美国记者史沫特莱评价周恩来“学识渊博，阅历深广，见解精辟，襟怀坦白”。史沫特莱还特别写道，到延安的外国记者感到非常安心，共产党员中间没有国民党那一套官场生活的形式主义和客套。提起延安的共产党人，有一个记者说得好：“他们不是一般的中国人，他们是新中国的人。”这种说法在其他记者的口里我一再听到。[②]

1937 年，埃德加·斯诺将他在“红色中国”的所见所闻所访，汇集成《红星照耀中国》。此书一经问世，便引起轰动。时任上海文化界救亡协会国际宣传委员会负责人的胡愈之，组织翻译了《红星照耀中国》的中文译本。1938 年年初，中文译本在上海用《西行漫记》的书名出版。在书中，斯诺详细描述了延安这座战时“新城”的新气象：

> 大片土地可以很快地集体耕种、集体收获，个别农民一时农闲现象就不再出现……在陕西北部的二十几个苏维埃化已久的县里，中国大部分地方常见的某些明显的弊端，肯定是被消灭了……陕北已经

---

① [美]安娜·路易斯·斯特朗著，刘维宁等译：《中国人征服中国》，北京出版社 1984 年版，第 41 页。

② [美]史沫特莱著，袁文等译：《史沫特莱文集》（一），新华出版社 1985 年版，第 161、168 页。

彻底消灭了鸦片，这是个杰出的成就。事实上，我一进苏区以后就没有看到过什么罂粟的影子。贪官污吏几乎是从来没有听到过。乞丐和失业的确象（像）共产党所说的那样被“消灭”了。我在红区旅行期间没有看到过一个乞丐。[①]

1938 年，就在抗战最艰难的岁月，《西行漫记》掀起了一股热潮，并在春夏达到高峰。在这本书的影响下，一批批爱国青年和外国友人奔赴延安，白求恩就是其中的一位。他曾在书信中告诉友人：“要问我为什么去中国，请读埃德加·斯诺的《西行漫记》和史沫特莱的《中国红军在前进》，读后你们必将与我同感。”据统计，就在这一年的 5—8 月，由川入陕到达延安的青年知识分子就多达 2200 余人。[②]

经国民政府批准进入共区的第一位美国军官是美国海军陆战队上尉卡尔逊（Evans F. Carlson），他既是一位热血、纯粹的记者，冒着生命危险随八路军行军战斗，也是一位坚定追求真理的美国军官，他将中共军事智慧带往大洋彼岸。卡尔逊曾于

① [美]埃德加·斯诺著，董乐山译：《西行漫记》，三联书店 1979 年版，第 200—201 页。
② 吴雯萱：《斯诺访问陕北——告诉世界一个真实的中国共产党》，《光明日报》2021 年 6 月 17 日第 12 版。

1927—1928 年及 1933—1935 年间在中国担任过情报官。1937 年 9 月的一天，埃德加 · 斯诺结束了在延安的秘密访问回到上海，遇到了正在考察淞沪会战的卡尔逊。卡尔逊一把抢过《红星照耀中国》一书的初稿，他被书里的内容深深震撼，萌发了前往延安的想法。可是实现这一想法并不容易，卡尔逊设法周旋，取得了一张宝贵的军事通行证。在延安，他见到了毛泽东等中共领导人，并留下了一张珍贵的与毛泽东的合影。卡尔逊在回忆录中这样描述毛泽东："这是一位谦虚的、和善的、寂寞的天才，在黑沉沉的夜里，在这里奋斗着，为他的人民寻求和平的公正的生活。"

迪克西使团（美军观察组）的成员穿着八路军的土布军服在延安合影

卡尔逊对中国抗战的考察历时8个多月，行程8000多公里，足迹遍布延安和北方所有抗日根据地。他考察后写道："在中共那里根本就不知道什么是腐败；军队官兵平等、精神饱满、斗志昂扬。"[①] 八路军里没有"军官和士兵"，只有"干部和战士"，官兵之间没有鸿沟，有的是生死相托的信任。

美军观察组在长时间同中共军队相处后，直接得出结论："我们的全体成员有一个同样的感觉，好像我们进入了一个不同的国度和遇见了不同的人民。在共产党那里，有一种生机勃勃的气象和力量，一种和敌人交战的愿望，这在国民党的中国是难以见到的。"[②]

① 吴雯萱：《向八路军"偷师学艺"的美国军官卡尔逊》，《光明日报》2021年6月20日第8版。
② 王纪刚：《延安，为何让人着迷——我写〈这里是延安〉》，《光明日报》2019年6月29日第12版。

三、奔赴延安的方式与困难

“到延安去！”曾经是一个响彻云天的口号！爱国青年们宣誓：“割掉我肉还有筋，打断骨头还有心。只要我还有口气，爬也爬到延安城。”奔赴延安之路，漫长而艰辛，需要克服重重困难，甚至要冒着生命危险。

从西安到延安这一段路程，有“八百里秦川”之称，全程不通火车，只有一条公路。交通工具只有汽车和畜力，余则步行，并且道路崎岖，危险如影随形。1938 年秋，国民党政府秘密颁布《限制异党活动办法》，因此，爱国青年的延安之旅遭遇到新的困难，八百里秦川变成了封锁线。国民党为了阻止革命青年到延安，在西安至延安的途中，先后设置了咸阳、草滩、三原、耀县等七处关卡，拦截前往延安的革命青年和从延安奔赴抗日前线的毕业学员。或是把他们送往集中营监禁残杀，或是强迫他们充当特务，手段十分卑鄙恶劣。

画家王式廓离开条件优厚的武汉，在一路遭受疟疾和高烧折磨的情况下，从西安步行前往延安。著名画家华君武，瞒着母亲，在朋友的帮助下，从上海出发，经过香港、广州、汉口、重庆、成都、西安，最后到达延安。文学青年康濯等人为了尽量节约一路上的开支，连饭都不敢随便吃。国民党军队连长邓乃觉执意要去延安，最终得到长江局高层同意，经济上不宽裕的他，只能变卖书籍、望远镜等私人财物以充当路费。尽管困难重重，却无法阻挡青年奔赴延安的决心，他们抵达时感到无比喜悦：漫画先锋张仃冲过重重关卡，于 1938 年到达延安时激动得在地上翻滚，不停亲吻延安的土地。同行人如此描述道：

> ……张仃却兴奋得不能自已，对此行重负一下子解脱掉，对边区满腔爱恋之情无法表达，竟脸不洗，尘不拍，脱去大衣，像一个淘气的孩子，倒在地上打起滚来，并放声大笑，浑身上下沾满黄土也不顾，接着又匍伏（匐）着，捧起边区的一把黄土，深情地放在鼻子下闻呀闻呀！仿佛那泥土特别香甜。接着他仰脖子摇摇他那头乌黑的长发大声朗诵："啊！母亲，我的母亲！"①

印度援华医疗队队长爱德华目睹时隐时现地行进在蜿蜒山路上向延安进发的青年队伍时，由衷地赞叹道："奇迹，奇迹，这简直就是奇迹！这是 20 世纪中国的耶路撒冷！"②

为使知识青年能够顺利到达延安，以八路军驻

① 逯斐：《追求之路》，《新文学史料》1980 年第 4 期，第 90 页。
② 仲青平：《百川归流向大海——中国青年政治信仰的百年变迁》，《中国青年报》2022 年 5 月 30 日第 1 版。

各地办事处（“八办”）为主的中共机构进行了严密的谋划和安排。当时爱国青年奔赴延安的途径有二：一是通过党组织或者个人介绍，二是参加延安各学校的招生考试。鉴于后者的复杂社会关系和不明来意，西安“八办”就将招收来的学员安排在安吴堡青训班，以培训的名义进行甄别、审查。安吴堡青训班是指中共领导下的西北青年救国联合会在陕西省泾阳县安吴堡设立的“战时青年短期训练班”和“战时青年训练班”。安吴堡是自发北上的青年学生到达延安前要经过的一个重要关口，他们在此开始延安战斗生活的预演。

知识青年纷纷奔赴延安

（上）中国人民抗日军事政治大学的学员在学习
（下）1940 年春，延安中国女子大学学员在延河边跳集体舞

四、大量知识青年进入后的延安

看到一批又一批知识分子纷纷来延安，毛泽东感叹道："你们像朝圣进香一样，一群群地来到延安。你们是来追求真理的……但是，一下子来了那么多人，哪里有那么多房屋给你们住哟！"[①]

——解决住宿吃饭等方面的物质保障难题

红军长征到达陕北后，毛泽东、周恩来让当时的红军采办处主任杨至成盘点了中央红军的家底，拥有 7000 多人的中央红军只有 1000 多块大洋。另外一个客观情况是，随着中共中央的到来，延安脱产人群数量逐渐增多，老百姓人均负担亦随之增大。相关统计资料[②]显示：

边区党政军脱产人数 1937 年仅 1.4 万人，1938 年也只有 1.6 万人，1939 年突增至 4.9 万人，1940 年 6.1 万人，1941 年 7.3 万人，而按照规定，党政军脱产人员不能超过边区总人口的 3%，但 1941 年已经超过 5.4%。

全面抗战初期公粮征收较少，1937 年和 1938 年征粮都在 1.5 万石以内，只占收获量的 1.2% 和 1.3%，农民负担较轻。1939 年救国公粮就增加到 5 万石，1940 年突增到 9 万石，1941 年又陡增到

① 曹宏、周燕：《寻踪毛泽民》，中央文献出版社 2007 年版，第 290 页。
② 黄正林：《抗战时期陕甘宁边区战争动员问题研究》，《日本侵华南京大屠杀研究》2021 年第 3 期，第 20—22 页。

20万石，占粮食总产量的比例越来越高，依次为2.98%、6.38%和13.85%，边区农民征粮的负担逐年加重。

1940年12月，国民党政府国防部长何应钦宣布停发延安方面的军饷和物资，延安经济更是陷入严重困境。1942年12月，毛泽东在陕甘宁边区高级干部会议上所作的报告《经济问题与财政问题》中提到：

> 最大的一次困难是在一九四〇年和一九四一年，国民党的两次反共磨擦，都在这一时期。我们曾经弄到几乎没有衣穿，没有油吃，没有纸，没有菜，战士没有鞋袜，工作人员在冬天没有被盖。国民党用停发经费和经济封锁来对待我们，企图把我们困死，我们的困难真是大极了。[①]

为了应对困难，没有地方住，大家就自己动手挖窑洞，仅抗大一所学校半个月就挖了175孔窑洞，修筑了一条3公里长的盘山“抗大公路”。每孔窑洞住七八个人，共睡一条土炕。1941年，延安中央党校80%以上的学员住窑洞，窑洞高一丈余，长两丈余。洞前临窗靠墙有一长坑，能睡十几人。

① 《毛泽东选集》（第三卷），人民出版社1991年版，第892页。

文具每月发纸十张、墨水五钱、铅笔两支（或毛笔两月一支），《解放日报》一窑一份，清油灯一人一盏（或煤油灯两人一盏）。美国记者埃德加·斯诺在《西行漫记》里写道："有什么别的学校由于'纸荒'而不得不把敌人的传单翻过来当作课堂笔记本使用？……以窑洞为教室，石头砖块为桌椅，石灰泥土糊的墙为黑板，校舍完全不怕轰炸的这种'高等学府'，全世界恐怕就只有这么一家。"[①]

没有粮食吃，就自己动手种，延安开展了轰轰烈烈的大生产运动。仅抗大第五期学员就开荒 2 万亩，人均 3 亩多。毛泽东尽管工作繁忙，依然坚持带头开荒生产，在杨家岭窑洞对面的山沟里开垦了一块地，种上蔬菜，一有空就去浇水、拔草。朱德则带领身边工作人员组织起生产小组，在王家坪开垦了 3 亩菜地，栽种了十几种蔬菜。朱德是种菜能手，他不但手把手教年轻人耕种，还带头拾粪，一有空闲时间，就去劳动。周恩来当时虽然右手有伤，但仍然坚持带头学习纺线，钻研纺线技术，很快就熟练掌握了纺线的整套技巧，还和任弼时一起带领大家总结经验，提高效率。中组部在开荒生产过程中遇到的一个突出问题是肥料不足，陈云等中组部的同志就带头到处收集肥料……

---

① [美]埃德加·斯诺著，董乐山译：《西行漫记》，三联书店 1979 年版，第 88—89 页。

——**开展教育培训**

由于从四面八方奔赴延安和各抗日根据地的青年很多，他们虽有革命愿望和抗日热情，但毕竟未经过系统的革命理论学习，也缺乏实际斗争经验，思想状况更是复杂多样。因此，怎样在较短的时间内把他们培养成坚强的抗日干部，就成为根据地紧迫而艰巨的任务。基于这种情况，中共中央决定把干部教育作为工作重点，把创建干部学校作为增加抗日力量的一个办法。其间开办的学校有：

1935 年 11 月，在瓦窑堡恢复了中央党校；

1936 年 6 月，在瓦窑堡创办了中华苏维埃共和国西北抗日红军大学，1937 年 1 月 20 日，改名为中国人民抗日军事政治大学；

1937 年 8 月，陕北公学成立（中国人民大学前身）；

1938 年 4 月，鲁迅艺术学院成立，8 月增设文学系；

1938 年 5 月，马列学院成立（后改组为中央研究院）；

1939 年 5 月，延安自然科学院成立（北京理工大学前身）；

1939 年 7 月，中国女子大学成立；

1940 年 7 月，陕甘宁边区行政学院成立；

1941 年 1 月，八路军军政学院与军事学院成立；

1941 年 5 月，新文学干部学校成立；

1941 年 10 月，延安民族学院成立；

1941 年 7 月，延安大学成立，系中国共产党创办的第一所综合性大学。

1937 年 8 月 1 日，抗大第三期开学，从全国各地来的知识青年就有 477 人，占全校学员的 37%。1938 年 4 月 16 日，抗大第四期开学，从全国各地来的知识分子、青年学生达到 4655 人。1939 年 1 月，抗大第五期正式开学，外地来的知识青年竟达到 10403 人。①

中央领导对学校教育非常重视，亲自担任兼职教师。如在抗大第二期，毛泽东讲授《辩证法唯物论》，每星期讲 2 次，每次 4 个小时，从 1937 年 5 月开始，历时 3 个月，授课 110 多小时。据统计，仅从 1938 年到 1939 年这 1 年多的时间里，兼任抗大教育委员会主席的毛泽东就到抗大讲课 26 次。朱

① 余玮：《延安：生长精神的红土地》，《中华儿女》2018 年第 3 期，第 36—39 页。

德讲授党的建设，董必武讲授中国现代革命史，张闻天讲授中国问题，博古讲授马列主义基础知识。在陕北公学，周恩来作过关于大后方抗战形势的报告，董必武作过关于中国法制问题的报告，陈云、李富春作过关于党的性质、组织原则的报告，张闻天讲授过《论青年的修养》，等等。每当这些学校举行开学典礼、毕业典礼，毛泽东都把它看作一件十分重要的事情，通常都要到会讲话。

延安青年在党中央的关怀下，迅速成长为合格的抗日干部，多数人从抗日热血青年成长为共产主义战士。抗大第二期609名外来青年中有427人加入了中国共产党，约占70%。抗大第四期入学时的4655名知识青年中有530名党员，毕业时增加到3304人，占71%。陕北公学从创建开始，在不到2年的时间里，6000多名学员中发展了新党员3000多人。

——社会结构变化

在1938年前后，延安革命队伍里的男女比例为30:1。红军3个方面军及红二十五军参加长征的有近2600名女红军，胜利到达陕北的幸存者仅350余人。[①] 到1941年前后，男女比例稍有缓解，为18:1。1944年4月，男女比例为8:1。一大批青

① 王一心：《中央红军长征女战士最终只24人到陕北》，《档案记忆》2016年第10期，第26页。

年学生为了抗战，从沦陷区、国统区和大后方奔赴延安，献身革命，这缓解了革命队伍里严重不平衡的男女性别比例关系。1945 年 10 月，边区选举委员会统计的边区人口总数中，男性有 8.44 万人，女性有 7.50 万人，男女性别比为 1.13:1，达到正常状态。[①]

这些青年学生的到来，不仅为革命队伍及时补充了大量新生力量，而且使得延安古城顿时焕发出新的青春，成为歌的世界和舞的海洋。中共中央办公厅大礼堂、鲁艺大礼堂、女子大学礼堂、作家俱乐部等场所，每逢周末或节假日的晚上，都会举办文艺晚会或交际舞会。

当然，随着大量年轻人的到来，在延安也发生过一些当时具有轰动效应的事件，例如惊动了毛泽东的黄克功枪杀女友事件。“黄克功案”审理后，毛泽东还在抗大特意作了一场“革命与恋爱”的讲演，提出了革命青年在恋爱时应遵循的“三原则”——革命的原则、不妨碍工作和学习的原则、自愿的原则。他要求大家吸取教训，要严肃对待恋爱、婚姻、家庭问题，坚决杜绝类似事件发生。也有诸如后来成为第一个加入新中国国籍的外国援华医生马海德，他在延安成功迎娶了被称为“延安第一美女”的周苏菲，可谓佳话美事。

---

① 朱鸿召：《延安日常生活中的历史（1937—1947）》，广西师范大学出版社 2007 年版，第 6 页。

[1] 马海德与周苏菲在延安时的合影
[2] 埃德加·斯诺（左）与马海德夫妇合影

五、关于“鲁艺”

1937年年底，在举国抗战的形势下，国民党统治区的大批文艺工作者开始不断跋山涉水、不远千里来到革命圣地延安，中共上海局还把多年在沪领导“左联”工作的周起应（周扬）和著名哲学家艾思奇等人派往延安，这让毛泽东倍感振奋。他认为应该把这些来自国统区的进步文艺工作者组织起来，形成一个强有力的宣传战斗集体。此时的延安已在党中央领导下，建成了抗日军政大学和陕北公学两所旨在培养抗战人才的学校。1937年12月底，被任命为边区文化协会主任的周扬到杨家岭窑洞汇报工作，毛泽东根据周扬的提议，当即表示同意在延安成立一所以培养进步文艺战士为宗旨的学校。

1938年2月，毛泽东在杨家岭首次与从国统区归来的周恩来谈到在延安创办文艺团体的打算，得到周恩来的全力支持。接着，毛泽东又先后征询了党内老教育家徐特立、林伯渠和成仿吾等人的意见。之后，他正式把这个意见提到中央书记处会议上讨论，获得一致赞同，党中央决定在延安创办一所艺术学校。

1938年年初，纪念上海“一·二八”抗战6周年晚会在杨家岭举行，抗大和陕北公学的40多名学员公演了自编自导自演的四幕话剧《血祭上海》（由沙可夫、朱光、左明编剧，沙可夫执导）。这出以上海抗日烈士胡阿毛的真实故事为素材而创作的话剧生动再现了沪战的壮烈场面。由于剧中有孙维世等一批上海艺术家参与演出，所以盛况空前，把延安地区近 20 天的抗战公演活动推向高潮。毛泽东不仅接连观看了两场演出，而且从报纸上看到来自抗战前线和延安各机关对《血祭上海》的广泛好评。万众盛赞一部由文艺工作者自编的新戏，在延安还是开天辟地的大事。

公演结束后，1938 年 2 月 16 日下午，毛泽东带着陈云、凯丰、张闻天、李富春等领导同志再次来到杨家岭剧场，参加《血祭上海》座谈会。在发言中，毛泽东提出："我们需要文化艺术的队伍，这个队伍还需要扩大。应该成立一个抗大、陕公式的艺术学校，我愿意以最大的力量帮助艺术学校的创立。"①

过后不久，毛泽东就和周恩来等人一起，向延安文艺工作者发出了鲁迅艺术学院《创立缘起》的声明，刊登在延安的《解放日报》上。在《创立缘起》中毛泽东把这所大学正式命名为"鲁迅艺术学院"。

1938 年 4 月初，延安鲁迅艺术学院正式成立。4 月 9 日，延安各报都在首版刊登了《鲁迅艺术学院成立宣言》。

---

① 陈丹：《向鲁艺致敬》，《乐府新声（沈阳音乐学院学报）》2018 年第 3 期，第 10 页。

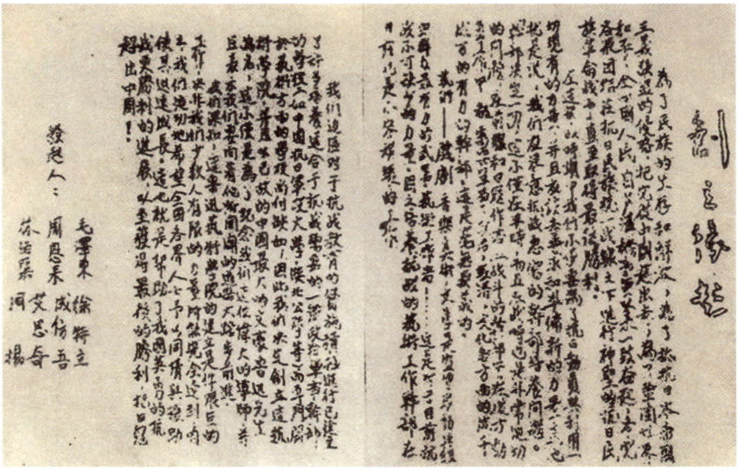
创立缘起

……

发起人：毛泽东 周恩来 林伯渠 徐特立 成仿吾 艾思奇 周扬

由毛泽东、周恩来等发起创办鲁艺的《创立缘起》

4 月 10 日，延安“鲁艺”隆重诞生，中共中央任命吴玉章、沙可夫和周扬等为院领导。

4 月 28 日，毛泽东在沙可夫、周扬等人的陪同下，来到最高一层窑洞即男学员宿舍前，就“如何做艺术家”做了一番即兴演讲。他说：“现在为了共同抗日，在艺术界也需要统一战线……不管他是写实主义派或是浪漫主义派，是共产主义派或是其他什么派，大家都应当团结抗日。”“艺术作品要有内容，要适合时代的要求、大众的要求。”“鲁迅艺术学院要造就具有远大的理想、丰富的生活经验、良好的艺术技巧的一派艺术工作者。”“要做伟大的艺术家，必须具备以上所说的三个条件，缺一不可。”[1]

从 1938 年 7 月起，鲁艺在已有的戏剧、音乐、美术 3 个系基础上增设文学系，后来又成立了一些研究室和实验话剧团等。系主任先由周扬兼任，后由何其芳、舒群等人担任。

1939 年 8 月，鲁艺迁至桥儿沟。11 月 18 日，中共中央任命吴玉章为院长，周扬为副院长。

1939 年夏，根据中共中央决定，鲁艺与陕北公学、工人学校、青训班合并，组成华北联合大学开

---

① 《毛泽东文集》（第二卷），人民出版社 1993 年版，第 121—125 页。

延安鲁艺的窑洞教室

鲁艺在桥儿沟的旧址，即中共六届六中全会旧址

赴前方。鲁艺师生组成华北联合大学文艺学院，由沙可夫任院长，吕骥任副院长。

1939 年 11 月 28 日，根据中共中央决定，留在延安的鲁艺部分师生恢复鲁艺，院长为吴玉章，副院长为周扬。

1940 年 4 月，因 1939 年 5 月鲁艺改名为“鲁迅艺术文学院”，毛泽东再次题写校名，并题写了“紧张、严肃、刻苦、虚心”的校训。

1941 年 6 月，鲁艺确立正规学制，成立戏剧、音乐、文学、美术 4 个部。

1942 年 5 月 2 日下午，延安文艺座谈会在杨家岭召开，会议直到 5 月 23 日晚上才结束。毛泽东在《讲话》中论述了文艺为人民和如何为人民的问题。在 5 月 2 日召开的第一次会议上，毛泽东在发言中说：我们有两支军队，一支是朱总司令的，一支是鲁总司令的。[①] 在后来正式发表时，改成更有概括性的语言，“手里拿枪的军队”和“文化的军队”，并且强调指出：“（文化的军队）这是团结自己、战胜敌人必不可少的一支军队。”[②]

1942 年 5 月 30 日，毛泽东来到鲁艺，亲自给全院师生传达座谈会精神，指出文艺要为工农兵服务，鼓励大家走出“小鲁艺”，奔赴“大鲁艺”。[③]

1944 年 5 月，鲁迅艺术文学院并入延安大学，成为“延大”的一个分院，并更名为“鲁迅文艺学院”。

1945 年 11 月，鲁迅文艺学院整体迁往东北，留守处人员随后被分配至延安大学、中央党校文艺工作室和中央管弦乐团。鲁艺完成了在延安的全部使命。

1946 年 6 月，鲁迅文艺学院师生到达哈尔滨，9 月迁往佳木斯并划归东北大学，更名为“东北大

---

① 艾克恩：《延安文艺运动纪实——毛主席〈在延安文艺座谈会上的讲话〉的前前后后》，《新文学史料》1992 年第 3 期，第 207 页。另外可以参见毛泽东《文艺工作者要同工农兵相结合》（一九四二年五月二十八日）一文，其中写道：“文艺是一支军队，它的干部是文艺工作者。它还要有一个总司令，如果没有总司令，它的方向就会错的。鲁迅、高尔基就相当于总司令，他们的作品，他们说的话，就当作方向的指导。”[《毛泽东文集》（第二卷），人民出版社 1993 年版，第 431 页。]

②《在延安文艺座谈会上的讲话》，《毛泽东选集》（第三卷），人民出版社 1991 年版，第 847 页。

③ 向延生：《“小鲁艺”与“大鲁艺”》，《中国电视（纪录）》2012 年第 6 期，第 31 页。

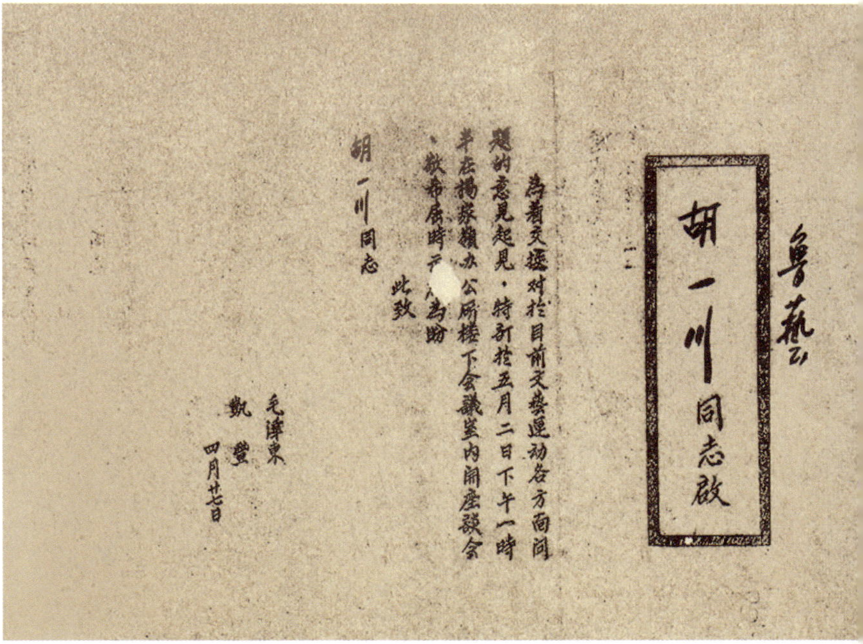

鲁艺

胡一川同志啟

為着交換對於目前文藝運動各方面問題的意見起見，特訂於五月二日下午一時半在楊家嶺辦公廳樓下會議室內開座談會，敬希屆時[illegible]為盼

此致

胡一川同志

毛澤東
凱豐
四月廿七日

延安文艺座谈会请柬

学鲁迅文艺学院”，招收了第七期学员；1946 年 12 月，东北大学鲁迅文艺学院脱离东北大学，并于 1947 年组建了东北鲁艺文工团一、二、三、四团和音工团。

1948 年 11 月，鲁艺在沈阳恢复办学，招收了第八期学员，并于 1949 年 9 月更名为“东北鲁迅文艺学院”。

1952 年，全国高等院校进行大规模院系调整。1953 年春，东北鲁艺在原音乐部的基础上成立了“东北音乐专科学校”；1958 年，东北音乐专科学校正式更名为“沈阳音乐学院”。

新中国成立后，鲁艺人带着在延安形成的文艺思想和理念，成为新中国文学艺术事业的领军人物，陆续建立了许多重要的文学艺术院校、剧院等传承机构，例如：

> 中国人民大学、中央美术学院、中央戏剧学院、中国美术学院、中央音乐学院、中国音乐学院、解放军艺术学院、中国儿童艺术剧院、中国京剧院、中国歌剧舞剧院、中国国家话剧院、北京电影学院、北京电影制片厂、中央新闻纪录电影制片厂（集团）、沈阳音乐学院、东北师范大学、鲁迅美术学院、长春电影制片厂、辽宁人民艺术剧院、广州美术学院、星海音乐学院、西安美术学院、延安大学、武汉歌舞剧院……

据统计，从1938年3月至1945年11月，鲁艺共毕业学员685人，其中文学系197人，戏剧系179人，音乐系162人，美术系147人。鲁艺是中国共产党在延安创办的第一所培养抗日文艺工作者和革命文艺人才的高等学府，是新中国文学艺术事业的基地和摇篮之一。

朱鸿召：《延安日常生活中的历史（1937—1947）》，广西师范大学出版社，2007 年版。

汪效驷、李飞：《知识青年奔赴延安：一项战时交通社会史的考察（1937—1945）》，《安徽师范大学学报》（人文社会科学版）2017 年第 6 期。

马克锋：《延安——革命青年的向往之地》，《党员文摘》2021 年第 5 期。

马克锋：《数万青年冒着风险奔赴延安的原因与启示》，《人民论坛》2021 年第 4 期。

李泽恩：《美国学者视野中的国共抗战》，《党史博采》（纪实）2015 年第 8 期。

延安革命纪念馆：《中国革命从低潮走向高潮的圣地》，《求是》2021 年第 19 期。

刘华生：《由“大生产运动”谈率先垂范》，《解放军报》2021 年 4 月 27 日第 9 版。

王东仓：《“到延安去”的历史解读》，《兰台世界》2013 年第 25 期。

王晓莉：《抗战时期爱国青年奔赴延安的原因与现实启示》，《西安日报》2015 年 7 月 13 日。

于安龙：《中国共产党讲述“延安故事”的经验与启示——基于延安时期与外国记者互动的视角》，《党的文献》2019 年第 4 期。

唐荣枚：《延安鲁艺杂忆》，《乐府新声（沈阳音乐学院学报）》1988 年第 2 期。

夏彬：《从鲁艺到沈阳音乐学院》，《中国音乐》1982 年第 1 期。

舒强

1915—1999
曾用名蒋树强、蒋渺凝
江苏南京人
戏剧家
戏剧导演
演员
戏剧理论家
戏剧教育家

作为中国第一部新歌剧和独具艺术魅力的红色经典，《白毛女》是延安鲁艺艺术家们集体创作的结晶。其中与江苏有关的人员是：作曲——马可、瞿维，导演——舒强，演员——王家乙。

先说说舒强与《白毛女》之间的故事。

一、舒强其人

舒强出生于1915年7月21日，1931年进入江苏省立南京中学师范科读书，参加学校社团——南钟剧社，开始戏剧活动。[①]1934年春，他参加中国左翼戏剧家联盟（“左翼剧联”）南京分盟。他组织“磨风艺社”活动，并参加了江苏省民众教育馆的“大众剧社”。舒强高中毕业时，他的《自画像》等3幅画作入选在南京举行的第一次全国美展，他受到中央大学美术系主任徐悲鸿的赏识。因为拒绝表演国民党主管文化工作的张道藩的作品《自救》，他于1935年3月初被捕入狱。他在狱中认识了田汉等人，获释后他改名为“舒强”。

---

① 据舒强初中同学水华访谈录：（水华）1926年从南京女子师范的实验小学毕业，1927年进入南京女子师范的实验中学（今南京市第一中学），从初一下学期开始，与舒强等成为同学。“磨风艺社”的前身是他们初中毕业时成立的“胎儿艺社”，“磨风”是英文 moving 的谐音。“磨风艺社”成立于1931年“九一八”、1932年“一・二八”之后。舒强和水华在1934年春才被吸收加入南京左翼剧联。（参考《水华访谈录》，《北京电影学院学报》1999年第3期。）另据《从南京走出的著名电影人》（汪作民、关长全、周大元著，《电影创作》1977年第2期）一文显示：磨风艺社与南钟剧社是独立的不同社团，磨风艺社参加了1933年6月由南钟剧社组织的大型演出。

1937年，舒强参加了应云卫、章泯、赵丹、陈鲤庭、郑君里等领导的上海第一个职业剧团——上海业余实验剧团。上海业余剧人协会成立于1935年6月，1937年4月更名为上海业余实验剧团，1937年7月以后终止活动。

"七七事变"后，上海文艺界人士成立了"抗敌救亡演剧队"，应云卫（1938年执导战争电影《八百壮士》）任团长，舒强在第四队。1938年，舒强在二队担任导演、演员、剧务主任。1939年，舒强应章泯邀请，在陶行知先生创办的重庆育才学校戏剧组教表演课和化装课。1943年，他又应郑君里的邀请，在重庆北碚国立社会教育学院电影戏剧专修科表演系教表演课。

1940年，舒强经戏剧组章泯介绍认识周恩来，受邀去延安；因1941年"皖南事变"，行程受阻，于是他转赴香港，参与组织"留港剧人协会"。1943年，他回到重庆，参加中国艺术剧社（由"留港剧人协会"更名），饰演《北京人》中的曾皓、《家》中的觉慧。

1944年3月，舒强奔赴延安。1944—1945年，他在延安鲁艺戏剧系教授表演和化装。到延安后，他开始参与导演工作，他第一次参与导演的作品是大型话剧《粮食》，剧本由陈荒煤、姚时晓创作，由张水华和他任导演。

1946年，舒强加入中国共产党。1946—1949年，他任华北联合大学文艺学院（中国人民大学文学院的前身是1939年由陕北公学、延安鲁迅艺术学院等合并成立的华北联合大学文艺学院）戏剧系主任、华北文工团团长。

在张家口导演《白毛女》
时的舒强

新中国成立后，舒强参与筹办中央戏剧学院，并任系主任、教授，后任中央实验话剧院院长、总导演，中国青年艺术剧院院长等，为中国话剧、戏剧事业培养了一批表演和导演艺术人才。国家话剧院就是由两个久负盛名的原国家剧院——中国青年艺术剧院和中央实验话剧院——于 2001 年 12 月 25 日合并组建的。

舒强是中国文联第四届委员，中国剧协第二届理事和第一、三、四届常务理事，文化部艺委会委员，第六届全国政协委员。1982 年，他出版了《舒强戏剧论文集》。他的话剧导演代表作有《战斗里成长》（1952）、《火焰山的怒吼》（1962）、《三人行》（1963）、《报童》（1978）、《大风歌》（1979）等。《大风歌》和《报童》（王铁成初次主演周恩来总理，舒强任总导演）同获 1980 年文化部举办的全国话剧调演演出一等奖。舒强是新中国话剧和歌剧事业的开拓者之一。

二、舒强与《白毛女》

1937 年 8 月，中宣部决定成立一个宣传队，奔赴抗日前线进行实地采访，同时在后方进行演剧宣传。丁玲提出来要组织一个战地服务团，即后来赫赫有名的“西北战地服务团”，主要进行战地宣传。该团由丁玲担任团长，坚持工作了 8 年时间，足迹遍布延安、太原、临汾、西安等地，为全民抗战起了巨大的宣传作用。1944 年，西北战地服务团回到延安，全团并入鲁艺。晋察冀边区流行的“白毛仙姑故事”就是由西北战地服务团在 1944 年春带回延安的。

延安鲁艺学院院长周扬得知“白毛仙姑”的传说后，决定以它为基础创作一个新歌剧向党的七大献礼。剧作的初稿由鲁艺文学系教员邵子南执笔，因为他有多年在晋察冀边区工作的生活体验，熟知“白毛仙姑”的故事，曾搜集过 10 余万字的相关素材，创作过长诗《白毛女》。邵子南不太熟悉歌剧形式，故采用了秦腔这种艺术形式。初稿完成后，大家一致认为秦腔形式太旧，于是推倒重来。邵子南在写完两幕后难以继续，后来他撤回初稿并退出创作组。在这种情形下，学院就决定由原来已参加创作组的贺敬之同志根据集体讨论的方案执笔重写，重写的过程始终是基于鲁艺集体讨论而进行的。水华也参加了一些讨论和排演工作，后因为工作需要调动离开。这部歌剧的创作时间从 1944 年秋至 1944 年年底，历经 3 个多月。①

① 参考惠雁冰著：《〈白毛女〉的修改之路》，《中国当代文学研究》2020 年第 3 期，第 15—27 页。

1944年12月27日，由贺敬之、丁毅执笔，王滨、王大化、舒强导演，马可、张鲁、瞿维、向隅与李焕之等作曲，林白、王昆、张守维、吴坚、邸力等饰演的六幕20场新歌剧《白毛女》在延安预演。

《白毛女》演员名单

喜儿（白毛仙姑）——林白饰
杨白劳——张守维（鲁艺第一期学生）饰
黄世仁——陈强饰
穆仁智——王家乙饰
黄母——李波饰
王大婶——邸力饰
王大春——张成中饰
张二婶——韩冰（戏剧系学生）饰
赵大叔——赵起杨饰
李拴——邢升武饰
大锁——李克饰

据黄世仁的扮演者陈强回忆：三位导演各有所长，作为导演之一的舒强，其长处和特色在于“对斯坦尼斯拉夫斯基表演体系很有研究，启发演员深入角色内心世界，探索放大动作歌唱与情感延长的统一，帮助演员寻找生活的根据，使演员逐渐地适应歌剧表演”。[①]舒强主要负责排喜儿的戏。[②]

① 陈强：《我对黄世仁角色的创造》，《新文化史料》1995年第2期，第21页。
② 林白：《我一定要演好喜儿》，《新文化史料》1995年第2期，第20页。

歌剧《白毛女》1945年5月底在延安大砭沟的中央党校大礼堂为“七大”全体代表与中央领导献演。[1] 毛泽东、

① 关于歌剧《白毛女》的首演日期至今学界和当事人都存在分歧，大抵有1945年4月、5月、6月等不同说法。时任延安鲁艺戏剧学院音乐系主任的张庚回忆说：“第一次正式演出是在党校礼堂，观众是‘七大’的代表、中央的领导同志。毛主席也来看了戏。”（《歌剧〈白毛女〉在延安的创作演出》，《新文化史料》1995年第2期，第7页。）在他处又回忆说，“1945年4月22日，毛泽东、周恩来等人观看《白毛女》首演后的第二天一早”等等。（见张庚：《回忆＜讲话＞前后“鲁艺”的戏剧活动》，戴淑娟编：《文艺启示录》，中国戏剧出版社1992年版，第152页。）钟敬之在受访时表述：《白毛女》“在‘七大’召开之前已经演了。1945年元旦正式演出，实际上1944年12月27日预演，演了两三场，作为给‘七大’的献礼演出是在1945年的4月份。”（《张庚等四同志关于歌剧〈白毛女〉创作过程答张拓同志问》，《文艺理论与批评》2011年第3期，第81页。）又存在其他说法，“4月24日，‘七大’开幕后的第二天，《白毛女》正式首场公演，并在‘七大’召开期间每晚演出，一直由A角林白出场……6月10日，剧团要为中央领导和‘七大’代表做正式演出”。（见《延安新歌剧＜白毛女＞诞生始末》，《光明日报》2022年5月11日第15版。）还有研究者认为《白毛女》首演于1945年4月28日。（参见张小芳著：《歌剧＜白毛女＞的幕后故事》，《福建党史月刊》2016年第3期，第45页。）另外，张慨在《抗战时期陕西艺术活动年表（四）》[《延安大学学报》（社会科学版）2022年第2期，第58—66页] 中载：歌剧《白毛女》4月28日在延安首演，未提地点；6月10日为党的“七大”献演，亦未提地点。恐有进一步商榷的必要。根据歌剧作曲主力之一的马可的日记记载：“〈白毛女人〉的第一幕脱稿，吕骥同志的意见是配秦腔。”（1945年1月18日）“五月底，《白毛女》演出。/党校——八路军大礼堂——王家坪——参议会礼堂。”（1945年1月19日）“在党校演出后，得到毛主席、‘七大’代表及全体观众的赞美。”“五月廿四进城演出，先后在党校、八路军大礼堂、王家坪演出十来场。”（1945年7月1日）可见：歌剧《白毛女》在1945年5月24日之前的演出，应该是部分场次的试演，为中共“七大”代表们的正式首演应该是1945年5月24日的延安大砭沟的中央党校大礼堂。这也与有关专家考证推定的时间相一致。（参见朱萍：《歌剧〈白毛女〉在延安创作排演史实核述》，《新文化史料》1995年第2期，第38页。）令人不解的是，在《马可年表》中，整理者又清晰写道：“（1945年）6月10日，鲁艺为党的第七次全国代表大会代表演出大型歌剧《白毛女》。”（《马可选集九·年表、画传与著作全目》，人民音乐出版社2017年版，第10页。）设若如此，马可记载的进城演出时间就无法解释，5月24日至6月10日之间的时长间隔亦不合情理，因为马可是将党校作为首站列出的。更为重要的一份首演地点证据，是第一代“喜儿”的扮演者林白在《我一定要演好喜儿》（《新文化史料》1995年第2期）一文中回忆道：“1945年歌剧《白毛女》在延安首次公演时，我们全体剧组人员站在敞篷卡车里，由桥儿沟的鲁艺驶向大砭沟的党校大礼堂。因为晕车、呕吐，我没有参加那天晚上为‘七大’代表与中央领导同志的演出。”

朱德、周恩来、刘少奇都在观众席的第一排就坐。贺敬之负责拉幕。1945 年 4—5 月，歌剧《白毛女》在延安演出 30 多场，演出时间之久、场次之多，在延安是罕见的。随后又演遍了整个解放区，极大地推动了土改运动的开展，像号角一样，唤起民众觉醒，鼓励他们为翻身获自由和为民族解放奋起而斗争。1950 年，《白毛女》被搬上了大银幕，里面“喜儿”的扮演者为田华，配唱仍然由王昆担任。1951 年，《白毛女》获得斯大林文学奖金二等奖。1964 年，《白毛女》又被改编成同名芭蕾舞剧。苏联、日本、印度及波兰等国家都曾翻译或排演过该剧，《白毛女》在国际文艺舞台上产生了广泛的影响。

《白毛女》在延安首演时，喜儿的扮演者有三名演员：王昆、林白、孟于。正式投入排演时，第一个扮演喜儿的演员叫林白，她是鲁艺戏剧系学生，曾在王滨导演的《日出》中成功扮演了“小东西”。后来，在她因频繁演出累倒休息期间，剧组就又物色了王昆作为 B 角。可是，除了唱歌，时年 19 岁的王昆并没有接受过戏剧方面的训练，舞台表演的一切，她几乎都要从头学起。导演舒强耐心地指导王昆演戏。因此，王昆一直都称舒强为启蒙老师。孟于，1922 年出生于四川成都，原名王志言，曾用名王润芳。1945 年年底，孟于在华北联大文工团，后来文工团和抗敌剧社联合排演民族歌剧《白毛女》，由她扮演“喜儿”。

舒强先后三次担任新歌剧《白毛女》的导演，除了首演作为导演组成员外，另外两次舒强都担任了总导演，分别是：

［1］1945 年歌剧《白毛女》在延安演出，该图为第一幕第四场——“死跟爹爹一块死”。吴印咸摄

［2］王昆主演的喜儿

［3］孟于主演的喜儿

[1] 20世纪70年代，郭兰英在歌剧《白毛女》中扮演喜儿。2019年，郭兰英获“人民艺术家”国家荣誉称号

[2] 林白主演的喜儿

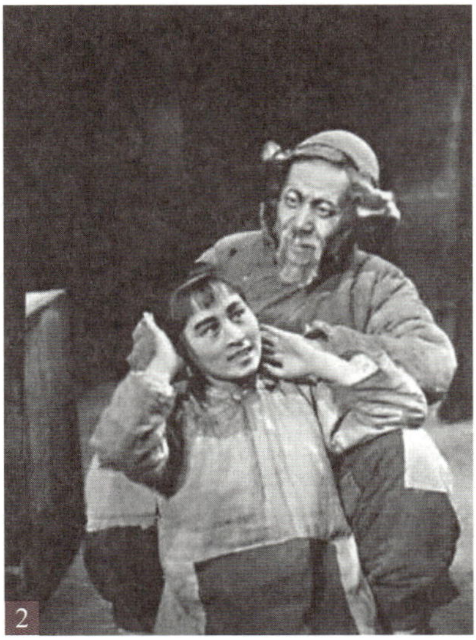

二导——1962 年，为纪念毛泽东《在延安文艺座谈会上的讲话》发表 20 周年，舒强重新导演了《白毛女》，由王昆、郭兰英领衔主演。郭兰英在回忆自己首次主演喜儿的情景时说道：

> 1948 年，剧组在石家庄演出。一次演出，扮演喜儿的两个演员王昆和孟于都上不了场。团长和导演研究对策时，我自告奋勇去“救场子”。
>
> 那是我第一次上台演喜儿。演到最后一幕的斗争会时，我哭得唱不下去了。舒强导演在侧幕提醒我：“兰英，兰英！我们这是在演戏！”戏结束了，舒强导演含泪和我说：“为什么你唱不下去？我能理解。《白毛女》这个戏就是写你的生活的。从今往后好好努力，好好琢磨琢磨喜儿这个角色，你会创造出一个不同的喜儿的！”这句话，我记了一辈子。
>
> 舒强导演对我帮助很大，他强调从人物出发，启发我创造人物。他说：“演唱要从心灵出发。如果郭兰英是喜儿，你怎么处理？”我一下就明白了导演的要求。演员在舞台上不能有“在演戏”的感觉，要表现“我就是这个人物”。[①]

三导——1985 年 6 月，为纪念世界反法西斯战争胜利

① 郭兰英：《一辈子演不够〈白毛女〉》，王瑨采访整理，《人民日报》2021 年 5 月 26 日第 20 版。

《白毛女》，中国歌剧舞剧院节目单封面

40周年和《白毛女》上演40周年，中国歌剧舞剧院决定重排《白毛女》。已经退休的舒强被聘为总导演，演出获得巨大成功。

舒强三次导演《白毛女》，他是时间跨度最长、导演次数最多的导演，充分证明了他高超的导演艺术才华和在中国话剧史上的重要地位。

2015年，恰逢抗日战争胜利70周年和歌剧《白毛女》诞生70周年，文化部决定重新排演新版歌剧《白毛女》，时年85岁的国家一级导演张奇虹担任该剧的导演，她曾受益于舒强导演的栽培——“可以说舒强是我艺术上的启蒙老师，是我踏上革命征途后全面指导我的导师。”[①]张奇虹在

① 张奇虹：《纪念老师舒强诞辰百周年》，《中国戏剧》2015年第10期，第68页。

接受采访时曾回忆说：

> 跟《白毛女》结缘，要追溯到1946年的春天。
>
> 1945年8月，抗日战争刚刚取得胜利，我跟随长兄（中共地下党员）进入解放区，在华北联合大学政治班学习。由于当时年龄很小，又活跃，半年后我被选入华北联大文工团，和王昆、孟于（原创歌剧《白毛女》第一代喜儿扮演者）等从延安来的同志一起行军、演出、参加土改。
>
> 在文工团，《白毛女》时任导演舒强让16岁的我跑龙套，扮演一个60多岁的诉苦老大娘，刚开始无姓名、无台词。慢慢地我通过和解放区的老大娘交朋友，同吃、同住、同劳动，不断向生活学习，将人物诠释得越来越好，舒强老师就给我增加了唱词。[1]

到了1953年，时任中央戏剧学院领导的舒强推荐张奇虹到莫斯科卢纳卡尔斯基戏剧学院学习表演、导演。两代人因为《白毛女》结下了深厚的情缘。

---

① 张奇虹：《导演〈白毛女〉 我向生活学习》，肖人夫、祁倩倩采访整理，《光明日报》2021年5月28日第15版。

王巨才主编：《延安文艺档案（第2册）·延安戏剧·延安戏剧家·舒强》，太白文艺出版社2015年版，第770—808页。

舒晓鸣：《父亲怎样导演〈白毛女〉》，《中国艺术报》2012年5月28日第3版。

李炳华、周塞峰：《〈白毛女〉的生命力——访歌剧〈白毛女〉总导演舒强》，《新闻与写作》1986年第1期。

傅力：《舒强情注“白毛女”》，《出版参考·新阅读》2008年第1期。

张琳：《舒晓鸣，接过父亲精神之旗》，《北京广播电视报人物周刊》2015年第41期。

颜比泓：《老骥伏枥　志在千里——访老戏剧家舒强》，《中国戏剧》1991年第10期。

徐冠一：《林白：扎起红头绳》，《吉林日报》2008年12月25日第8版。

赵梦卓：《我国第一位“白毛女”谢幕》，《潍坊日报》2014年3月7日第5版。

小芭：《<白毛女>背后的逸闻旧事》，《新民周刊》2015年第47期，第24—26页。

张奇虹、张阳阳、陈芳编著：《永远白毛女：红色经典的非凡传奇》，北京出版社2016年版。

郭兰英：《一辈子演不够<白毛女>》，王瑨采访整理，《人民日报》2021年5月26日第20版。

马可

1918—1976
江苏徐州人
音乐家
作曲家

一、马可其人

马可出生于江苏徐州西关佘井涯吉祥巷29号的一个自由职业家庭，祖父母是基督徒。他的父亲马景林以卖粥为生，他的母亲是讨饭逃荒到徐州的。后来，一所基督教医院让他的父亲去喂养奶牛，才使其家境有所好转。为表达感激之情，父亲就给他起了个带有宗教色彩的名字，他的名字是从福音书上圣徒马可那里借用而来的。

马可5岁那年，父亲不幸中风病故。为了积攒学费，他常随母亲去野外割草，再到集市上出售。他从小就非常努力刻苦，爱好也非常广泛。1929年，他从基督教会所办的保罗小学考入当时的教会学校——培心初级中学（1932年，培心男初中与正心女初中合并成立培正中学，现徐州市第五中学），早在培心初级中学上学期间，马可就参加了学校办的“唱诗班”。这种唱诗班多由青少年组成，所唱乐曲多出自著名作曲家莫扎特、舒伯特之手。唱诗班锻炼了马可的歌喉，使他受到了西洋音乐的熏陶，也培养了他的乐感和节奏感，对他以后的歌曲创作起到了重要的作用。1932年，他考入徐州私立中学高中部，遇到了音乐老师刘乐夫，受其影响，马可在业余时间开始学习演奏二胡、琵琶。[①] 但马可更喜爱的还是化学，他立志做

① 《马可选集》编辑委员会编：《马可选集九·年表、画传与著作全目》，人民音乐出版社2017年版，第321—325页。

河南大学怒吼歌咏队全体成员合影（前排左五为马可）

化学家。1935年9月，17岁的马可顺利考入河南大学化学系。他拼命读书，整天闷在实验室中做实验，立志做像门捷列夫、居里夫人那样的化学家，以实现科学救国的理想。“七七事变”后，马可组织并参加了河南大学“怒吼歌咏队”，投身开封火车站“卧轨请愿”的行列，成为河南大学抗日救亡运动中的一名坚强斗士！马可1939年夏在《言志》一文中写道：

> 有好多朋友替我惋惜，说我不该抛掉用功的好学生不做，居然唱了两年戏。我十分明白这个……可是我更明白，这两年，我毕竟不是白跑了的，我有一个重要的收获，这收获足以补偿这两年的损失而有余。那就是，我认识了那些真正的国家主人

翁，但同时却是被压榨着的劳苦大众。[①]

1937年9月初，马可带着由他发起成立的“怒吼歌咏队”演出归来，刚进校门就听说他敬慕已久的作曲家冼星海随“上海救亡演剧第二队”来到了学校大礼堂。在河南大学马可与冼星海相识，冼星海还亲自指点过马可作词作曲的《保卫我们的平津》。1937年12月，马可参加了“河南抗敌后援会巡回演剧第三队”，在河南南阳等地开展宣传工作。1938年7月，他随队来到武汉，8月被编入“国民政府军委会政治部抗敌演剧第十队”（由军委会政治部第三厅直接领导，郭沫若任厅长），任音乐组长，再次见到冼星海。1939年，冼星海建议马可把个人作品编成抗战歌曲集《老百姓战歌》，并为之写了序言，他称赞马可的歌曲“作风极力趋向大众化、民族化的新形式”。[②]马可的第一部歌曲创作集名为《牙牙集》，第一集收录歌曲时间段为1936年9月30日至1938年6月9日。歌曲集《老百姓战歌》是由从1937年9月到1939年2月创作的歌曲中选出的30首歌曲汇编而成的。

1939年秋，在冼星海的鼓励、引导下，马可偕夫人杨蔚与一批爱国青年一道冲破国民党的重重封锁，来到革命圣地——延安。1940年1月，他以第一名的成绩考入鲁艺音乐系。在鲁艺音乐系学习一段时间后，1940年7月，他被

---

①《马可选集》编辑委员会编：《马可选集九·年表、画传与著作全目》，人民音乐出版社2017年版，第40页。

② 冼星海：《〈老百姓战歌〉序》，《人民音乐》1984年第5期，第37页。

1942 年，马可给鲁艺音乐系学员讲课

调入鲁艺音乐工作团，并被派驻到由陕北本土诗人柯仲平创建的民众剧团担任音乐教员。1941 年年初，他又回到音乐工作团，从事音乐创作和民族民间音乐的收集、整理和研究工作。

二、马可代表性文艺作品

1. 歌剧《白毛女》

1945 年，马可和瞿维等一道为中国音乐史上里程碑式的作品——歌剧《白毛女》作曲，这年，他刚刚 27 岁。在歌剧《白毛女》的曲创作中， 主要由马可执笔的有：杨白劳的主要唱段《十里风雪》《廊檐下红灯》《老天，杀人的老天》《县长、财主、狼虫、虎豹》；喜儿的唱段《我盼爹爹》《刀杀我，斧砍我》《我要活》《耳听得流水》；杨白劳与喜儿的二重唱《红头绳》，喜儿与张二婶的二重唱《我说，我要说》，等等。

马可是这部歌剧音乐历次修改的主持人。1962 年，他新创作了《恨是高山仇是海》。马可对《白毛女》的作曲始终倾注着大量心血，从其日记中不难窥见一斑：

他在 1946 年 1 月 4 日的日记里写道：

> 音乐方面我越来越感到未解决的问题多，而狠狠地刺激了我，发誓将来非要再下功夫搞一搞不可，不然有愧于这个剧的主题，有愧于这个剧的群众教育价值。

他在 1947 年 6 月 6 日的日记里继续写道：

> 根据大家对《白毛女》剧本及音乐的修正意见，开始改曲子。《白毛女》的音乐创作，我是越来越不满意，越来越觉得没有解决的问题太多。两年来从没有一天放弃过修改她的心思，但据去年在哈演出时的经验，似乎又很难修改，结果就空落一片野心，眼睁睁地不满意下去，却又没有什么更好的办法，实在苦闷得很。现在又有一次机会了，一方面怀着一些希望，但同时信心却不高，这真是一个相当苦恼人的问题。

1947 年 6 月 12 日，他又写道：

《白毛女》的配曲工作由头到尾都是一件令人困扰的工作。一来是创作这种中国式的歌剧我们没有什么经验，可资参考借鉴的作品也不多，几乎可以说是没有。写剧本的也掌握不到中国歌剧的写法，再加上我们本身的作曲能力和修养，因此有的曲子改了又改，可是还未改到好处。我现在几乎没有什么想把这个歌剧在音乐上创造一个完整的足为范例的形式的野心了，唯求初步能过得去，听来还不太别扭就算了。尽自己的一切努力在为着这初步的准备去做，我至终没有厌弃这个工作。因为我觉得应该对工作负责任，而且对自己也是一个锻炼和学习的机会，只要大家听来能初步地满意了，就是反复做，反复修改，一次、二次、三次……也当去做。

他 1947 年 6 月 24 日的日记充满自责，显现出他对《白毛女》作曲工作极度负责认真的态度：

唉唉，《白毛女》的音乐在我怕要引为终生的一憾了。这个剧本在大后方都已作为解放区的歌剧代表作品而出版了。想来汗颜之至，越觉得自己能力太小，努力不够。

2. 秧歌剧《夫妻识字》

《夫妻识字》是马可 1944 年创作于延安的秧歌剧，曾被王昆、郭兰英、朱逢博等老一辈艺术家无数次演唱，经久不衰。通过对刘二夫妻互帮互学，“生产当个模范，学习要争个第一”的动人描写，讴歌解放区翻身后的农民群众积极开展学文化运动，并采取生动活泼的自我教育形式。《夫妻识字》最初载于1949年5月出版的《中国人民文艺丛书·兄妹开荒》，被誉为“《兄妹开荒》后的新阶段”①。

3. 歌曲《南泥湾》

歌曲《南泥湾》创作于1943年，是歌舞剧《挑花篮》的插曲之一，由贺敬之作词，马可作曲。

当时的南泥湾是远近闻名的不毛之地，被群众称为“烂泥湾”，当地纷纷传唱“南泥湾呀烂泥湾，荒山臭水黑泥潭。方圆百里山连山，只见梢林不见天。狼豹黄羊满山窜，一片荒凉少人烟”。但经过三五九旅官兵的辛勤屯垦，这片不毛之地竟成了远近闻名的米粮川。自1942年起，南泥湾翻天覆地的巨大变化强烈吸引着许多知名人士，他们络绎不绝地前来参观访问，并写下不少诗文。著名爱国将领续范亭创作的《南泥杂咏》中的20多首诗作，著名诗人萧三的诗歌《我两次来到南泥湾》，何其芳的散文《记王震将军》等，都对南泥湾垦荒的成就给予了高度赞扬。

1943年，陕甘宁边区军民大生产运动渐入高潮，作为“生产模范”的三五九旅，更是名震边区。这一年，延安军民精心准备了慰问品，并带上文艺节目，要到南泥湾去慰劳三五九旅的全体官兵。延安鲁艺秧歌队在准备文艺节目时，

① 《马可选集》编辑委员会编：《马可选集七·日记卷（上）》，人民音乐出版社2017年版，第755页。

就想到应该排练一个与三五九旅有关联的节目。编创人员经过一番苦思冥想，终于构思出一个名为《挑花篮》的歌舞剧，由8位女演员挑着8对花篮，伴着插曲在台上表演，插曲歌词的最后一段名叫《南泥湾》。

1943年，19岁的贺敬之还在鲁艺戏剧系学习，接到为该插曲创作歌词的任务后，他结合自己对边区军民大生产运动特别是三五九旅垦荒南泥湾的深刻认识和体会，充分酝酿、一气呵成写出了歌词。25岁的作曲家、鲁艺音乐系的马可用一夜的时间为其成功谱曲。1943年2月5日，农历正月初一，延安鲁艺的秧歌队来到南泥湾，向三五九旅的英雄们献上新编的歌舞剧《挑花篮》。

歌舞剧《挑花篮》在南泥湾慰问演出时，深受三五九旅全体官兵的欢迎。歌曲《南泥湾》就这样诞生了。后来，随着《挑花篮》在陕甘宁边区的巡回演出，这首歌迅速在边区走红，并传遍全国。2015年，该歌曲入选中国国家新闻出版广电总局评选的“我最喜爱的十大抗战歌曲”。

4. 马可与《东方红》

说起《东方红》，首先要从源头说起。20世纪30年代，陕北地区流传着一首叫《芝麻油》的民歌：

芝麻油，白菜心，要吃豆角抽筋筋，三天不见想死个人，呼儿咳哟，哎呀，我的三哥哥……

这是一首民间情歌，讲述的是一个陕北女孩热情大胆地向情郎“三哥哥”表达自己爱恋之情的故事。

1938年2月，后来担任中国音乐学院首任院长的中国现代音乐家安波来到延安鲁艺音乐系学习，当时他才23岁。安波在偶然的情况下，听到了这首《芝麻油》，他为这首曲子填上了新词，将其改编成一首新歌，号召人们投入到抗战中去。他将这首歌改名为《骑白马》：

> 骑白马，挎洋枪，三哥哥吃了八路军的粮，有心回家看姑娘，呼儿咳哟，打日本我顾不上……

这首《骑白马》一经问世，马上在边区流传开来，甚至影响着全国各地，成为抗战时期的一首标志性民歌。

1944年3月11日，《解放日报》上发表了陈伯林撰写的《移民歌手》一文，全文披露了李增正编写的《毛主席领导穷人翻身》的9段歌词，还将歌词和所用的《骑白马·挂洋枪》曲谱（即《白马调》）全部发表在《解放日报》上，后来，这些歌词和曲谱还被收进张松如与何其芳共同选辑的《陕北民歌选》一书。

1944年5月24日，《解放日报》上发表了马可的文章《群众是怎样创作的》，文章的开头也提到了李增正和他的叔叔李有源一起编歌的事情，其中就涉及了歌曲《东方红》的源起：

> ……副队长李增正就是李有源的侄儿；他们叔侄两个都擅长编秧歌：有名的移民秧歌“东方红，太阳升，中国出了个毛泽东……”就是他们叔侄们

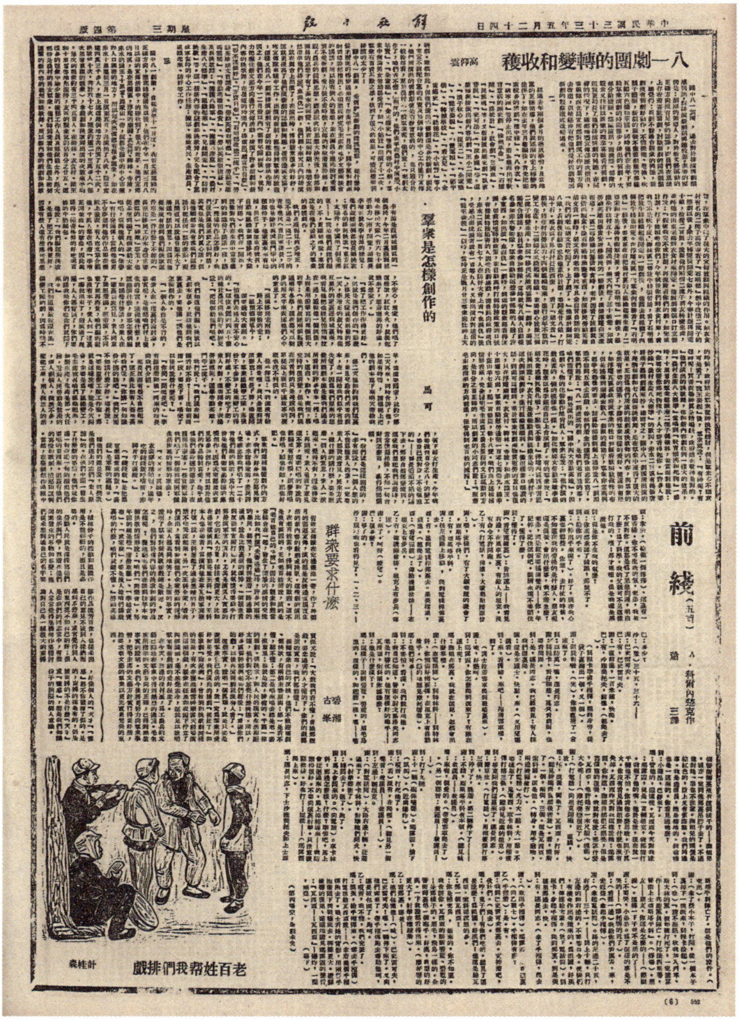
中華民國三十三年五月二十四日 解放日報 星期三 第四版

八一劇團的轉變和收穫

群衆是怎樣創作的

馬可

前綫（五幕）

群衆要求什麽

老百姓幫我們排戲

1944 年 5 月 24 日的《解放日报》登载马可的文章《群众是怎样创作的》

编的，不，更确切地说，应该说是在他们发动之下的群众的集体创作。

歌曲《毛主席领导穷人翻身》的第一节就是后来我们熟知的《东方红》的源头。

学者研究发现，歌曲《东方红》产生的基本历史过程是：李有源是《东方红》歌曲第一段歌词的创作者，是歌词的创作之源，创作时间是 1942 年冬天。李增正是歌曲《东方红》最早的演唱者。歌曲《东方红》在演唱过程中得到了群众和音乐工作者的不断修改、补充、完善，最终形成了广为传唱的“三段式”的完整的革命歌曲《东方红》。①

5. 歌曲《咱们工人有力量》

1945 年抗战胜利后，马可又在东北创作了歌曲《我们工人有力量》，之后经过修改，成为名曲《咱们工人有力量》。

1948 年 5 月，马可带领东北鲁艺文工二团从剿匪前线和土改农村回到中国最早解放的老工业城市——佳木斯市，在佳木斯铁工厂深入体验生活。当时，全厂正开展支援前线的劳动竞赛，工人们冲劲十足，汗流浃背，到处是一片热火朝天的感人景象。马可也抡起铁锤和工人们一起劳动。马可和团员们与工人们吃同样的饭菜。休息的时候，马可和团员们给工人们表演节目，教他们唱歌。可是，马可发现描写

① 甄生枝、赵万吉、刘玉川：《〈东方红〉歌曲词作者到底是谁》，《中国档案》2003 年第 9 期，第 54—55 页。

南泥湾

1= F $\frac{2}{4}$

贺敬之 词
马　可 曲

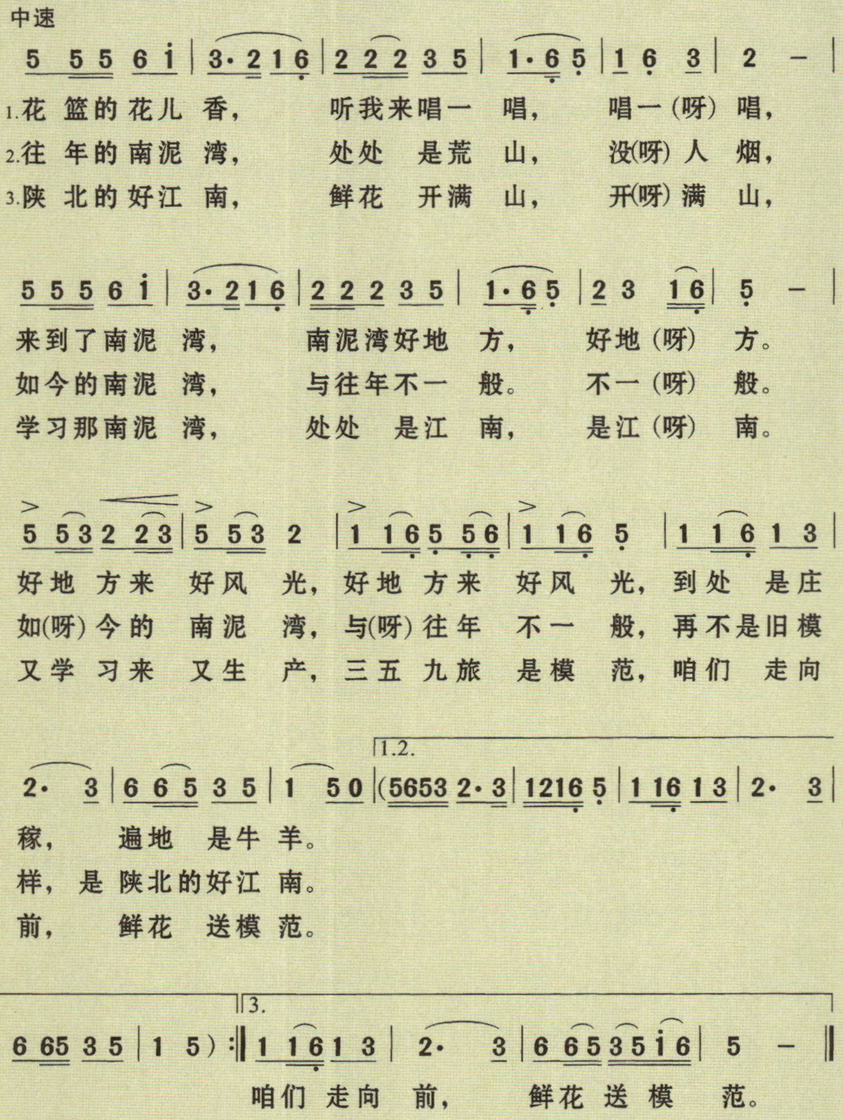

歌曲《南泥湾》

咱们工人有力量

1=B $\frac{2}{4}$ 选调C

稍快 活泼、愉快地

马　可　词曲

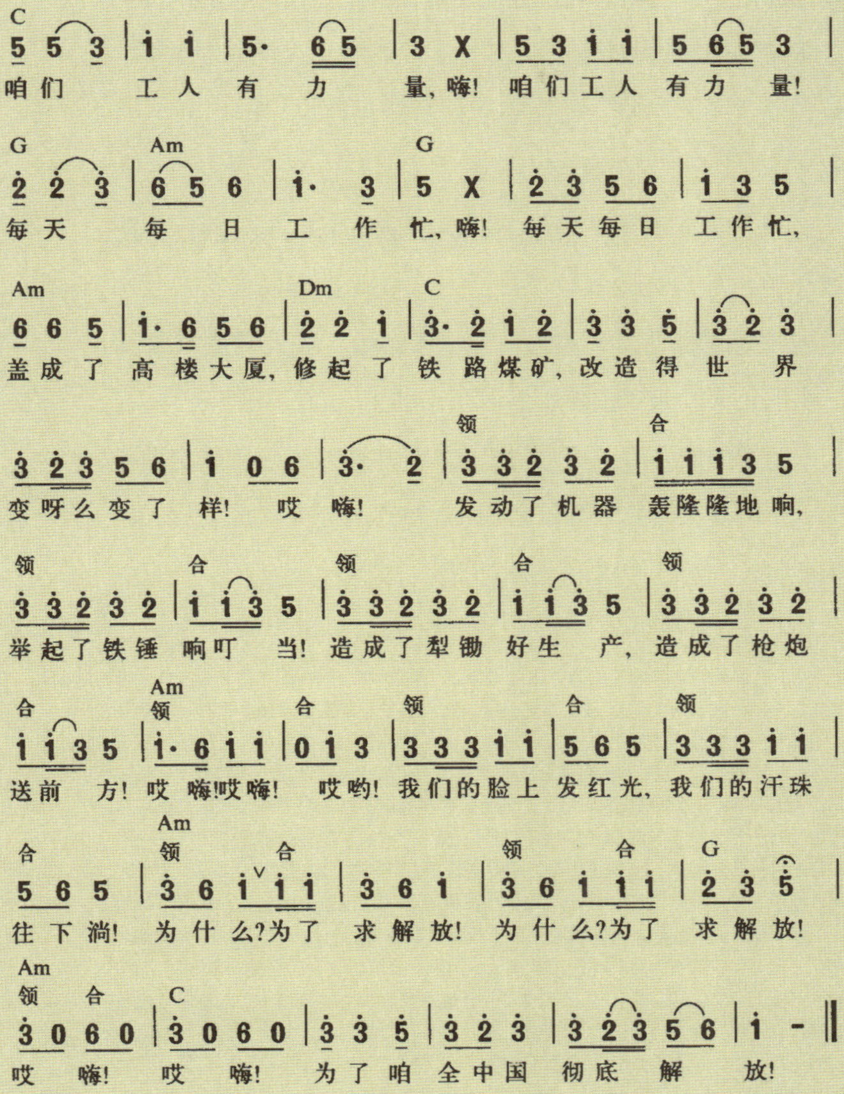

歌曲《咱们工人有力量》

农民翻身的歌曲有很多，而几乎没有专门写给工人的歌。回到团部，马可脑海里一遍一遍回忆着工人们奋力劳动的壮观画面，心中不由生起为工人写歌的激情和灵感，他边哼唱边创作，用了一夜的时间就完成了歌曲初稿。从文工团内部到佳木斯发电厂和东北造币厂等地，马可在工人群体中教唱初稿，通过工人学唱，他又不断征求意见建议。1948 年 5 月 24 日，以《咱们工人有力量》为歌名首次公开发表于《东北日报》第 4 版上。同年，在沈阳皇姑屯机车车辆厂教唱过程中，马可对此歌做了最后一次修改：把报纸发表版本中的“为了打老蒋”改为“为了求解放”。此歌曲被誉为“中国工人阶级迈向新中国时唱出的第一首高昂战歌”。[①]

新中国成立后，马可到北京担任中央戏剧学院歌剧系主任、中国戏曲研究院音乐室主任。中国音乐学院成立后，他担任院长，兼任中国歌剧舞剧院院长、《人民音乐》杂志主

① 关于这首歌的创作过程细节，目前学界撰文有分歧：一种认为是马可在佳木斯发电厂体验生活时所作，一种认为是他深入鞍山钢铁厂的实践产物，例如《扎根沃土谱华章——纪念伟大的人民音乐家马可先生》（武慧、王正明著，《歌唱世界》2014 年第 5 期）、《为人民的事业贡献终身——纪念马可逝世二十周年》（汪毓和著，《人民音乐》1996 年第 4 期），还有一种观点认为是马可先在佳木斯发电厂体验生活时所作，继而又在鞍山钢铁厂进行了修改，例如《逝去的星还在发光——为马可逝世十周年而作》（李正忠著，《中国音乐》1986 年第 4 期）、《从马可的两首歌曲想起的——〈马可歌曲选〉序》（吕骥著，《马可歌曲选》，人民音乐出版社 1978 年版）。笔者的描述参考了亲身经历这首歌诞生过程的郑风的回忆文章，详见《〈咱们工人有力量〉在沈阳定稿》（郑风、张阿春著，《辽沈晚报》2011 年 4 月 10 日）一文，该文结论是该歌曲诞生于佳木斯铁工厂，定稿于沈阳皇姑屯机车车辆厂。不免可惜的是，翻遍了公开出版的《马可选集》中的日记部分，没有关于歌曲《咱们工人有力量》的一点儿文字。另外，据《马可著作全目》资料显示：在 1949 年出版的《人民歌选》第一期、《大众呼声》第五集、《东北群众歌曲选》等书籍或期刊中，歌名收录作《我们工人有力量》。（《马可选集九·年表、画传与著作全目》，人民音乐出版社 2017 年版，第 154 页）

编。1951 年，他带领团队将小说《小二黑结婚》改编为歌剧。马可还致力于冼星海的专题研究以及新歌剧的发展、戏曲音乐改革、音乐理论与知识的普及等问题研究，著有《冼星海传》《中国民间音乐讲话》等书和 200 余篇专业论文。马可一生创作了 650 首各类优秀的音乐作品。

王巨才主编：《延安文艺档案（第11册）·延安音乐·延安音乐家·马可》，太白文艺出版社2015年版，第1—32页。

《马可选集》编辑委员会编：《马可选集七·日记卷（上）》，人民音乐出版社2017年版。

《马可选集》编辑委员会编：《马可选集八·日记卷（下）》，人民音乐出版社2017年版。

《马可选集》编辑委员会编：《马可选集九·年表、画传与著作全目》，人民音乐出版社2017年版。

《百年瞬间：马可和他创作的抗日救亡歌曲》，央视新闻，2021年7月6日。

钱均鹏、党捷睿：《初心的回响——歌曲〈东方红〉创作前后》，《解放军报》2020年11月25日“文化生活”版。

《人民音乐家——马可》，《延安日报》2019年4月25日第8版。

徐而立：《现代著名作曲家——马可》，《南京艺术学院学报》（音乐与表演版）1990年第4期。

张悦：《“永远、永远的马可精神”——音乐界纪念马可诞辰百年》，《中国艺术报》2018年6月15日。

黄奇石：《民族歌剧的一面大旗——纪念马可院长百年诞辰》，《歌剧》2018年第7期。

《佳木斯热电厂：〈咱们工人有力量〉在这里诞生》（baidu.com），中国新闻网，2021年6月21日。

刘梦丹：《咱们工人有力量》，《人民日报》2021年10月2日第5版。

周勤如：《从牙牙学语到中国新歌剧的开创者——为纪念作曲家马可诞辰100周年而作》，《音乐研究》2018年第5期。

《音乐传播》编辑部：《艺术的生命力来自人民——作曲家马可之女、中国音乐学院作曲系原副系主任马海星教授对父亲马可先生的口述回忆》，《音乐传播》2014 年第 2 期。

武慧、王正明：《扎根沃土谱华章——纪念伟大的人民音乐家马可先生》，《歌唱世界》2014 年第 5 期。

汪毓和：《为人民的事业贡献终身——纪念马可逝世二十周年》，《人民音乐》1996 年第 4 期。

李正忠：《逝去的星还在发光——为马可逝世十周年而作》，《中国音乐》1986 年第 4 期。

瞿维

1917—2002
原名瞿世荣、瞿世雄
江苏常州人
音乐家
作曲家

寄明

1917—1997
原名吴亚贞
曾用名吴子平
原籍江苏淮安
出生于江苏苏州
延安时期第一位女钢琴家
作曲家
音乐家

瞿维

瞿维少时受进过新式学堂、会唱歌弹琴的姑妈的熏陶，触发了对音乐的爱好。他 12 岁进入武进县立初中（今常州市实验中学）读书，参加过校内的京戏小组。不过，他最喜欢的还是美术。1933 年初中毕业后，瞿维考入上海新华艺术专科学校师范系，学习美术，副科修的是钢琴，师从钟慕贞教授。课余，他还接触了交响乐，并渐渐爱上了音乐。特别是自 1935 年秋，瞿维和同学们一起为冼星海谱写的电影《时势英雄》插曲《运动会歌》录音开始，瞿维多次见到冼星海，被其投身抗日救亡歌咏运动的精神深深感染，于是瞿维正式走上了运用音乐艺术为民族解放斗争服务的大道。

1935 年毕业后，瞿维先后在上海、湖北宜昌任中小学音乐、美术教师。1938 年 5 月，他于湖北宜昌加入中国共产党，从事党的地下工作，并借助音乐开展抗日救亡运动。1938 年 11 月，他加入重庆中国电影制片厂合唱团，担任钢琴伴奏。

1939 年 10 月，瞿维受邀赴陕西宜川第二战区民族革命艺术学院，任音乐系主任。1940 年 2 月 24 日，他和作曲家马可到达革命圣地延安，在延安鲁迅艺术文学院音乐系任教员，后任该校音乐工作团研究科长。那时，他改名为瞿维。早他半年，有“延安第一位女钢琴家”之美誉的寄明到了延安。瞿维和寄明因为钢琴结缘，寄明后来成了瞿维的夫人。

1942 年，瞿维参加了延安文艺座谈会，聆听了毛泽东同志在延安文艺座谈会上的讲话，懂得了文艺应该为谁服务和如何服务的道理。

1945 年春，瞿维与马可、张鲁、向隅、焕之合作，共同为鲁艺创作的新歌剧《白毛女》谱曲。他独立完成了《太阳出来了》《千年的仇要报》等合唱曲。从参加歌剧《白毛女》的创作到新中国成立后的多次改编，瞿维都付出了大量心血。他 1950 年为电影《白毛女》所作的音乐、1961 年完成的管弦乐幻想序曲《白毛女》、1974 年根据舞剧《白毛女》的音乐改编成的交响乐组曲《白毛女》等，都可视为他对同一对象的不断深化和更绚烂的发挥。

瞿维于 1946 年 6 月到达哈尔滨，当年夏天完成钢琴曲《花鼓》，这是 20 世纪 40 年代一部重要的钢琴曲，是用钢琴这件西洋乐器表现中国乡土气的成功创作，开拓了钢琴音乐美的新天地。20 世纪 60 年代初，《花鼓》被编入《高等音乐院校钢琴教学选曲》。

瞿维历任牡丹江鲁艺文工团副团长、哈尔滨东北音乐工作团团长、东北军区政治部文艺大队副大队长（辽沈战役期间）。1948 年 11 月，辽沈战役胜利后，他担任新成立的东北鲁迅艺术学院音乐系主任。

瞿维创作的钢琴曲《花鼓》

1

2

[1] 瞿维与寄明 1942 年在延河之滨合影，郑律成摄

[2] 人民音乐出版社出版的由瞿维作曲的管弦乐总谱《人民英雄纪念碑交响诗》

[3] 1950 年代在莫斯科音乐学院的中国留学生合影。后排中间为瞿维

新中国成立后，瞿维于1952年6月起任中央新闻电影制片厂作曲组组长和中央电影局作曲训练班教员。1955年9月，他作为国家特别选修生被送往莫斯科柴可夫斯基音乐学院作曲系学习作曲、复调、配器，师从谢尔盖·阿尔捷米耶维奇·巴拉萨良教授。1959年9月，他毕业后回到上海，任上海交响乐团驻团作曲家。后来，他相继被推选为中国音乐家协会常务理事、副主席，中国音乐家协会上海分会副主席，全国文联委员。1981年10月，他兼任上海交通大学音乐研究室主任、中国高等学校音乐教育学学会会长。他是首届中国音乐最高奖“金钟奖”终身荣誉勋章获得者。

作曲家瞿维一生共创作了40多部大中型作品。其中代表性的作品有：

从1958年开始，瞿维响应陈毅为人民英雄纪念碑八块浮雕创作交响乐的号召，创作了管弦乐总谱《人民英雄纪念碑交响诗》。他的这个作品1961年在第二届“上海之春”音乐节上由上海交响乐团首演，1993年被列入“二十世纪华人音乐经典”。

1963年，瞿维应著名钢琴家顾圣婴约请，创作了钢琴曲《洪湖赤卫队》幻想曲，次年，这首钢琴曲被改编成管弦乐曲。

1964年，他创作了组曲《光辉的节日》。

1965年，他深入大庆体验生活，铁人王进喜等先进工人的事迹深深感动着他，随后他创作了歌曲《五好工人之歌》，同年，《红旗》杂志向全国推荐包括此歌在内的10

首歌曲时，这首歌正式定名为《工人阶级硬骨头》，在全国流传，影响至今。之后，他还以大庆为题材，创作了大合唱《油田颂》。

1988 年，瞿维应邀为海南建省创作了管弦乐《五指山随想曲》。

寄明

1917 年 6 月 29 日，寄明出生于江苏苏州，她原籍江苏淮安。她的父亲是一个京剧迷，常常在工作之余拉起二胡唱上几段。每逢这个时候，小寄明便在旁边听着，有时还跟着咿咿呀呀地哼上几句。有时在没人注意的时候，她还会偷偷学着拉二胡，不久她便能自拉自唱京剧唱段。父亲发现她的才能后特别高兴，就买了笛子、琵琶等乐器供她学习。她聪明好学，一学就会，后来连扬琴、月琴等乐器都成了她童年时代的亲密伙伴。在她就读苏州女子中学期间，有一位名叫顾西林的音乐老师十分器重她，鼓励她报考上海国立音乐专科学校，并且帮助她准备考试的曲目。1933 年夏天，初中毕业后，16 岁的她以优异的琵琶专业成绩考取了上海国立音乐专科学校，师从著名琵琶演奏家朱英主修琵琶，副科修钢琴。1935 年，她转为主修钢琴，师从俄国教授拉查列夫。1937 年毕业后，她在群众中教唱抗日歌曲，辗转贵州、四川，先后在贵阳、达县的中学以及重庆教师服务团任音乐教师，并在重庆教育部音乐教育委员会任干事。

1939 年 8 月，寄明从大西南辗转到达延安，9 月进入中国女子大学高级班学习。不久，她改名为“寄明”，寓意

"寄希望于明天"。1941 年 8 月到 1945 年 11 月，她任鲁艺音乐系教员、音乐部研究室研究员。1942 年 1 月，寄明加入中国共产党。

1941 年，在重庆的周恩来将爱国人士捐赠的钢琴赠给延安鲁艺。林伯渠得知寄明是演奏家，就将钢琴从中国女子大学调到延安鲁艺，按当时规定，只有 3 个人可以弹这架钢琴，寄明、瞿维占据其二，另一位是周楠。音乐家黄准回忆当时在延安的情形时说："那琴，我们是碰都不能碰的！"寄明还参加了《黄河大合唱》的伴奏，她也被称为"延安时期第一位女钢琴家"。1942 年 2 月，寄明、瞿维两人结婚。1942 年 5 月，他们双双参加了延安文艺座谈会。

1945 年 11 月 15 日，寄明离开延安。1946 年 1 月，她到达张家口，在华北联合大学文艺学院音乐系任教员。1946 年 7 月，她到达哈尔滨，9 月到达佳木斯，在新成立的东北鲁迅文艺学院音乐系任教。从 1947 年 5 月开始，她先后任牡丹江鲁迅文工团演出科科长、副团长。1948 年 4 月，她又回到哈尔滨，任东北音乐工作团研究员。其间，她整理出版了中国第一本介绍"二人转"的书《"蹦蹦"音乐》（东北人民出版社出版）。1948 年 11 月之后，她先后担任东北鲁迅文艺学院音乐系教授和主任。1952 年，她参与筹备成立东北音乐专科学校，并担任东北音乐专科学校副校长兼教务长。新中国成立后，她 1953 年调至文化部电影局音乐处工作，1955 年调任上海电影制片厂音乐创作室副主任、作曲组组长。她先后为《李时珍》《凤凰之歌》（其中的插曲

《山中的凤凰为何不飞翔》）、《春满人间》《金沙江畔》《燕归来》（其中的插曲《燕归来》《欢迎你，远方的客人》）等 20 余部影片作曲。寄明参与的第一部电影音乐创作是 1953 年为故事片《五朵花》之中国部分《陈秀华》创作音乐。

1962 年，寄明为电影《英雄小八路》的主题歌《我们是共产主义接班人》（周郁辉作词，被收入音乐舞蹈史诗《东方红》，1978 年被定为《中国少年先锋队队歌》）以及插曲《给解放军叔叔洗衣裳》（于元作词）作曲。

1981 年，寄明受邀创作合唱歌曲《少年，少年，祖国的春天》（李幼容作词），该歌曲荣获“1976—1981 年全国少儿歌曲优秀奖”，1982 年被评为“全国红领巾喜爱的歌”，1991 年被评为“第一届当代少年儿童喜爱的歌”。

据初步统计，寄明配乐的影片达 20 多部，现摘要列举如下：

故事片《五朵花》中的《陈秀华》，动画片《野外的遭遇》（与黄准合作），故事片《春天来了》，故事片《李时珍》，故事片《平凡的事业》，故事片《凤凰之歌》，故事片《鲁班的故事》，故事片《雾海夜航》（与黄准合作），故事片《长虹号起义》，儿童故事片《英雄小八路》，故事片《燕归来》（与瞿维合作），故事片《金沙江畔》，纪录性艺术片《风流人物数今朝》，故事片《春满人间》，纪录片《上海英雄交响乐》（与黄准、杨庶正合作），纪录片《时代的声音》等。

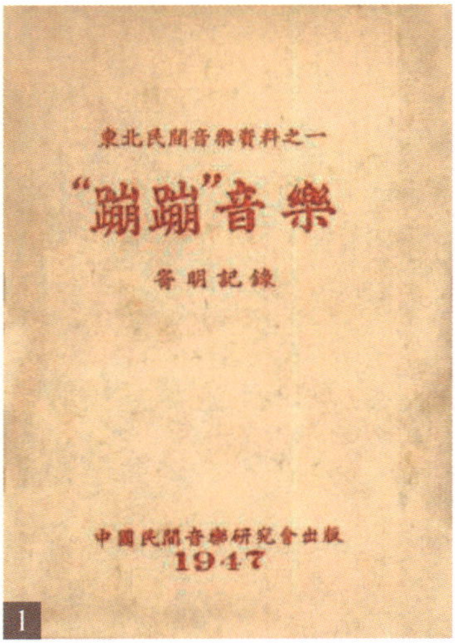

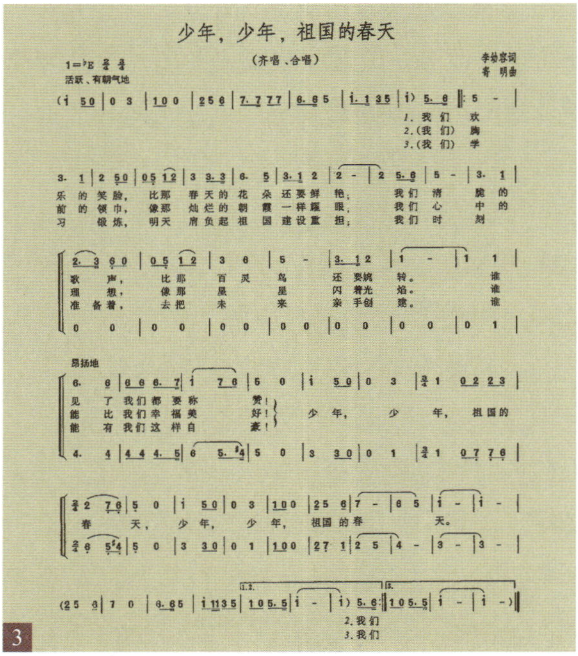

［1］寄明整理出版的《“蹦蹦”音乐》
［2］故事片《英雄小八路》宣传海报
［3］歌曲《少年，少年，祖国的春天》，李幼容作词，寄明作曲

说起寄明与《中国少年先锋队队歌》的由来，个中情形是这样的：

1955 年，寄明从北京调到上海电影制片厂，先后担任音乐创作室副主任、作曲组组长。

据史料记载，1958 年 8 月 23 日，厦门与金门之间展开了空前惨烈的炮战，与大小金门岛隔海相望的何厝村首当其冲。当时，炸弹像冰雹一样落在约 15 平方公里的何厝村土地上，全村 85%以上的房子被炸坏，2480 间房屋被炸塌。万顺楼也在这次炮战中遭受了 100 多颗炮弹的摧残。万顺楼是“英雄小八路”的母校——禾山第四中心小学所在地。在“8·23”炮战中，这所学校的 13 名少先队员没有退到后方，而是冒着危险帮解放军搬运木头，修筑工事。他们有时还拿着红缨枪配合民兵站岗放哨，在路口检查外来陌生人员。炮战激烈时，他们就到阵地上送地瓜汤给解放军喝，帮解放军接电线或擦炮弹。少先队员们在炮火中的英勇事迹感动了解放军首长，首长称他们这些小鬼就像抗战时的英雄小八路。1958 年 9 月底，厦门团市委派人慰问这些小英雄，送来了一面绣着“英雄小八路”字样的锦旗。

1 年后，厦门第三中学语文教师王添成根据厦门何厝村禾山第四中心小学 13 名小学生穿行在炮火中支前的故事，创作了话剧《英雄小八路》，这引起了上海影剧作家周郁辉的关注，他把话剧改编成同名电影剧本。上海天马电影制片厂决定拍摄此片，并把谱写影片主题歌的任务交给了寄明。

为了让主题歌能真正反映影片所依据的事实和片中人物的思想感情变化，瞿维建议寄明到实地采风，以丰富素材。寄明采纳了瞿维的意见，专程到厦门，寻找到那些已经升入初中的“支前小英雄们”，听他们讲述当时冒着炮火上阵地，给解放军送饭、送水的英勇故事。寄明不时被孩子们那种奋不顾身、勇往直前的精神所打动。她一边听，一边寻找最能体现影片主题的旋律。采风快结束时，一个热情奔放、节奏明快、起伏度较大的曲调在寄明耳边萦绕，她连忙挥笔疾书，主题歌《我们是共产主义接班人》的曲子一气呵成。寄明带着曲子回到家中，马上哼唱给孩子们听。孩子们一边学唱，一边连说好听。寄明将由周郁辉作词、自己作曲的电影主题歌——《我们是共产主义接班人》赠送给厦门第三中学。这首歌第一次在舞台上演唱是 1960 年 10 月，上海天马电影制片厂到孩子们升入的厦门第三中学拍摄电影《英雄小八路》期间，学校应摄制组要求组织少先队员首次演唱了这首歌曲。

1961 年，电影《英雄小八路》正式上映，主题歌以其鲜明、朝气蓬勃的特点，受到孩子们的喜爱。1978 年，共青团中央在征求群众和专家的意见后，将《我们是共产主义接班人》正式确定为《中国少年先锋队队歌》。1980 年，这首歌曲荣获第二次全国少年儿童文艺创作一等奖。

王巨才主编：《延安文艺档案（第13册）·延安音乐·延安音乐家·寄明》，太白文艺出版社2015年版，第1259—1275页。

王巨才主编：《延安文艺档案（第13册）·延安音乐·延安音乐家·瞿维》，太白文艺出版社2015年版，第1321—1346页。

马信芳：《瞿维与寄明：作曲伉俪百年》，《上海采风》2017年第3期。

陈鸿潘：《瞿维与寄明》，《中华魂》2021年第11期。

李幼容：《寄希望于明天——记作曲家寄明》，《人民音乐》1993年第1期。

孙慎：《悼念寄明同志》，《音乐研究》1997年第2期。

李吉提：《踏雪寻梅第一程——作曲家瞿维创作析谈》，《音乐研究》1994年第4期。

许国华：《音乐艺术上的探索者——瞿维》，《人民音乐》1980年第12期。

孟红：《〈我们是共产主义接班人〉诞生始末》，《党史文苑》2019年第6期。

王家乙

1919—1988
江苏南京人
电影艺术家

王家乙1919年出生在江苏南京秦淮区木匠营1号的一个地主家庭。他曾在革命圣地延安留下脍炙人口的作品，并成为新中国电影发展旅程中重要的电影艺术家。

1935年，王家乙进入上海震旦医学院学习。1937年，“八一三”淞沪会战爆发，王家乙加入了上海救亡演剧八队。1938年，他转到抗敌演剧二队。

1940年年底，王家乙由重庆前往延安，担任鲁艺实验剧团的演员，曾出演过话剧《带枪的人》、秧歌剧《血泪仇》《二流子变英雄》等。在1941年年底排演《带枪的人》的过程中，他与同为鲁艺学生的林白（延安第一部新歌剧《白毛女》中“喜儿”的首演者）相识并于1942年结婚。1945年，他们夫妻俩还一同参加了新歌剧《白毛女》的演出，王家乙饰演黄世仁的账房先生穆仁智。

1945年9月，王家乙赶赴东北，担任东北文艺工作团科长，开始了演员和导演的双重身份之路，他创作了秧歌剧《哑巴劳军》《全家光荣》等作品。同年11月，他加入了中国共产党。

1948年，王家乙进入东北电影制片厂（1955年更名为长春电影制片厂）工作，担任党支部书记，并主演了新中国第一部故事片《桥》，他在片

王家乙、林白夫妇合影

中饰演工人老梁，并被任命为《桥》剧组党支部书记。1949年之后，王家乙先后任长春电影制片厂副厂长兼导演、吉林电影家协会主席、中国影协常务理事等职务，并陆续编导了一系列优秀的影视作品，如《高歌猛进》《葡萄熟了的时候》《蝴蝶杯》《风筝》《金玉姬》《伤疤的故事》《五朵金花》《达吉和她的父亲》《景颇姑娘》《豹子湾战斗》《小字辈》《还魂记》《相约在凤尾竹下》等影片。其中，《风筝》作为新中国第一部中外合作拍摄的影片，在中国影视发展史上具有特殊意义，并先后在第十一届卡罗维·发利国际电影节和第十九届威尼斯国际电影节上获奖。[1]《五朵

① 《合作"合拍" 讲好故事》，《人民日报》2020 年 7 月 19 日第 7 版。

电影《风筝》宣传海报

金花》是新中国最早将少数民族生活成功搬上银幕的作品，于 1960 年 2 月在埃及开罗举行的第二届亚非国际电影节上，导演王家乙荣获最佳导演“银鹰奖”。

1973 年，王家乙来到北京电影制片厂工作，结束了长期的农村插队生活。

电影《五朵金花》的诞生过程大致是这样的：

1959 年年初，文艺界掀起向中华人民共和国成立 10 周年献礼的热潮。针对献礼影片中斗争性过度而轻松愉快的美感不足的问题，中央领导建议创作一部以云南大理为背景的反映边疆少数民族载歌载舞生活的喜剧影片。时任文化部副部长的夏衍推荐了昆明军区《国防战士报》记者赵季康作为编剧。赵季康、王公浦夫妇不到一周时间就写就了电影剧本《朵朵金花》的初稿，剧本中的金花多达 12 个。在听取了时任云南省委宣传部部长袁勃以及夏衍等人的意见之后，赵季康对剧本进行了删改，最终又从《七朵金花》改为《五朵金花》。剧本发表后，获得好评。

随后，中宣部和文化部将执导《五朵金花》 的任务交给了长春电影制片厂的导演王家乙。王家乙接到任务后，带着编剧赵季康、作曲家雷振邦等人到云南大理看外景，一连数天都找不到拍电影的感觉。雷振邦受民歌对唱的启发，提出将剧本的对话改为对歌，获得大家的认可后，他迅速写完了《五朵金花》的所有歌词以及曲谱。

紧接着就是选演员，根据云南省的建议，王家乙带着一班人马开始在云南挑选演员。不久，“四朵金花”和男主角

王家乙在指导拍摄电影《五朵金花》

都选定了人员，但戏中的重要人物——女社长金花的扮演者却迟迟没有着落。有一天，王家乙抱着试试看的心态来到云南省歌舞团，看了在场的姑娘后，他觉得没有一个中意的。正当他往外走的时候，一个站在排练厅窗台上擦玻璃的姑娘引起了他的注意。恰巧此时，有人和这位姑娘打招呼，姑娘应声抬头，当王家乙看到这张质朴纯真的笑脸时，兴奋地确定了金花的人选，她就是杨丽坤，那年她 16 岁。

电影《五朵金花》如期拍完，周恩来总理给予该影片很高的评价，还亲切接见了主要演职人员。文化部批准此片在国内外公映，这是新中国成立后的第一次。1959 年，周恩来总理在北京新片展览月的招待会上称赞此片："我们的电影已经开始创作一种能反映伟大时代的新风格……一种革命

电影《五朵金花》宣传海报

的现实主义与革命的浪漫主义相结合的新风格。”[①]《五朵金花》当时不仅在国内大受欢迎，还先后在 46 个国家公映，创造了国产电影在国外发行的最新纪录。1982 年，《五朵金花》在“西班牙第三届桑坦德尔音乐舞蹈电影周”获得了“最佳（舞蹈）金片奖”。2000 年，在全国“百年最佳影片”评选活动中，《五朵金花》被评为十大影片之冠。

① 袁成亮：《电影〈五朵金花〉诞生记》，《党史文汇》2006 年第 3 期，第 41 页。

王巨才主编：《延安文艺档案（第43册）·延安影像·延安电影家·王家乙》，太白文艺出版社2015年版，第719—743页。

汪作民、关长全、周大元：《从南京走出的著名电影人》，《电影创作》1997年第2期。

崔颖：《新中国第一部电影的诞生和“工农兵电影”的兴盛》，《文学界（理论版）》2012年第5期。

袁成亮：《电影〈五朵金花〉诞生记》，《党史文汇》2006年第3期。

田永源：《那些往事那些歌——谨以此文纪念电影音乐大师雷振邦、编剧季康、导演王家乙》，《中国民族》2012年第Z1期。

顾育豹：《赵季康编写〈五朵金花〉》，《传承》2009年第13期。

刘连：《〈五朵金花〉的诞生与悲惨命运》，《传承》2010年第7期。

余纪：《说不尽的〈五朵金花〉》，《电影艺术》2011年第4期。

湘东、晓莲：《新中国第一部故事片主演与第一届演白毛女的人》，《电影文学》1998年第9期。

肖尹宪：《昔日的礼花——长影厂向国庆十周年献礼钩沉》，《电影艺术》1999年第5期。

袁静

1914—1999
原名袁行规、袁行庄
原籍江苏常州
出生于北京
戏剧家
作家

孔厥

1914—1966
原名郑志万[①]、字云鹏
改名郑挚
笔名孔厥、沈毅
江苏苏州人
作家

①《延安文艺档案》中记作“孔志万”。此处采用“郑志万”，详见卢宗邻、王载珏：《孔厥事略》，《新文化史料》1985年第3期，第165页。

一、袁静其人

1914年，袁静出生于北京，原籍江苏常州武进。她就读于北平中法大学、冯庸大学和国立北平艺术专科学校。

1930年，16岁的袁静在北京大学参加革命运动，由组织安排在天津做地下工作，担任过中共天津市委妇女部部长。在革命运动中，她结识了北大学生会领袖、后任北平市委书记的赵梅生，两人相知相爱。1934年，袁静与赵梅生结婚。1937年，她投入抗日热潮，从事文艺和青年工作。1940年春天，袁静、赵梅生夫妇奔赴革命圣地延安，进入陕北公学学习。来延安前，赵梅生为妻子改名“袁静”。1941年，袁静在陕甘宁边区陇东中学任教。1944年，她参加秧歌队，创作了第一部作品——秧歌剧《减租》。1944年，赵梅生不幸染病去世。1946年，袁静调入边区抗敌文艺协会创作组从事专业创作。1946年，袁静与孔厥结婚，50年代初离婚。袁静一生没有子女。1946年，她与孔厥合作完成了歌剧《蓝花花》，毛泽东、朱德、刘少奇、周恩来等中央领导先后观看此歌剧的演出。1947年，袁静撤离延安，转到冀中文协创作组。

新中国成立后，袁静在中国作家协会天津分会专门从事文学创作。她历任天津市文学艺术界联合会副主席、中国作家协会天津分会副主席、中国文学艺术界联合会第四届委员。1950 年，她调至国家电影局任编剧。1951 年，她赴朝鲜访问，创作了中篇小说《中朝儿女》。她著有长篇小说《新儿女英雄传》（与孔厥合作），儿童小说《小黑马的故事》《芳芳和汤姆》，长篇小说《红色交通线》，等等。

袁静的父亲袁励衡是中国银行业之父，袁静的母亲是张仲芬。袁励衡祖上五代都在朝廷做官，可谓典型的累世书香、仕宦之门。袁励衡之父袁学昌，之母曾懿，二哥袁励准为清末翰林，做过宣统皇帝的老师，精于书法。据史料记载，中南海南门牌匾“新华门”三个大字就是袁励准所书。

袁学昌共有四子：

袁学昌长子袁励桢之三女袁行恕，是诗书画俱佳的江南才女，其女儿是琼瑶（本名陈喆）。袁行恕在两吉中学读书，在此学校遇到了她一生所爱之人陈致平。

袁学昌次子袁励准之子袁行云，是中国社会科学学院历史研究所研究员，文史专家。袁行云 1928 年生，于 20 世纪 50 年代与查良敏结婚。查良敏是海宁袁花小镇查氏家族的成员，金庸叔伯的女儿、金庸的堂姐。

袁学昌三子袁励杰之子袁行霈，是北京大学中文系教授、博士生导师、人文学部主任、国学研究院院长，中央文史研究馆馆长，民盟中央副主席。

袁学昌四子袁励衡之长女袁晓园，原名袁行洁，青年时期赴法国勤工俭学，1936 年回国任厦门市税务局副局长，是中国第一位女税官，1945 年任国民政府驻印度领事馆副领事，是中国第一位女外交官，1947 年定居美国，1953 年任联合国总部秘书。1970 年代，她作为著名美籍华人、学者率团访问祖国。1985 年，她离夫别子，放弃美国国籍只身回到祖国，定居北京，连任第六、七届全国政协委员、民革中央监委。袁晓园在诗词、书法、绘画等方面都有很高的造诣。袁静是袁励衡的四女儿。①

二、袁静首创“刘巧儿”

“刘巧儿”的故事源于 1943 年发生在陕甘宁边区陇东专区的一起婚姻纠纷案。“刘巧儿”的人物原型是婚姻纠纷案中的女方，甘肃庆阳市华池县的封芝琴（小名“捧儿”），她因为不满家长制买卖婚姻而告状。

马锡五是创建陕甘宁苏区的领导人之一，曾担任陕甘宁省苏维埃政府主席。全民族抗战开始后，他先后担任庆环专区和陇东专区的专署副专员、专员，1943 年兼任陕甘宁边区高等法院陇东分庭庭长，开始从事司法工作。他密切联系群众，执法严正，刚直不阿，深受人民欢迎，被誉为“马青天”。封芝琴的婚姻纠纷案在马锡五的主持审理下，得到圆满解决，马锡五创造了著名的“马锡五审判方式”。此案被列为“二十世纪中国大案”之一②。

毛泽东为马锡五亲笔题词：“一刻也不离开群众。”1944 年 3 月 13 日，延安《解放日报》发表评论文章《马锡五同

① 此处家族信息参阅常州图书馆藏《袁氏族谱》以及《袁静与赵梅生》一书。

② 程刚：《刘巧儿戏外有戏·封捧婚姻诉讼案》，《中国青年报》2001 年 1 月 1 日第 7 版。

志的审判方式》，指出：“这种审判方式贯彻了充分的群众观点，是真正民间的、真正为人民的。”“马锡五审判方式”成为根据地司法工作的一面旗帜。

1944 年 3 月 13 日，《解放日报》报道了封芝琴与张柏儿争取婚姻自主的经过，轰动陕甘宁边区。

1944 年冬，担任陇东中学教员的袁静据该案和对马锡五的深入采访，创作了一部多幕剧，将“封捧儿”这个有点男性化的名字改成了“刘巧儿”，写出了秦腔《刘巧儿告状》，于 1945 年 2 月 14 日由边区保安处公演，直到后来在延安卖票演出，一直反响热烈。学界有研究认为袁静此剧对于“刘巧儿”现象的重要意义在于：

> 在《刘巧儿》的文体流变中，秦腔剧本《刘巧儿告状》的出现是一个里程碑，它既是对此前民间“本事”——“马锡五审判方式”“马锡五同志调解诉讼”故事的总结，又是“刘巧儿”故事新的开端，这是从民间真实向“文本叙事”的重要转变。[①]

陕北盲人说书演员韩起祥根据观众转述的袁静剧作剧情，编出快书《刘巧团圆》，在群众中受到好评。习仲勋同志题词称赞韩起祥为“民间艺术家的一代典范”。韩起祥专门为毛泽东、朱德、周恩来等表演过《刘巧团圆》等节目，被毛泽东称赞为“文艺轻骑兵”。

---

① 马亚琳：《〈刘巧儿〉的文本演变与主题演进》，《广西社会科学》2014 年第 8 期，第 169 页。

《刘巧儿》电影剧照，新凤霞扮演刘巧儿

新中国成立后，文艺界编演了大批戏曲现代戏以配合各种政治运动。其中，宣传《婚姻法》的剧目最受欢迎，评剧《刘巧儿》是其中最成功的作品之一。评剧《刘巧儿》是首都实验评剧团在秦腔和说书基础上改编成型的，由著名评剧演员新凤霞饰演主角刘巧儿。1952 年，《刘巧儿》在中南海怀仁堂上演，新凤霞甜美的唱腔和俏丽的舞台形象，博得了中央领导的阵阵掌声。邓颖超看了《刘巧儿》后指出，要把该剧灌成唱片在全国宣传。

1955 年，毛泽东提出“妇女能顶半边天”的口号，于是该口号迅速响彻大江南北。在此背景之下，1956 年，长春电影制片厂根据评剧拍成的电影《刘巧儿》上映，由新凤霞担任主演，“刘巧儿”作为争取婚姻自由，践行新《婚姻法》的典范，迅即成为家喻户晓的人物。剧中的刘巧儿成为那个时期争取婚姻自由、反对封建包办的男女青年心中的偶像。

三、孔厥其人

1914 年，孔厥出生于江苏吴县（今苏州市）一个贫民家庭。他的父亲郑龙生是水烟店店员，母亲潘氏是纱厂缫丝工。他是家中 8 个儿女中唯一的男孩。1921 年，他进入私塾学习，次年秋入桃坞小学读书，1929 年秋考入吴县县立中学。因经济困难，他 1930 年辍学，在商务印书馆苏州分馆当学徒，后又考入免费食宿的江苏省立测量专科学校。他自幼爱好文学，14 岁时在《少年》杂志上发表《镜儿捉贼记》并获奖。抗战爆发后，他在宜兴任《抗战日报》编辑，并参加上海文化界战地服务团。

1938 年夏，孔厥来到延安，进入延安鲁艺文学系第一期学习。根据下乡帮助老百姓秋收时的经历，他写成习作《老会长》（在孔厥小说集《受苦人》中篇名如此，后来收入小说集《孔厥短篇小说选》时更名为《农民会长》）。习作吸收了原汁原味的陕北方言，生动鲜活地刻画了一个倔强守旧但又不失厚道善良、尽心尽力支援抗日战争的老农民会长形象。文章受到时任鲁艺教员沙汀的赏识，被推荐到胡风主编的《七月》杂志，于 1939 年在第 4 卷第 4 期上发表。

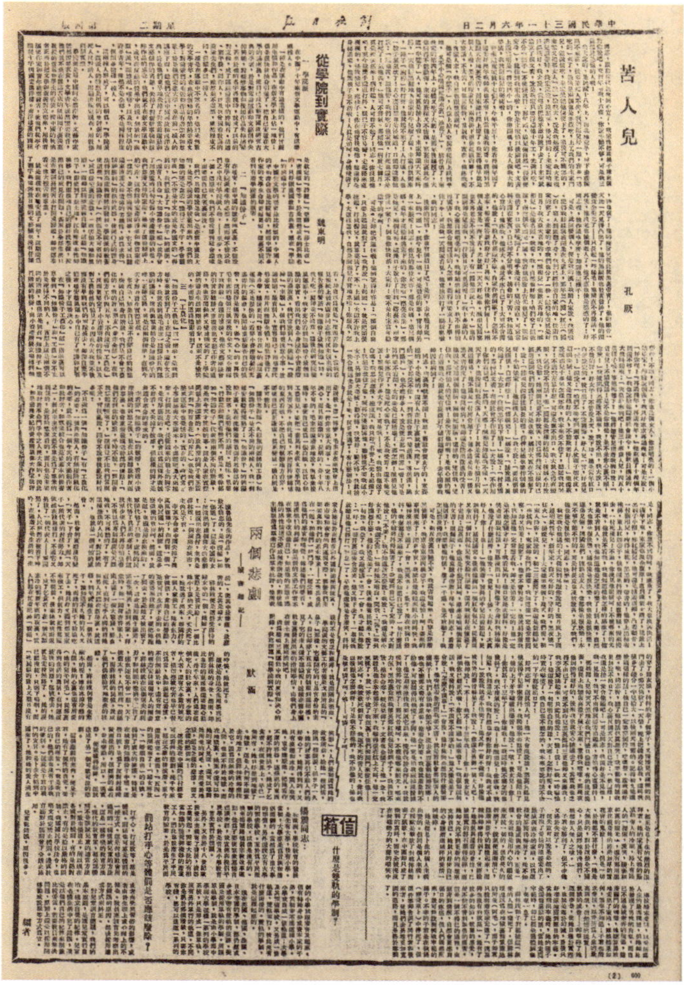
中華民國三十一年六月二日 解放日報 星期二 第四版

苦人兒

孔厥

從學院到實際

魏東明

兩個悲劇

默涵

信箱

孔厥《苦人儿》发表于《解放日报》

著名作家李广田也撰文称赞了这篇作品的语言特色。

1939—1945 年间，孔厥先后任鲁艺文学系研究员及助教，开始文学创作。以沈毅、孔厥为笔名发表了短篇小说《受苦人》（小说集，1942，单篇同名小说首发时名为《苦人儿》）、《父子俩》（1942）和《一个女人翻身的故事》

1

［1］《一个女人翻身的故事》，孔厥著

［2］《受苦人》，孔厥著

［3］《新儿女英雄续传》，孔厥著

（1943）等。其间，他还创作发表了长篇弹词《刘志丹》等。孔厥的才华得到周扬的认可和赏识，周扬曾在《解放日报》上发表评论文章《略谈孔厥的小说》，向读者推介孔厥的小说，并在 1940 年 10 月 9 日给老舍的信中，提到了当时鲁艺文学系的 8 个“具有才能和相当熟练的作者”，孔厥是其中之一。[①]《一个女人翻身的故事》被《延安日报》列为文艺整风后最早值得特别提出的收获之作，还被毛泽东特意提起和表扬。孔厥被称赞为“20 世纪 40 年代在革命圣地延安文艺领空出现的一颗新星”！[②]

1947 年，孔厥随党中央转移到晋察冀边区。1949 年春，他到北京参加全国第一届文代会，当选为作协全国委员会委员，并留在《人民日报》副刊编辑部工作。1951 年，他奔赴朝鲜战场。

四、袁静、孔厥合著小说《新儿女英雄传》

1949 年，袁静根据自己参加土地改革和反扫荡斗争的经历，与孔厥合作，共同创作了长篇小说《新儿女英雄传》。该小说讲述了白洋淀人民在中国共产党领导下坚持抗战的事迹。作品采用通俗的形式表现新的现实生活，取得了成功。

《新儿女英雄传》原本是由袁静、孔厥、秦兆阳三人合作撰写的一部反映冀中地区抗日斗争的长篇小说，在写了

---

① 周扬：《关于文协的工作》，《周扬文集（第一卷）》，人民文学出版社 1984 年版，第 309 页。

② 王秀涛：《孔厥的“罪与罚”》，《当代文坛》2019 年第 6 期，第 59 页。

18 万字后，作者感到文思枯竭，遂推倒重来，此时秦兆阳退出合作。1948 年，袁、孔二人决定深入安新县白洋淀体验生活，收集写作素材。

在合作过程中，袁静与孔厥详细列出写作提纲，由袁静写初稿，孔厥加工修改，只用了几个月的时间，便脱稿。这部作品首先连载于 1949 年 5 月 25 日至 7 月 12 日的《人民日报》上。海燕书店在 1949 年 9 月出版了《新儿女英雄传》单行本，此书出版规格很高，郭沫若和谢觉哉分别写了序言，并给予了高度评价。

郭沫若赞誉："这的确是一部成功的作品，大可以和旧的《儿女英雄传》，甚至《水浒传》和《三国志》之类争取大众的读者了。""人物的刻画，事件的叙述，都踏实自然，而运用人民大众的语言也非常纯熟。"

谢觉哉称赞："他俩写作是严肃而努力的，因而他俩的作品是成功的。"

小说《新儿女英雄传》一经面世，便引起轰动，深受广大读者好评，并在全国第一次文代会上获得表彰。袁静和孔厥由此蜚声全国。

新中国成立以来，该作品一版再版，畅销不衰。人民文学出版社于 1956 年 10 月初版发行后，多次再版或修订出版。该小说还被译成英、法、德、俄、日等 10 余种文字在国外出版。

此外，该作品还被改编为多种文艺形式，获得了极其广泛的传播。1951 年，《新儿女英雄传》被北京电影制片

海燕书店刊行的由孔厥、袁静合著的《新儿女英雄传》

厂改编摄制成同名黑白电影，在捷克斯洛伐克第6届卡罗维·发利国际电影节上荣获导演特别荣誉奖，还获得文化部1949—1955年优秀影片三等奖。1993年，被改编摄制为14集同名电视连续剧；1966年，被杨田荣改编为同名评书；1981年，又被单田芳改编为40集同名评书。从1951年迄今，该作品还被改编为同名连环画多次再版，大量印行。特别是最早于1951年由中国灯塔出版社（后并入上海人民美术出版社）初版的连环画《新儿女英雄传》，由冯真、李琦、林岗、顾群、邓澍、伍必端绘画，多次被人民美术出版社作为精品连环画再版印行，成为连环画中不可多得的红色经典之一。

作为“十七年文学”（1949—1966）最早的一部小说，《新儿女英雄传》向来为业界人士所称道。由程光炜主编的《中国现代文学史》在第25章第二节中专设子目，对孔厥、袁静的创作，特别是《新儿女英雄传》所取得的成就予以充分肯定。[①]

《中国现代文学三十年（修订本）》在谈到采取通俗小说形式表现解放区农民武装斗争的作品时，认为在当时出现的一些模拟旧章回体的新小说中，“影响更大的是马烽、西戎合作的长篇《吕梁英雄传》与孔厥、袁静的《新儿女英雄传》”。[②]

---

① 此部分主要基于熊坤静、李晓丽著《长篇小说〈新儿女英雄传〉创作的前前后后》［《党史博采（纪实）》2014年第1期］一文。

② 钱理群、温儒敏、吴福辉：《中国现代文学三十年（修订本）》，北京大学出版社1998年版，第552页。

孔厥曾一度失去《新儿女英雄传》的作者署名资格。为此，孔厥后来独自一人写作了《新儿女英雄续传》，该作品迟至孔厥去世 14 年后的 1980 年才由人民文学出版社公开出版。在 2021 年出版的“百部红色经典”里，孔厥撰写的《新儿女英雄续传》入列其中。

王巨才主编：《延安文艺档案（第3册）·延安戏剧·延安戏剧家·袁静》，太白文艺出版社2015年版，第1063—1090页。

王巨才主编：《延安文艺档案（第27册）·延安文学·延安作家·孔厥》，太白文艺出版社2015年版，第827—839页。

熊坤静、李晓丽：《长篇小说〈新儿女英雄传〉创作的前前后后》，《党史博采（纪实）》2014年第1期。

孙波、赵法发、张安杰：《大历史中的小人物：刘巧儿"故事"的文化审视》，《陇东学院学报》2015年第2期。

卢宗邻、王载珏：《孔厥事略》，《新文学史料》1985年第3期。

王培元：《从鲁艺起步的年轻作者们》，《河北学刊》2000年第5期。

常楠：《畸零人的文学梦》，《励耘学刊》2021年第1期。

袁静：《入门前三脚》，《新文学史料》1988年第2期。

郝在今：《评剧〈刘巧儿〉与三位女性的传奇经历》，《党史博览》2005年第2期。

宋乃谦、吴修：《岁月无痕　生命不息——访著名女作家袁静》，《长寿》1999年第5期。

秦文虎：《袁静与赵梅生》，百花文艺出版社2014年版。

王莘

1918—2007
原名王辛耕
江苏无锡人
音乐家

一、王莘其人

1918 年，王莘出生在江苏无锡荡口镇北仓河边的一个普通农家。他父亲文化水平不高，在镇子上开了一间小商铺，赚取微薄的利润维持生计。6 岁的王莘被送入教会创办的荡口施德女子小学读书，该校校名为女校，兼收男生，在国文、算术、常识和唱歌四门学科中，王莘最喜欢唱歌。荡口镇所属的无锡，乃江南丝竹发祥地之一，那里民间艺人多，王莘的姐夫就多才多艺，精通棋琴书画，教小王莘识谱、操琴，从简单乐理知识到手法技巧，小王莘学得十分卖力，并学会了吹笛子、拉二胡。尽管父亲有心培养他，但确实无力供他上中学。1932 年，14 岁的王莘来到上海，在一个百货商店（即号称“中国百货业鼻祖”的先施百货公司）找了一份工作，做店员，替顾客送货。在上海，王莘结识了左翼进步音乐家冼星海等人，成为一名进步青年。

王莘原名王辛耕，他的抗日救亡行为引起国民党当局的注意，他被列入上海公安局逮捕人员名单，于是他便逃到上海近郊的莘庄。莘庄当时是上海县所在地，“莘”作地名时的读音是 xīn，恰与其名字中的“辛”同音，他便从此改名为“王莘（xīn）”。

1937 年 9 月，“宁波战时流动宣传队”成立，王莘担任队长。

1938 年 11 月，20 岁的王莘到达延安，成为鲁艺第三期音乐系学员，跟冼星海、吕骥、向隅等学习音乐。

1939 年 6 月，毕业后的王莘奔波于晋察冀抗日根据地，执教于华北联大音乐系，创作出反映根据地人民心声的《选村长》《打击顽固分子》等革命歌曲。他创作的《晋察冀》当时在根据地广为传唱。

1942 年，王莘调至晋察冀边区文联工作。1943 年春，时任“华北群众剧社”音乐队队长、副社长的王莘，相继创作出《战斗生产》《永远跟着共产党》等歌曲。

解放战争时期，王莘创作的小歌剧《宝山参军》和歌曲《前进的号响》《团结起来庄稼汉》等作品，记录了中国人民和解放军在共产党领导下，为建立新中国而殊死战斗的英雄形象和革命豪情。

新中国成立之后，王莘先后担任天津音乐团团长、天津人民艺术剧院副院长、天津歌舞剧院院长、中国音协常务理事、 天津市音协主席、天津市文联副主席等职务，他还是中国音协“金钟奖”终身成就奖获得者。

二、王莘与《歌唱祖国》

王莘与歌曲《歌唱祖国》之间有什么样的创作故事呢？那还得从冼星海送给他的一支笔说起。

当冼星海写出的大型声乐套曲《黄河大合唱》在“鲁艺”排练、演出时，王莘担任《河边对口曲》这首歌的领唱。1939 年 7 月 7 日晚上，庆祝华北联大成立的那场演出

王莘在抗美援朝战场防空洞内教志愿军战士演奏乐器，左二为王莘

成了王莘一辈子抹不去的记忆。

那天晚上演出结束之后，王莘接到任务，即将离开延安。离开之前，王莘来向冼星海告别，冼星海送给王莘一支活动铅笔，并对王莘说：

> 我用它写下了《黄河大合唱》，我希望你也能用它写出激动人心的传世之作来。[1]

---

① 王斌、杜仲华：《歌唱祖国·王莘传》，天津社会科学院出版社 2021 年版，第 70 页。

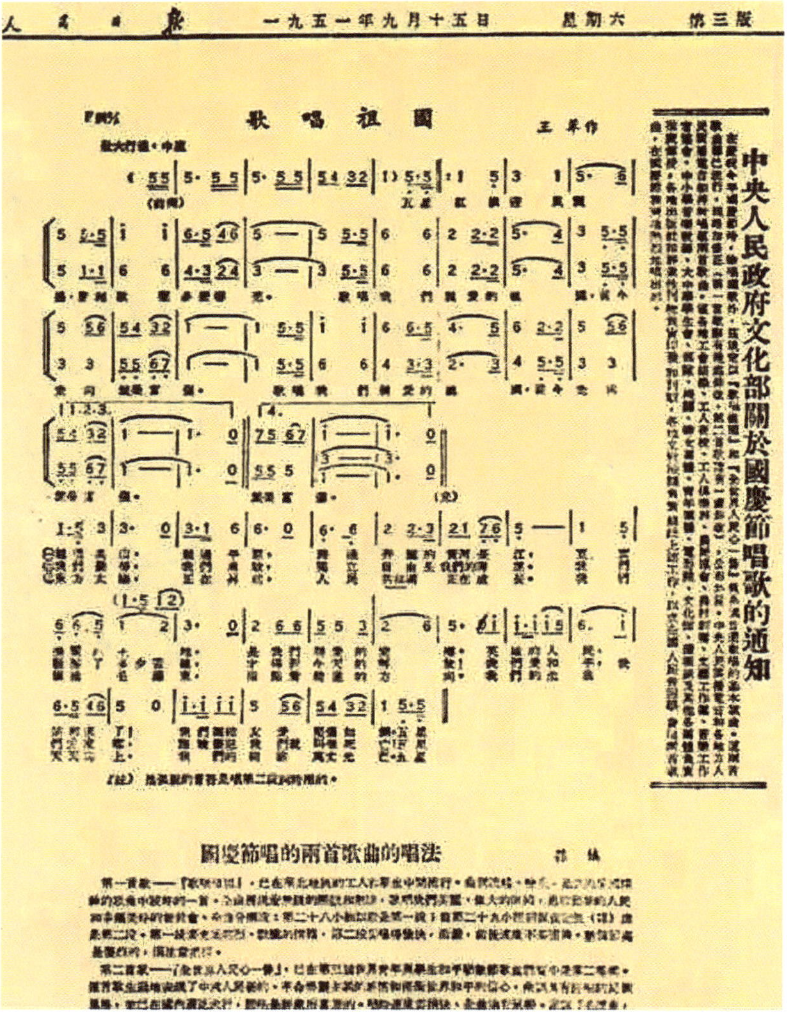

一九五一年九月十五日 星期六 第三版

歌唱祖國

王莘作

中央人民政府文化部關於國慶節唱歌的通知

國慶節唱的兩首歌曲的唱法

王莘创作的《歌唱祖国》发表在 1951 年 9 月 15 日的《人民日报》上

这是王莘最后一次见到冼星海。此后，冼星海赴苏联工作，6 年后病死在异乡。而王莘从收到冼星海赠送的那支活动铅笔之后，心里便种下了一个梦想，一个写一首好歌的梦想。

1949 年 1 月 15 日，解放军攻占天津。第二天，王莘便带领“华北群众剧社”全体成员进驻天津。在开国大典前的一次工作会上，有人提议应该每人创作一首新歌曲，为开国大典献礼。这个提议得到参会人员的一致赞同。王莘更觉得责任重大，为了带头写出一首歌颂祖国的好歌曲，他常常苦思冥想，夜不能眠。

1949 年 10 月 1 日，王莘作为天津音乐界代表参加了开国大典游行，看着一个个游行方队喊着口号走过天安门城楼时，他激动得热泪盈眶，热血沸腾。他多么希望能写出一首歌，歌唱伟大的祖国，歌唱勤劳勇敢的人民，歌唱领导人民翻身得解放的中国共产党……

有了这个目标，王莘投入到紧张的创作中，不到 3 天便写出一首新歌。从开国大典到 1950 年夏天，他写出 100 多首歌曲。其中 6 首分别发表在《天津日报》和《天津歌声》等报刊上，但始终没有传唱开来。

1950 年 9 月 15 日，王莘从天津到北京去购买乐器。返程路过天安门时，他被金色晚霞笼罩的天安门广场吸引了，抬头看到一面鲜红的五星红旗在霞光中高高飘扬，他更是心潮澎湃。那天，天安门广场上锣鼓喧天，鲜花如海，一队队少年儿童敲着鼓，吹着号，唱着《少先队队歌》，迈着整齐的步伐正在练习队列，准备接受国庆检阅。看着天安门广场上空高高飘扬的五星红旗，看着身边一队队朝气蓬勃的孩子们，想着新中国日新月异的变化，王莘顿时心潮澎湃，这不正是自己心中最美好的祖国吗？王莘心里豪情万丈！32 岁的王莘灵感突现，前面 4 句歌词脱口而出。

王莘登上返津的火车，思绪如飞，边唱边写边打拍子，歌词与曲谱几乎同时喷涌而出。上了火车，他赶紧记录，找不到纸，就顺手撕开香烟盒，在背面继续创作。凌晨 3 点到家后，他把妻子王惠芬叫醒。王惠芬那时正怀着孕，刚刚睡着被叫醒，特别来气。可一听这首歌就消气了，提醒王莘赶紧把词曲记录下来。就这样，一夜时间三段歌词完成了，他们的大女儿恰巧也在几个小时后顺利降生。

不过，这首歌的发表并不是一帆风顺的。第二天早晨，王莘兴冲冲地把作品寄给了《天津日报》报社。这天离国庆节还有 15 天，他非常希望自己的这首歌能够传唱开来。结果过了没两天，他的作品就被退稿了，上面写着：国庆稿挤，暂不录用。后来，这首作品第一次发表是在天津大众书店出版的《大众歌选》第三期上。

王莘并没有灰心，他先来到天津锦州道 42 号天津音乐工作团（天津歌舞剧院前身），把《歌唱祖国》词曲交给 14 岁的钢琴手靳凯华和 19 岁的男高音演唱者王巍首弹首唱。此歌在耀华中学首演，后来传到天津大学、南开大学，再传到北京大学、复旦大学，在大学生中先传唱起来。

1951 年春天，这首歌的歌片传到北京工人合唱团，到

王莘、王惠芬夫妇在天安门前合影

了夏天，北京电台播放了合唱团演唱的《歌唱祖国》的录音，一时间《歌唱祖国》的乐声火遍北京城。

这一年国庆前夕，中国音乐家协会秘书长孙慎很焦急地给天津音协主席王莘打来求助电话，寻找《歌唱祖国》这首歌的作者，巧合的是，接电话的人正是王莘。

1951 年 9 月 12 日，周恩来总理签发中央人民政府令：在全国广泛传唱《歌唱祖国》。《人民日报》在 1951 年 9 月 15 日发表了《中央人民政府文化部关于国庆节唱歌的通知》，并在同版刊发了《歌唱祖国》的歌词，继而中央乐团在中央电台播放了《歌唱祖国》大合唱。从此，这首歌在国内外广为流传。这首歌曲已经成为中国各种重大活动的礼仪曲、开场曲或结束曲，素有“第二国歌”之誉。

1951 年 10 月，在全国政协一届三次会议上，当毛泽东主席得知王莘是《歌唱祖国》的词曲作者时，称赞这首歌好。王莘捧着会议分发的刚出版的《毛泽东选集》请毛泽东主席签名，毛主席不仅欣然应允，还不忘问王莘，自己的名字签在哪一页。这本书，王莘一直珍藏着。后来他的家人将这本有毛主席签名的书捐赠给了无锡荡口的王莘纪念馆。

1965年，音乐舞蹈史诗《东方红》演出时，《歌唱祖国》是压轴歌曲，把演出气氛推向高潮。

从1980年5月起，中央人民广播电台将这首歌的曲调作为全国新闻联播的开始曲。

1989年10月12日，联合国教科文组织在法国巴黎总部决定：以“金唱片”为最高奖的形式奖励对全人类有卓越贡献的作曲家、艺术家。《歌唱祖国》荣获首届“金唱片”奖。

自1990年5月1日起，每天清晨天安门广场的升旗仪式都以《歌唱祖国》为出旗曲。

1997年，在香港回归交接仪式上，英国皇家乐队和中国人民解放军军乐团共同演奏了《歌唱祖国》。

1999年，在澳门回归交接仪式上，《歌唱祖国》旋律回响在澳门特区上空。

2004年，我国首次载人航天飞船发射成功，宇航员杨利伟将《歌唱祖国》带上太空。

2008年8月8日，在北京奥运会开幕式上，一首童声版《歌唱祖国》令以难忘。

2019年，《歌唱祖国》入选中宣部“庆祝中华人民共和国成立70周年优秀歌曲100首”。

王斌、杜仲华：《歌唱祖国·王莘传》，天津社会科学院出版社 2021 年版。

王巨才主编：《延安文艺档案（第 11 册）·延安音乐·延安音乐家·王莘》，太白文艺出版社 2015 年版，第 114—136 页。

张小芳：《“第二国歌”〈歌唱祖国〉的幕后故事》，《党史文苑》2013 年第 3 期。

张道梁：《〈歌唱祖国〉的首刊经过》，《百年潮》2007 年第 9 期。

孟波

1916—2015
原名孟绶曾
江苏常州人
音乐家
作曲家

一、孟波其人

1916 年 2 月 14 日，孟波出生于江苏常州大北门外浴堂弄一个贫苦工人家庭。他的父母生了 9 个孩子，他排行第七。幼年时，孟波家附近有一家澡堂，澡堂工人们经常在浴室内或去附近河边拉琴唱歌，这激发了年幼的孟波对音乐的最初兴趣，他开始试着自己练习演奏笛子等乐器。从 7 岁起，孟波在私塾及局前街小学陆陆续续读完小学。

孟波的主要作品有《牺牲已到最后关头》《高举革命大旗》等，他还促成了小提琴协奏曲《梁祝》的诞生，著有传记文学《麦新传》。

1931 年 2 月，孟波到上海当学徒，他起初在一家日本人开的“握井誊写堂”当学徒。当时店铺宿舍里有一架破风琴，他无师自通地学会了弹奏《苏武牧羊》《满江红》《汉宫秋月》等乐曲，这使他在艰苦而又单调的生活中得到了精神慰藉。此后，他还学会了二胡等乐器的演奏技能，并自修了文化知识和民间文艺。从 1935 年起，他先后加入“民众歌咏会”“业余合唱队”“词曲作者联谊会”和“歌曲研究会”，还参加了上海左翼剧联音乐小组，积极从事左翼音乐运动和抗日救亡歌咏运动。他和麦新经常到建国西路上的冼星海住处，和吕骥、任光、沙梅、孙师毅、安娥、周钢鸣、周巍峙等进步词曲家们一起探讨音乐上的问题。

《大众歌声》是抗战时期国统区内唯一出版的专门刊登抗日救亡歌曲的音乐丛刊

1936—1937 年，受上海各歌咏团体委托，孟波与麦新先后编辑出版了当时最有影响的救亡歌曲集——《大众歌声》，并一起创作了歌曲《牺牲已到最后关头》，成为当时最著名的抗日歌曲之一。

1937 年，孟波被选为上海国民救亡歌咏协会常务干事。10 月，他与何士德等组成“国民救亡歌咏协会国内宣传团”，到浙江、江西宣传抗日救国的思想。

1938 年 2 月至 1940 年 2 月，经新四军南昌办事处安排，孟波在五路军部队战地服务队任音乐指挥。1939 年，他加入中国共产党。从 1940 年 3 月起，他任新四军江北政治部抗敌剧团团长、鲁迅艺术学院华中分院院务委员和鲁艺工作团团长。

1943 年秋，孟波到达延安，先后任鲁艺音乐系教员、戏剧音乐资料室主任。

他与贺绿汀一起筹建中央管弦乐队，1946 年 7 月，任中央管弦乐团指导员。1947 年以后，他先后在华北人民文工团、华北戏剧音乐工作委员会任职。

1946 年元旦，孟波和“晋察冀军区的金嗓子”——贵阳人严金萱结婚。同为贵州人的教育家黄齐生为他们题写了“波澜无二致，萱草可忘忧”的贺词。《团结就是力量》的曲作者卢肃担任他们的证婚人。

中华人民共和国成立后，孟波历任中国音协天津分会主席，天津市文化局副局长，广州市文化局局长，中国音乐家协会秘书长，上海音乐学院党委书记、副院长，上海市文化局局长，上海市电影局局长，中共上海市委宣传部副部长，上海市文联副主席，中国音协第一、三届理事和第二届常务

1946 年元旦，孟波与严金萱在延安结婚

理事，音协上海分会副主席，上海市第八届人大常委会委员，教育科学文化委员会副主任。孟波还荣获首届中国音乐“金钟奖”终身成就奖。

二、歌曲《牺牲已到最后关头》的缘起

1936 年，日寇侵略中国，染指华北，局势非常危急。蒋介石却在国民党“五大”(1935 年 11 月) 上大放厥词，说牺牲未到最后关头。此话一出，全国哗然！上海各界人士旋即就举行了声势浩大的抗日救亡示威游行。游行结束后，许多革命音乐家不约而同地汇集到冼星海家中，商讨应对之策。冼星海号召大家拿起音乐的武器，与蒋介石的一派胡言针锋相对，并点名要孟波和麦新去写一首歌曲，歌名就用《牺牲已到最后关头》。1936 年冬，麦新突击写出了《牺牲已到最后关头》的歌词，歌词正气凛然，写完后他交给孟波谱曲。激昂铿锵的歌曲《牺牲已到最后关头》发表在《大众歌声》第二集上，成为抗日救亡歌曲中的经典。

1938 年，中山舰遭到日寇轰炸，官兵英勇就义前高唱的就是《牺牲已到最后关头》，电影《西安事变》《血战台儿庄》中也出现过这首歌。

三、孟波与小提琴协奏曲《梁祝》的诞生

孟波在担任上海音乐学院领导期间，用他的创作理念，影响、指导并促成了中国交响乐的代表作——小提琴协奏曲《梁祝》的诞生。

1958 年春，孟波调任上海文化局局长兼上海音乐学院党委书记。他上任伊始，就着重推动音乐创作的民族化、群

牺牲已到最后关头

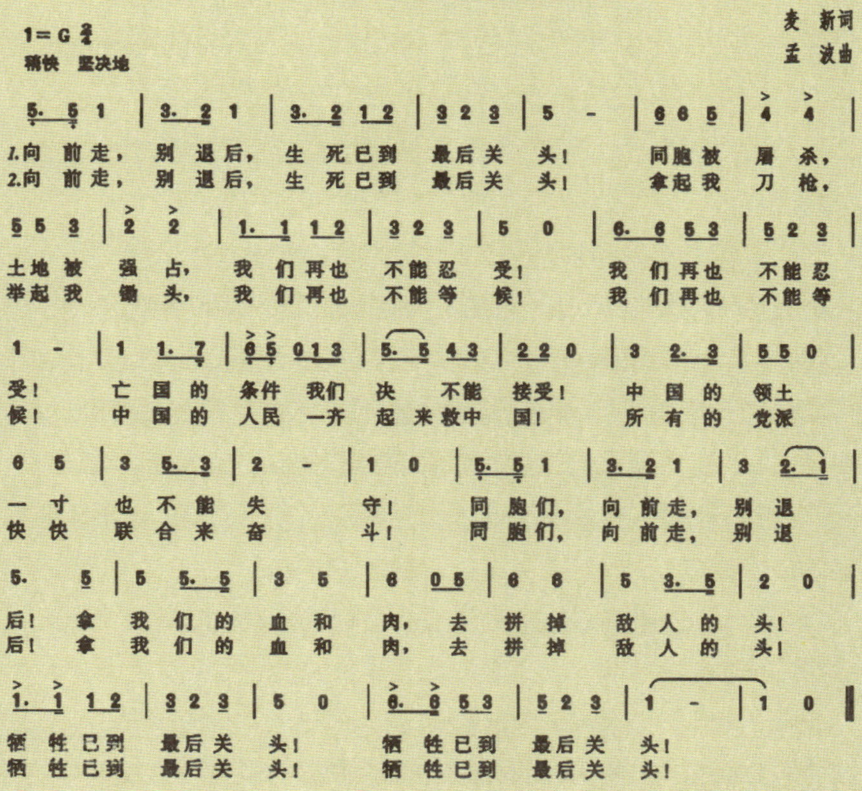

歌曲《牺牲已到最后关头》，麦新作词，孟波作曲

众化。1958年8月9日，在管弦系党支部书记刘品先生的倡议下，上海音乐学院管弦系组织何占豪、俞丽拿、丁芷诺、沈西蒂、朱英等学生组成“小提琴民族化实验小组”。文化部党组书记钱俊瑞来上海音乐学院视察，在了解了实验小组的情况，并听了何占豪创作的弦乐四重奏《梁祝》后说：“外国的乐器演奏中国的戏曲音调，这是条新路，但音乐可以再美一点……”[①]他希望这种探索能继续下去，因为20世纪50年代学校的小提琴教材中几乎都是外国乐曲。

1958年初秋，为向国庆10周年献礼，上海音乐学院“小提琴民族化实验小组”报送了大炼钢铁、女民兵、梁祝3个题材给校党委审查。

那是1958年“大跃进”时期，全民大炼钢铁，长城内外，一片“炉火熊熊”；与此同时，为防御蒋介石反攻大陆，“全民皆兵”，民兵训练的军号，声震城乡上空。处于这样一个时代环境，“大炼钢铁”与“女民兵”自然成为同学们追捧的创作选题。

可是，孟波却在表现爱情的“梁祝”旁打了钩。在那样的环境下做出这样有风险的决定，显示了他的魄力和领导水准。据作曲家陈钢回忆，孟波的选择不仅显示了魄力，还冒了很大的风险，“没有他那么一钩，就没有《梁祝》”。孟波的选择招来了非议。有人认为，“梁祝”宣扬才子佳人，爱情至上，是封资修的东西。孟波力排众议：“梁山伯与祝

---

① 李定国：《<梁祝>往事》，《传承》2010年第16期，第58页。

英台的殉情，具有反封建的革命性意义。”①

身为作曲家的孟波，不仅有远见地为实验小组选择了《梁祝》这个小提琴民族化的题材，而且在审听初稿时，提出了一条关系作品成败的重要建议。何占豪与陈钢合作的初稿，谱写了“相爱”“抗婚”“投坟”三个段落，尾声“投坟”之后是第一主题的“怀念”再现。在初稿中，《梁祝》并没有“化蝶”。孟波否定了这样的结尾处理，建议尾声增加一段“化蝶”。孟波认为不能把艺术中的浪漫主义简单机械地等同于封建迷信，艺术创作中的浪漫主义也是人们对美好事物向往的体现，所以“不但要把‘化蝶’写好，而且要写得更美”“这是对封建势力最强烈的反抗”②。如果没有他的这番谆谆指导，今天的《梁祝》肯定就不会那么美。作品也因此实现了ABA的曲式结构，不仅规范了交响作品的艺术架构，而且协奏曲的主题也得以升华。评论家因此称“化蝶”为全曲的“点睛之笔”“灵魂所在”。

2009年4月，在上海大剧院举办的庆祝《梁祝》创作50周年的晚会上，76岁的何占豪教授健步走上舞台，90度弯腰鞠躬，向93岁高龄的孟波先生深深谢恩，他感慨道：“如果没有孟波，就没有《梁祝》。”③

《梁祝》的真正首演者是何占豪和陈钢，何占豪小提琴独奏，陈钢钢琴伴奏，演出时间是1959年5月4号，演出地点在上海音乐学院大礼堂。对此次演出，作曲系师生颇有

---

①③《他手指一点，才有了＜梁祝＞》，《文汇报》2015年3月20日第9版。

② 何青：《“蝴蝶”是怎么飞起来的——小提琴协奏曲＜梁祝＞的创作始末》，《检察风云》2015年第2期，第80页。

争议，褒贬不一。孟波却旗帜鲜明地表示支持，认为年轻学生们敢于创新，走自己民族的音乐路，这种精神和举动值得提倡发扬。

1959 年 5 月 27 日，《梁祝》作为上海音乐学院参加上海市音乐舞蹈会演的节目，在上海兰心大戏院正式首演。俞丽拿小提琴独奏，樊承武（指挥系学生）指挥，上海音乐学院管弦系学生管弦乐队协奏，丁芷诺任乐队首席。这一年，何占豪 26 岁，陈钢 24 岁，俞丽拿 19 岁。

1959 年，中国小提琴协奏曲《梁祝》首演成名。彼时，正在莫斯科音乐学院留学的曹鹏得知了这个消息，立即给在国内的夫人夏惠玲打国际长途电话，请她购买《梁祝》的乐谱并寄到莫斯科。1 年后，曹鹏实现了他的心愿，成为把《梁祝》等中国作品推向世界的第一人。江苏江阴人曹鹏是国家一级指挥。他 1945 年参加新四军，后任部队文工团指

何占豪、陈钢、俞丽拿（左起）重温《梁祝》经典，2009 年。沈家善摄

“小提琴民族化实验小组”在讨论演奏问题。左起：沈西蒂　俞丽拿　丁芷诺　何占豪　张欣　沈榕

挥、电影乐团指挥。1955年，他赴莫斯科音乐学院留学，回国后任上海交响乐团指挥。

因为上海市音乐舞蹈会演的成功，孟波和众多上海艺术家们都希望这样的演出能每年一次固定下来。在报经上海市委批准后，成立了以孟波为主任的常设机构，由于演出在春季，故取名“上海之春”。1960年5月，举办了第一届“上海之春”音乐会。

1964年5月，为迎接中华人民共和国成立15周年，上海文艺界在文化广场举办了新中国成立以来规模最大的歌舞晚会《在毛泽东的旗帜下高歌猛进》，作为本届“上海之春”的压轴戏。

当时，恰逢陈毅副总理兼外长陪同坦桑尼亚副总统卡瓦瓦访问上海，他顺道观看了晚会。整台晚会高潮迭起，展现了中国人民在共产党的领导下，取得胜利的艰难历程。演出结束后，陈毅副总理对陪同观演的孟波表示，上海的这台演出不错，可以作为国庆招待晚会方案之一推荐。[①]2 个月后，孟波突然接到陈毅副总理的电话，说他和周恩来总理在出访东南亚的返京途中，第二天将在上海逗留，要观看《在毛泽东的旗帜下高歌猛进》这台晚会。

周恩来总理观看了演出之后，当即决定：以在京的文艺团体为骨干，抽调上海的一些创演人员和全国的精英。以上海的《在毛泽东的旗帜下高歌猛进》（3000 人参演）和空政文工团的《革命历史歌曲音乐会》为蓝本，搞一台庆祝国庆 15 周年的大型晚会，这就是后来影响几代中国人的大型音乐舞蹈史诗《东方红》。1964 年 10 月 2 日，《东方红》正式首演。

在中国音乐版图上，《梁祝》是很难逾越的一座高峰。这是新中国成立后问世的最重要的一部民族化小提琴协奏曲，也是迄今为止，全世界上演频率最高的中国小提琴协奏曲。1972 年，美国波士顿电台以介绍“中国的罗密欧与朱丽叶”为题播放《梁祝》。20 世纪 90 年代初，“20 世纪华人音乐经典”的金牌就授予了《梁祝》协奏曲。日本著名音乐家小泽征尔说：“小提琴协奏曲《梁祝》这支曲子是很神圣的，必须要跪着听。”[②]

---

① 马信芳：《音乐舞蹈史诗〈东方红〉萌芽于上海的春天》，《解放日报》2022 年 10 月 2 日第 4 版。

② 徐锦庚：《梁祝：如此浓墨重彩》，《神州》2003 年第 5 期，第 35 页。

王巨才主编：《延安文艺档案（第13册）·延安音乐·延安音乐家·孟波》，太白文艺出版社2015年版，第1053—1078页。

《孟波》，《音乐天地》2013年第6期。

胡新民：《琴弦上的“中国蝴蝶”——回顾小提琴协奏曲〈梁祝〉成为经典之路》，《党史文汇》2020年第11期。

何青：《“蝴蝶”是怎么飞起来的——小提琴协奏曲〈梁祝〉的创作始末》，《检察风云》2015年第2期。

程也：《飞吧，蝴蝶——访中国著名作曲家陈钢》，《孔子学院》2013年第2期。

李天震：《与音乐相伴一生的孟波》，《世纪》2018年第2期。

吴申：《孟波：百岁老人的音乐奇缘》，《小演奏家》2016年第1期。

郭登杰：《风雨不忘初心路　文乘骏马续长征——中共党组织在上海音乐学院建设与发展中的作用》，《齐鲁艺苑（山东艺术学院学报）》2021年第6期。

麦新

1914—1947
乳名寿祥
原名孙培元
曾用名默心、铁克
原籍江苏苏州
出生于上海浦东
音乐家

麦新1914年12月5日出生于上海浦东。其父亲孙仪卿是苏州常熟一船户的独生子，在上海先是做一个小商人，后来在一家交易所的经济局工作。其母是勤劳朴实的工厂女工，在40岁时才生下麦新。麦新还有一个哥哥和一个姐姐。他的姐姐孙佩贞是一名中学英文教员，弹得一手好钢琴，在姐姐的影响下，麦新从小就爱上了音乐。

麦新于1920年开始上学，先后在上海自励公学、钢山小学、南离公学、格致公学等小学读书。从1927年始，他先后在南光中学、江苏省立上海中学读书。麦新学习很刻苦，成绩很好。后来，因家中生活困难而辍学。

1929年，麦新的哥哥孙培风因故投河自杀，导致父亲孙仪卿突发脑溢血去世，从此家庭逐渐走向困境。

1931年，17岁的麦新在姐姐的帮助下补习英文，考入外商创办的“美亚保险公司”任见习职员，并改名为孙默心。

1932年，麦新主动参加《生活》周刊组织的战地救护队。

1935年5月，麦新参加了上海青年会领导的进步歌咏团体——民众歌咏会、音乐研究会。同年12月，他参加了左翼音乐团体“业余合唱团”。他经常与吕骥、冼星海等音乐家一起学习和探讨音乐创作问题。

1936 年 9 月，麦新参加了上海职业界救国会、歌曲研究会、中国歌曲作者协会，并创作了第一首歌词《九一八纪念歌》，冼星海为这首歌作曲。同年 10 月，麦新创作了自己的第一首曲《向前冲》。

1936—1937 年，受上海各歌咏团体的委托，孟波与麦新先后编辑出版了当时最有影响的救亡歌曲集——《大众歌声》。1936 年 11 月，《大众歌声》第一集出版，这是中国现代音乐史上第一本革命歌曲集。麦新在第一集中发表了《献给中国新音乐的奠基者——故聂耳先生》一文。“麦新”是他编辑文章时采用的笔名。1937 年 9 月，《大众歌声》第二集出版。1938 年上半年，《大众歌声》第三集出版。

1936 年 12 月，麦新参加了由吕骥领导的歌曲研究会、上海歌曲作者协会。

1937 年 8 月，麦新参加了上海歌咏界战时服务团，成为该团的领导者之一，从事慰劳伤兵和难民教育工作，他一直在那里工作到 1937 年 9 月离开上海。1937 年 9 月，麦新参加了上海党组织奉周恩来之命成立的、由钱亦石领导的“战地服务队”，随国民党第八集团军（张发奎部）开赴浙江前线。1938 年 1 月，麦新加入了中国共产党。1938 年 4 月，他来到武汉。

1940 年 11 月底，经周恩来等人介绍，麦新去了延安。他担任过鲁艺音工团研究科副科长、延安作曲者协会干事会干事、边区音乐界抗敌协会执委、鲁艺音乐系书记，是延安当时群众音乐活动的组织者和领导者之一。1940 年 12 月，他在延安创作了曲谱《义务工》（刘乡词）。他参加过大生产运动、整风运动和延安文艺座谈会。1942 年 11 月 7 日，麦新与鲁艺音乐系学员程迈结婚。在延安时期，他创作了《红五月》《志丹陵》《苏联红军打胜仗》等近 40 首歌曲。

从 1945 年 8 月起，麦新赴华东、上海等地工作，后又转赴东北。同年 12 月，任延安鲁艺音工团研究科副科长、音乐系党支部书记兼鲁艺党总支委员的麦新调至东北阜新煤矿工作。1946 年 2 月下旬，麦新随中共阜新地委到达哲里木盟（今通辽市）。3 月，他被分配到内蒙古的开鲁县任中共开鲁县委委员、县委秘书，负责开办工农干部训练班，培训基层干部。5 月，他调任开鲁县城关区委书记。

1946 年 11 月 28 日，麦新创作了自己人生中最后一首歌曲《咱们的游击队》。

1947 年 6 月，90 多个国民党残匪突然袭击内蒙古开鲁县，麦新为了掩护其他两位同志突围，因寡不敌众，身中 4 弹，不幸壮烈牺牲。文艺理论家、中宣部原副部长周扬沉痛地说，我国革命音乐家中，不幸早逝的还有聂耳、冼星海、张曙、任光等同志，但麦新是死得更为悲壮的。他短促的一生，就是一首动人心弦的战歌。[①]

麦新在短暂的一生中，谱写了歌曲 67 首、作词 37 首，

① 柯瑞逢：《难忘音乐家麦新》，《世纪》2011 年第 2 期，第 79 页。

还留下一些论文和日记。其中《向前冲》《大刀进行曲》《九一八纪念歌》（冼星海曲）、《只怕不抵抗》（冼星海曲）、《中国妇女抗敌歌》（郭沫若词）、《行军》（贺敬之词）、《中国空军战歌》（何士德曲）、《八路军新四军战士的歌》（王蓝词）等都具有一定的社会影响力。

麦新的代表性作品除了上述与孟波合作创作的歌曲《牺牲已到最后关头》之外，还有耳熟能详的《大刀进行曲》，又名《大刀向鬼子们的头上砍去！》，这是 1937 年 7 月麦新在上海自己作词作曲的一首著名的抗日救亡歌曲。麦新从开始接触音乐到写出《大刀进行曲》，总共才两年多一点时间。

《大刀进行曲》这首歌名中的“大刀”与“卢沟桥事变”中英勇抗日的北平（今北京）守军二十九军有关。早在 1932 年，国民党二十九军军长宋哲元考虑到部队武器不足，就命令将士们自制大刀，成立大刀队。由副军长佟麟阁亲自出面，聘请北平有爱国思想的武术大家李尧臣担任大刀队的教官，向队员们教授简单易学、实用性强的“无极刀法”。

1933 年 3 月 9 日，在长城喜峰口的激战中，二十九军三十七师师长冯治安率赵登禹、王治邦所辖的旅前去杀敌。11 日早晨，赵登禹旅长亲率大刀队夜袭日寇驻地，将喜峰口附近营地里在睡梦中的鬼子用大刀砍死了大半，并杀死了日军一名炮兵大佐，抓获一批日寇俘虏，夺回了喜峰口，中国军队大获全胜。

中国大刀队的胜利鼓舞了中国军民的抗日热情。在与日

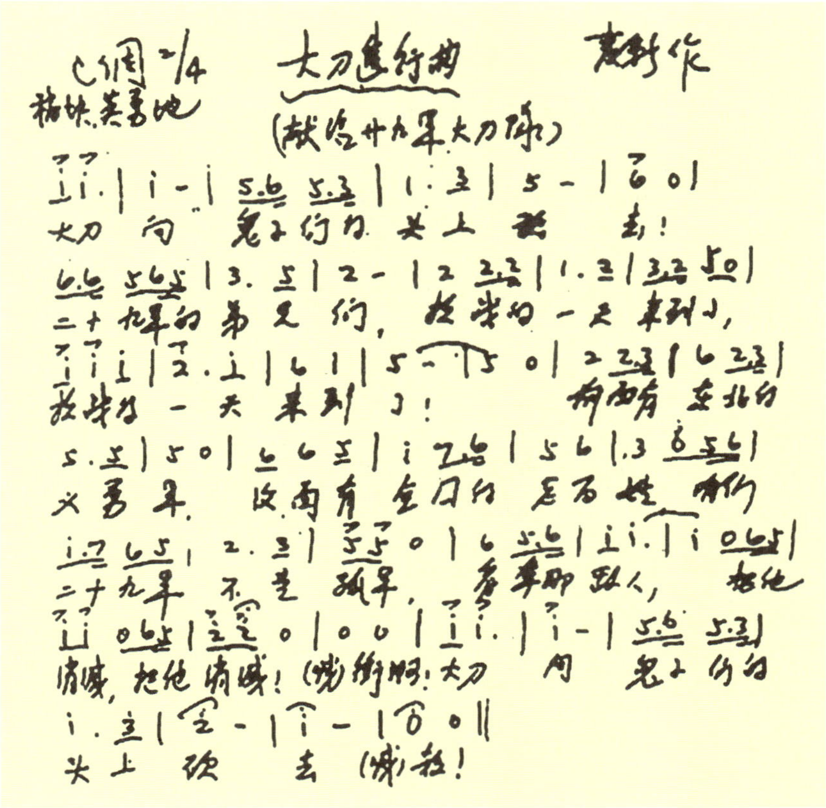

《大刀进行曲》手稿，麦新作词作曲

军进行的浴血战斗中，二十九军副军长佟麟阁在北平大红门壮烈牺牲，旅长赵登禹也为国捐躯。

当二十九军大部分将士在与日军的战斗中牺牲的消息传到上海后，年仅 23 岁的麦新受到了震撼，在“七七事变”爆发 3 天后，他便创作出著名的《大刀进行曲》。

《大刀进行曲》最初发表时有个副标题“献给二十九军大刀队”，以二十九军在长城喜峰口夜袭日军的事迹鼓舞该部抗战。后因该歌曲唱遍全国，遂将原歌词的第二句“二十九军的弟兄们”改为“全国武装的弟兄们”。

王巨才主编：《延安文艺档案（第12册）·延安音乐·延安音乐家·麦新》，太白文艺出版社2015年版，第460—490页。

柯瑞逢：《难忘音乐家麦新》，《世纪》2011年第2期。

尤敢：《为著名音乐家麦新正名》，《党史博览》2007年第3期。

王保林：《麦新年谱》，《内蒙古民族大学学报》（社会科学版）1979年第1期。

彦涵

1916—2011
原名刘宝森
江苏连云港人
艺术教育家
版画家
油画家

彦涵出生于江苏连云港东海县富安村一个贫苦农民家庭。他 1925 年进入新浦普爱小学学习，1932 年考取海州师中，1935 年因为组织爱国学潮被学校开除。后来在舅舅颜秀五的资助下，他于 1935 年夏考进国立杭州艺术专科学校绘画系预科班，先后师从方干民和潘天寿先生，学习素描和国画。

1937 年，正当彦涵在艺专读完预科三年级的时候，日军开始逼近杭州。艺专的领导人带领学生沿钱塘江开始向西转移。在撤退到长沙的过程中，彦涵被抗战的激情所鼓舞，发起和组织学生成立了抗日救亡宣传队。1938 年夏天，彦涵迈出了人生决定性的一步。他没有选择和其他同学一样出国留学，而是秘密奔赴延安。在几乎没有任何物质准备的情况下，他和同学杜芬从西安出发，徒步行走了 11 天约 400 公里，终于到达延安。

当时延安物资匮乏，画油画所需的油彩画布、画国画所需的笔墨纸砚很难寻觅，梨木板倒是随处可见，因此，鲁艺美术系专业课以木刻为主，并且形成了一支队伍——鲁艺木刻工作团，从此诞生了后来在中国美术史上占有重要地位的“解放区木刻”。彦涵到达延安后，进入鲁艺美术系第二期学习，还被同学们选为学习小组长。同年秋天，他参加了美术系的木刻训练班，短短 3 个月的时间对其

《新儿女英雄传》
袁静、孔厥合著，彦涵插图

艺术转型具有重要意义。彦涵在掌握木刻技巧的同时，发现这种艺术与自己的个性气质非常契合。他的第一幅木刻作品是《马克思头像》，他逐渐形成了自己朴素、粗犷、带有浪漫主义激情的独特风格，成为“解放区木刻”最主要的代表人物之一。

1938 年 11 月，彦涵结束了在鲁艺 3 个月的学习之后，坚决要求到前方去，他参加了鲁艺木刻工作团。在严冬季节，他随八路军渡过了汹涌澎湃的黄河，翻越了大雪纷飞的绵山，穿过了被日寇严密封锁的同蒲铁路线，最终到达了太行山抗日根据地。1939 年 1 月，他从工作团调到了长治市武乡县大坪村的《新华日报》（华北版）工作，主要任务就是为报纸创作插图。从此，彦涵一手拿枪，一手拿刻刀，开始了兼有战士与画家双重身份的战斗生涯。他在太行山经历了最为残酷的4年反扫荡生活，并在晋东南鲁艺分校任教。

1943年1月，彦涵终于回到了阔别已久的延安，同时也回到鲁艺，成为美术系的研究员。1943—1949年，他先后任延安鲁迅艺术文学院美术系、华北大学美术科教员。为了纪念那些在反扫荡中牺牲了的同志，他不分昼夜地工作着，一大批反映英勇战斗、可歌可泣英雄形象的作品从他的指间流出，如《当敌人搜山的时候》《把她们藏起来》《不让敌人抢走粮食》等，另外，他还创作了16幅经典木刻连环画《狼牙山五壮士》。1944年，周恩来将木刻连环画《狼牙山五壮士》带去了重庆，交给美国记者路易斯·斯特朗，由她带到美国，后来这组连环画被美国《时代》周刊印成了英文的袖珍本。1945年4月，美国《生活》杂志也刊载了彦涵的作品，标题为“木刻帮助中国战争”。木刻连环画《狼牙山五壮士》成为世界反法西斯战争远东战场的物证，现为中国国家博物馆收藏，并被列为革命文物。

新中国成立后，彦涵历任中央美术学院华东分院（现中国美术学院）、中央美术学院、北京艺术学院教授，中国文联第四届委员，中国美协第二届理事、第三届常务理事、书记处书记，中国版画家协会副主席。他积极参与筹建中央美院版画系，并出任系主任。他主动要求去抗美援朝前线，创作了《刚刚摘下的苹果》等一批作品。他还参加了新中国组织的第一个赴苏联艺术展览会代表团，并在列宁格勒东方博物馆内发现了自己的作品《彭德怀将军在抗日最前线》。

彦涵被公认为中国最著名、最具时代精神和最有成就的

1

2

3

[1] 当敌人搜山的时候（木版单色），彦涵

[2] 亲临前线指挥的彭德怀将军（木版单色），彦涵

[3] 狼牙山五壮士版画，彦涵

4

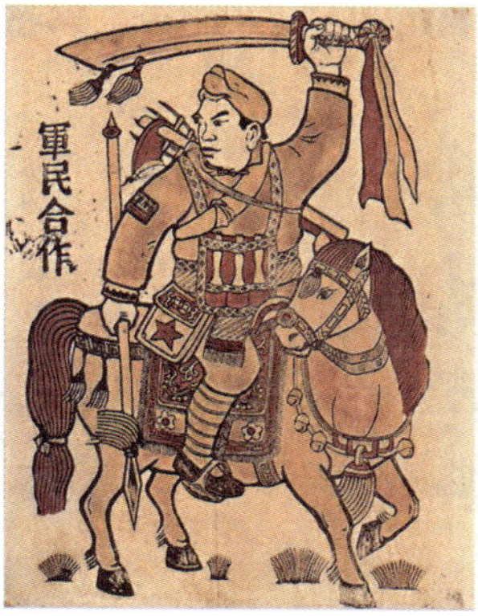

5

6

［4］狼牙山五壮士版画，彦涵

［5］《军民合作》年画，彦涵

［6］人民美术出版社出版的《彦涵木刻选集》

［1］《胜利渡长江》，
彦涵设计，刘开渠雕刻

［2］《胜利渡长江》
原稿（1953），彦涵

版画家之一，是一位享誉海内外的著名版画大师和著名的美术教育家，是中国新兴版画的先驱者之一，是中央美院版画系的缔造者之一，是新中国版画教育和版画事业的奠基者。

彦涵的代表作有：《不让敌人抢走粮食》《狼牙山五壮士》《生命卫士》《当敌人搜山的时候》《诉苦》《长城》等。他出版过《彦涵版画集》《彦涵画辑》《彦涵木刻选集》等。

由于彦涵画过解放军渡长江的油画，1953 年，他被任命为天安门人民英雄纪念碑美术组副组长。他根据自己在解放战争中的战斗生活体验，为人民英雄纪念碑设计了《胜利渡长江》正面浮雕稿。他创作《胜利渡长江》时共完成了 3 个设计稿，第一稿画的是战士头戴美式钢盔冲锋的场景，这虽然真实地反映了渡江战斗的情形，但考虑到群众对解放军的普遍印象，于是在第二稿中改为战士们头戴布军帽，并且突出了指挥员以及划船民工的形象。后来，纪念碑建设时采用了此稿。第三稿在第二稿的基础上增加了一些战士形象和战斗场面，但是因图画过长，超出了纪念碑的墙面而未被采用。

彦涵还为中国人民革命军事博物馆创作了大型套色版画《百万雄师过大江》，这也成为其代表性的经典作品。

1991 年，中国美协和版画协会授予彦涵“杰出贡献奖”；2001 年，中国文联和美协授予他“金彩成就奖”；2003 年，中央文化部授予他“造型艺术成就奖”。

王巨才主编：《延安文艺档案（第49册）·延安美术·延安美术家·彦涵》，太白文艺出版社2015年版，第1451—1466页。

张欢、张瑾闽：《听人民英雄纪念碑浮雕设计者之一彦涵之子彦东讲述父亲的故事：用艺术刻画时代》，《中国纪检监察报》2019年10月18日第5版。

余宁：《彦涵：一手拿枪一手拿刻刀的战士》，《中国艺术报》2005年8月19日第1版。

白炎：《彦涵传》，吉林美术出版社1993年版。

孙志远：《感谢苦难——彦涵传》，人民文学出版社1997年版。

石仁勇、刘鸿石编著：《彦涵研究》，江苏美术出版社1994年版。

中央美术学院：《彦涵先生生平》，《美术》2011年第11期。

王燕萍：《艺术家彦涵：〈讲话〉精神的践行者》，《党史文汇》2012年第5期。

刘千：《人民艺术家——版画艺术大师彦涵掠记》，《中国美术》2012年第1期。

刘竟艳、彦涵：《游“艺”沧海　放歌桑田——彦涵先生访谈录》，《美术之友》2009年第6期。

牧虹

1918—1989
原名赵鸿模
江苏徐州人
音乐家

卢肃

1917—2004
原名卢方平
江苏徐州人
音乐家

一、歌曲《团结就是力量》

1942年，毛泽东在《在延安文艺座谈会上的讲话》中提倡文艺工作者要更进一步地深入生活，反映生活。《团结就是力量》的创作和初演始于1943年6月，由西北战地服务团首演于晋察冀边区平山县黄泥区滹沱河边的北庄村。《团结就是力量》的词曲作者牧虹和卢肃所在的西北战地服务团组织两个小分队深入河北平山和山西繁峙的广大农村参加斗争，他们白天和农民一起抢收抢种，晚上组织农民开展减租减息斗争。

1943年6月，为了庆祝减租减息和县参议会选举胜利，卢肃和牧虹就在老乡屋后的山坡上，利用一周的时间赶写了一部小歌剧《团结就是力量》，牧虹担任编剧、导演兼演员，卢肃是作曲兼指挥。小歌剧《团结就是力量》在北庄村进行了首场公演，参演的还有仲伟、官林、刘沛、朱兴男等。在这个剧的排练过程中，大家觉得总体效果还不错，就是感到结尾处缺了点什么，结束得有些突然。综合大家的建议，决定由牧虹写词，卢肃谱曲，为该剧增加一个幕终曲。牧虹趴在老乡家屋顶上，只花了20多分钟就写出了词，歌曲《团结就是力量》由此诞生。

《团结就是力量》这首歌诞生在平山县境内，也闪耀着平山县作为抗日模范村的基因传承。1941

团结就是力量

小歌剧《团结就是力量》主题歌

牧　虹词
卢　肃曲

1=D $\frac{2}{4}$

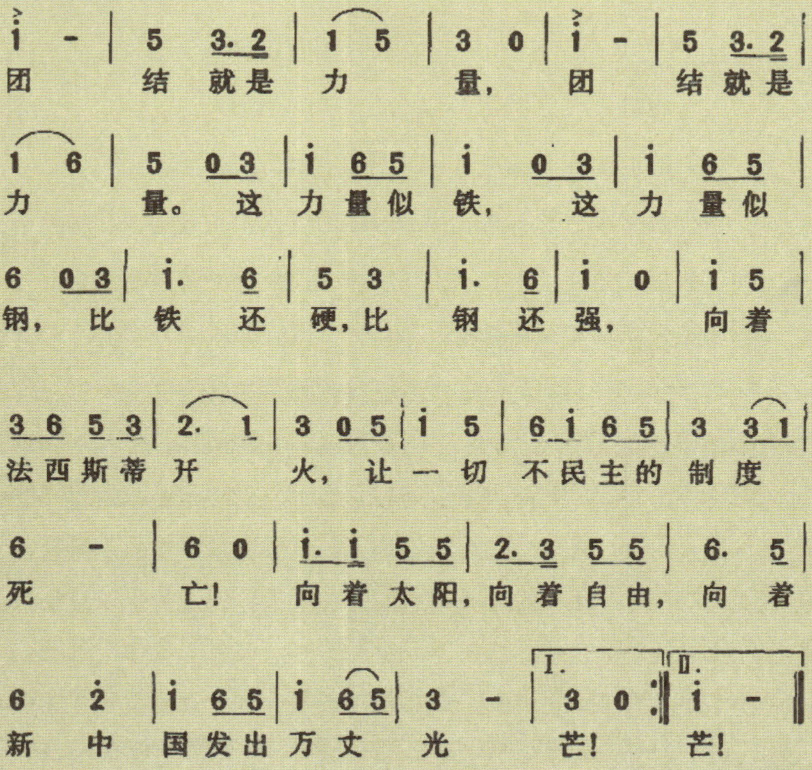

《团结就是力量》，牧虹作词、卢肃作曲，创作于1943年6月

年，侵华日军的“大扫荡”使得平山县数百个村落化为焦土。木虎峪村 53 名手无寸铁的村民惨烈地倒在日军的刺刀前，失去了鲜活的生命。纪念“木虎峪惨案”的碑文中写道：“我村全体群众永怀不忘。愿团结一心，踏着先烈血迹，向着‘和平民主、团结统一’的新中国前进。”村民的血泪揭示一个真理：只有团结起来，才能渡过难关；只有团结起来，才能走向胜利。

直到北平（今北京）和平解放，卢肃进北平后听到很多学生都在唱这首歌，才知道这首歌的影响如此巨大。因为当时这首歌并没有公开发表，只是口口相传，所以人们并不知道歌曲的作者是谁。直到 1950 年，中国人民唱片厂邀请中国儿童剧院录制这首歌时，卢肃受邀到现场说明情况，才正式认定这首歌的词曲作者是牧虹和卢肃。

1943 年街头歌剧《团结就是力量》演出剧照

2015 年 8 月 26 日，国家新闻出版广电总局公布了“我最喜爱的十大抗战歌曲”网络投票结果，《团结就是力量》是入选的 10 首歌曲之一。

二、牧虹其人

牧虹是《团结就是力量》的词作者。1934—1935 年，他在铜山师范（今徐州第二中学）中学部读书。

牧虹早年参加过徐州市音乐爱好者组织的“艺波音乐会”。抗战开始后，他辗转于成都、重庆等地，曾与赵丹、白杨、章曼萍合演过《雷雨》《放下你的鞭子》等。

1937 年，牧虹来到延安，进入鲁艺文学系二期学习。他在冼星海的《黄河大合唱》中担任朗诵任务，被评为“延安模范青年”，毛泽东同志亲自为他颁发过纪念章。

到了晋察冀边区后，牧虹任华北联合大学文艺学院文学系教员。1942 年，他加入中国共产党，不久后担任西北战地服务团戏剧队队长。牧虹以卓越的表演才能，成功地塑造了《带枪的人》中的列宁，《前线》中的盖达尔政委，《白毛女》中的杨白劳等艺术形象；同时，他还创作了《女八路》《红袄子》《我爱八路军》《团结就是力量》等一批话剧和歌剧。

新中国成立后，牧虹历任中央戏剧学院歌剧团副团长、团长，中央歌舞剧院副院长等。1963 年，他担任辽宁省歌剧院院长。1978 年，他调回北京，任中央戏剧学院副院长兼导演系主任、学院代理党委书记等。

牧虹和妻子仲伟与女儿
赵姗姗在延安鲁艺合影

三、卢肃其人

卢肃出生于一个中医世家。1931 年，他进入徐州培正中学，在那里接触了教会音乐，他经常参加唱诗班的歌唱活动。“九一八”事变后，他参加了抗日爱国运动。1937 年，他考入万籁天领导的国共合作时期李宗仁所属第五战区下属的“抗敌剧社”，正式参加抗战文艺工作。1938 年 2 月，在河南鸡公山他秘密参加共产党领导的民族解放先锋队。1938 年 5 月，他参加北平学生移动剧团，任歌咏指挥。1938 年 10 月，他来到延安，在鲁迅艺术文学院音乐系第三期学习，师从冼星海，学习作曲和指挥。1939 年，他成为鲁艺的一名音乐教员。

延安时期的乐队，二排右三、大提琴手后面手持黑管者为卢肃

1939年2月，卢肃加入中国共产党。同年随华北联合大学开赴晋察冀边区抗日根据地，担任华北联大音乐系教员。1940年5月，他任音乐系主任。卢肃一面在联大从事音乐教学活动，培养战地文艺人才，一面开展音乐创作活动。1942年，他和牧虹一起到西北战地服务团工作。

卢肃在晋察冀边区谱写了一批抗战歌曲，有《华北人民进行曲》《五一纪念歌》《晋察冀边区艺术节歌》《鲁艺二周年述怀》《春耕大合唱》《平原大合唱》《八路军之歌》《村选歌》《群众力量大如山》《毛泽东之歌》《枪口对外》《护麦谣》《推车上高山》《晋察冀日报之歌》《子弟兵战歌》《咱们庄稼汉》《认真选举》《拥军公约歌》《送上一支光荣花》等，他还创作了一批儿童歌曲，如《小指头儿，大指头儿》（又名《抗战要团结》）、《滹沱河水哗啦啦》，他还为崔嵬创作的活报剧《参加八路军》续写音乐，还创作小歌剧《除夕》《我爱八路军》、弦乐四重奏《杏树林纪事》等。

卢肃为牧虹所编的独幕歌剧《团结就是力量》谱曲，该剧1943年在边区演出，剧终的齐唱歌曲《团结就是力量》受到热烈欢迎。

1944年5月，卢肃随西北战地服务团回到延安，在鲁艺任教。

1949年北平和平解放后，卢肃参与筹建北京人民艺术剧院，1950年元旦被任命为该剧院歌剧团第一任团长。卢肃1963年调任沈阳音乐学院党委书记，1976年年底调任辽宁省文化局局长，并任中国音乐家协会辽宁分会主席。从1981年5月起，他担任北京市文化局副局长。他从1983年7月开始担任中国音乐家协会北京分会主席。他还多年担任《音乐周报》主编。2001年，卢肃获中国音乐“金钟奖”终身成就奖。

王巨才主编：《延安文艺档案（第11册）·延安音乐·延安音乐家·卢肃》，太白文艺出版社2015年版，第137—155页。

王彦红、刘亚杰：《红色经典文艺作品背后的故事》，《石家庄日报》2022年2月10日第7版。

李霞、侯克辉文，董子凝整理：《文旗战鼓 笔墨刀枪——抗战文化在石家庄蓬勃兴起》，《石家庄日报》2021年11月15日第7版。

王一婷、耿鹏宇：《团结就是力量》，《解放军报》2021年8月5日第5版。

史进平：《歌曲〈团结就是力量〉的诞生》，《党史纵览》2021年第6期。

王向辉：《诞生于小山村的传世经典——歌曲〈团结就是力量〉诞生始末》，《共产党员》2020年第4期。

孟红：《难忘的旋律之〈团结就是力量〉：凝聚力量鼓舞人心的战斗号角》，《党史博采》（纪实）2015年第8期。

李友唐：《〈团结就是力量〉的幕后故事》，《钟山风雨》2008年第1期。

王祝厚：《跨时代的激越战歌——记〈团结就是力量〉曲作者卢肃》，《音乐生活》2008年第3期。

牧虹：《忆〈团结就是力量〉的创作》，《新文化史料》1995年第5期。

卢肃：《关于歌曲〈团结就是力量〉》，《新文化史料》1995年第5期。

麦风

1922—2002
江苏苏州人
一说江苏南京人[①]
原名徐瑞璋
播音员

① 蔡革文：《延安第一个“麦克风”——访人民广播的第一代播音员麦风》，《视听界》1989 年第 5 期，第 9 页。文中说：“麦风得知我是从南京来的以后，微笑着对我说：‘你大概没想到我也是南京人吧？’“

一、延安新华广播电台

延安新华广播电台是中国共产党领导创办的第一座广播电台，是中央人民广播电台的前身。

1940 年 12 月 30 日，延安新华广播电台在延安以西 19 公里的王皮湾村的窑洞中诞生，呼号为 XNCR，当时国际规定中国无线电台呼号的第一个字母为 X，NCR 是新中华广播电台英文 New Chinese Radio 的缩写。

由于机器故障、缺乏维修器材，延安新华广播电台曾一度停播。1945 年 8 月，电台在抗日战争胜利声中恢复播音。

1947 年 3 月中旬，电台迁往瓦窑堡好坪沟村播音；1947 年 3 月 20 日，更名为陕北新华广播电台，后随中共中央几度迁移。

1949 年 3 月 25 日，陕北新华广播电台迁进北平（今北京），改名为北平新华广播电台。同年 12 月 5 日，正式定名为中央人民广播电台。

早在抗战初期，周恩来同志从苏联回国时带回一部广播发射机。1940 年 3 月，延安成立了广播委员会，由周恩来任主任，新华社社长向仲华、中央军委三局局长王诤等为委员。后来周恩来去了重庆，就由朱德主持筹建工作。经过反复勘察，确定在延安西北 19 公里的王皮湾村建台。王皮湾村仅有十多户人家，依山傍水，丛林茂密，非常安全和隐蔽。通讯战士在当地农民的帮助下，发扬艰苦创业的精神，经过半年多的努力，打出两孔石窑洞作为机房：一孔窑洞里放置共产国际援助的，由周恩来、任弼时在1940年2月从苏联回国时运到延安的一台广播发射机，另一孔窑洞里放着一部破旧汽车的引擎，由其带动发电机为发射机提供电源。洞外的山头上耸立着木杆天线，在石窑洞对面的山坡上盖起了供播音、发报、办公和住宿用的两排土窑洞、土坯房。一支20多人的警卫部队驻扎在发射台附近。中央决定从延安女子大学抽调女播音员，在土窑洞里进行播音。直到1946年，电台才有了第一位男播音员。

1940年年底，广播电台的筹建任务基本完成，开始用XNCR的呼号试验广播，傅英豪担任第一任台长。12月30

延安新华广播电台旧址

1940 年，周恩来从苏联带回的
由共产国际援助的广播发射机

日晚上 8 时整[①]，红色电波第一次飞向天空，把延安的声音传向四面八方，翻开了中国人民广播事业史的第一页。1980 年 12 月，经中央宣传部批准，中央广播事业局将延安新华广播电台开始播音的日期，即 1940 年 12 月 30 日，定为中央人民广播电台的诞生日期。

1940 年开始试播时，广播员先唱《兄妹开荒》，然后说“延安新华广播电台，XNCR，现在开始播音……”停止播放后不到 10 分钟，各地电台反馈回信号“声音清楚，音质较好”，也有说“声音较弱，音质差”。负责广播的同志

① 有文章记述是晚上 7 点，参见王莹：《抗战时期的延安新华广播电台》，《中华女子学院学报》2015 年第 5 期，第 92 页。另有文章记述是晚上 8 点，参见徐瑞璋：《50 年前的红色电波——忆延安新华广播电台》，《党史纵横》1991 年第 4 期，第 14 页。

立即升高天线，调整方向，经过多次试播，包括解放区在内的各地，均反映收听效果较好，电台于12月30日开始正式播音。初期每天上午、下午各播一次，每次3小时，周率为600个千周，后来改为每天3次，深夜也播一次，每次时间加长。

1942年，在西南联大寄给党中央的群众来信中，有人把延安的广播比作“黑暗里的一盏明灯”[①]。

二、麦风其人

1940年2月，麦风来到延安。她从中国女子大学毕业后，被分配到延安新华广播电台任播音员。麦风是中国人民广播史上的第一代播音员，被人们称为“延安第一个麦克风”。

1938年7月26日，16岁的徐瑞璋在汉口武汉中学学习，后去重庆求精中学学习。1939年6月，她偷偷离开学校。1939年夏，她在重庆加入抗敌演剧第三队。1940年2月，她毅然选择奔赴革命圣地延安。在去延安的路上，她途经关中平原，当时正逢小麦吐穗，眼前是一望无际的金色麦海，和风吹过，波浪起伏，令人心旷神怡。一路同行的诗人给她起了个富有诗意的名字“麦风”。

麦风在延安当播音员，与俄国文学大师果戈理还有点缘分呢！原来在1940年秋天，延安女子大学业余剧团演出果戈理的名剧《钦差大臣》，麦风在剧中扮演了一个次要角

① 孙克悠主编：《延水情——纪念延安中国女子大学成立六十周年》，中国妇女出版社1999年版，第432页。

延安新华广播电台首任播音员麦风
在延安时留影

色——铜匠的妻子。在一场戏里，铜匠的妻子向钦差大臣告市长的状，有大段的道白。大段道白像连珠炮般从她口中迸发出来，她表演时情绪激昂，声音洪亮，吐字清楚，获得了满堂彩。但她压根儿不知道，中央军委三局在王皮湾村筹建延安新华广播电台，有关领导正在挑选播音员。她的表演成了一次播音员的考试，她被军委三局“择优”录取了。

1940 年冬，18 岁的麦风进入延安新华广播电台，成了延安新华广播电台第一个播音员，也是中国人民广播事业史上第一代播音员。“麦风”成了延安的第一个“麦克风”。周恩来总理曾开玩笑地说她是“中国人民的第一个‘麦克风’”。1940 年 12 月 30 日傍晚，第一座中国共产党人自己的广播电台——延安新华广播电台，在延安王皮湾村的小窑洞里开播。麦风的第一声呼叫打破了夜的寂静，宣告了人民广播事业的诞生！

后来由于电台机器的主要零件被烧坏，一时难以修复，播音员被送回清凉山新华社，临时安排到中文新闻稿译电工作组。1942 年，麦风离开新华社去鲁艺，从此离开了新闻单位，后来又改行学医，从事卫生防疫工作。1945 年 9 月，她奔赴东北，开始了新的工作生涯。

蔡革文：《延安第一个“麦克风”——访人民广播的第一代播音员麦风》，《视听界》1989年第5期。

王强：《中国新闻史的女性拓荒者》，《中华新闻报》2002年3月9日第7版。

徐瑞璋：《50年前的红色电波——忆延安新华广播电台》，《党史纵横》1991年第4期。

徐瑞璋：《“老延安”的回忆——毛主席常在我心中》，《党史纵横》1994年第6期。

刘言：《新中国新闻事业的源头——延安清凉山追忆》，《新闻知识》1997年第4期。

王莹：《抗战时期的延安新华广播电台》，《中华女子学院学报》2015年第5期。

吴印咸

1900—1994
江苏宿迁人
摄影家

马似友

1919—1946
江苏镇江人
摄影师

吴印咸，1900年9月21日，出生于江苏宿迁沭阳县一个清贫的书香之家。吴印咸兄弟五人，他排行第二。他的父亲吴铁秋是沭阳的教育家，创办了沭阳最早的私塾学校。吴印咸就是在父亲的学堂里接受了最初的启蒙教育。1907年，他在沭城南区小学堂读书。1913年，他考入县立高等小学。1916年，他考入了半工半读的江苏省立第四工厂，在这家生产棉布和线毯的工厂，他半天学文化知识，半天当织毯工。因自幼喜爱绘画、书法、篆刻，他工作之余常常收集各种具有民族特色的美术图案，尝试自己设计线毯图案，获得了厂方的认可与市场的欢迎。他18岁毕业后被留在厂里，半天教授图画课，半天设计线毯图案，并自修了中学的全部课程，为日后的发展打下了文化基础。

19岁的吴印咸在亲戚和朋友的资助下，考取了绘画大师刘海粟创办的上海美术专科学校，开始接受正规的绘画基本训练。他一边学画，一边对摄影产生了浓厚的兴趣。他感到摄影比绘画更真实、更自然、更具魅力，也更能够反映现实生活。他用3块银元在旧货摊上买了一台勃朗尼方匣式旧照相机，自学摄影。

1922年，从上海美专毕业后，吴印咸返回沭阳，担任县高等小学美术教师。1924年，他到县立初级中学任美术教师，1925—1926年，又转到

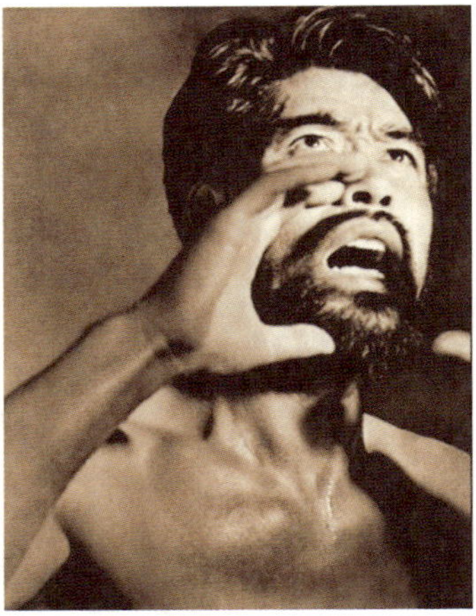

《呐喊》（1935），吴印咸摄

沭阳师范任美术教师。

吴印咸 1927 年离开沭阳，到上海谋生。1928—1929 年，他在上海艺海布景公司绘制舞台布景、照相布景。1930—1931 年，他担任红灯照相馆摄影师。1932—1933 年，经好友许幸之介绍，他担任天一影片公司布景师，首次接触电影艺术。由于当时没有专门的摄影学校，吴印咸想到了一个速成的办法，那就是去看别人怎么拍电影，他白天给电影摄制组画布景，晚上就跟着摄影师边观察、边学习。一段时间后，他不仅学会了使用摄影机，还掌握了修理摄影机的本领。

1935 年，应夏衍之邀，吴印咸转入电通影片公司，拍摄故事片《风云儿女》（1935 年 5 月在上海公映）等影片。1936 年，他拍摄了袁牧之编导的《马路天使》，电影上映

［1］《拓垦南泥湾》（1941），吴印咸摄
［2］《抗大午餐》（1938），吴印咸摄
［3］《被日军轰炸的延安》（1940），吴印咸摄

后轰动整个影坛，被誉为“中国影坛上一朵奇葩”。

在 1935—1937 年短短两年时间里，吴印咸就拍摄了 4 部电影。其中《风云儿女》和《马路天使》名噪一时，使他成为上海炙手可热的摄影师。

《风云儿女》的主题曲就是由田汉作词、聂耳作曲的《义勇军进行曲》，后来成为中华人民共和国国歌。《马路天使》则成就了一代名伶周璇，电影主题曲《天涯歌女》传唱至今。

1937 年淞沪会战期间，吴印咸冒着生命危险，躲在上海的一栋高层建筑中，用镜头拍下了谢晋元团长率领八百壮士从 1937 年 10 月 27 日到 30 日坚守“四行仓库”，抵抗有优势兵力的日军 4 昼夜猛攻的壮烈场景。他拍摄的内容成为大型纪录片《中国万岁》的组成部分，可惜这组底片和正片在送审时被国民党反动当局全部销毁，这成为吴印咸一生的遗憾。

1938 年年初，吴印咸到香港拍片，刚到香港不久，他接到友人袁牧之从武汉发来的电报，要他速回武汉有事商量。原来，袁牧之准备前往延安，到抗日根据地拍摄《延安与八路军》，于是找到会摄影的吴印咸相助。当时国统区对中国共产党的宣传很少，甚至没有，几乎所有人都不了解延安，能深入延安拍片对吴印咸来说是很有诱惑力的。当时邀请袁牧之和吴印咸去延安的是在武汉工作的周恩来，他想建立一支八路军自己的电影队伍。

1938 年 9 月，吴印咸到达延安，在刚成立的“八路军总政治部电影团”担任技术及摄影负责人。

1938年10月1日，吴印咸在黄帝陵拍摄了大型纪录片《延安与八路军》的第一个镜头。该片是人民电影的第一部作品。（样片后来在苏联莫斯科电影制片厂散失，仅剩零散片段。）

1939年，他拍摄了《白求恩大夫》的新闻素材片。

1941年，他拍摄了《延安各界庆祝辛亥革命三十周年大会》《延安庆祝百团大战胜利大会》《国际青年节》《陕甘宁边区参议会》4部新闻纪录片。

1942年，他拍摄了毛泽东在延安高级技术干部会上讲话的纪录片。他还作为电影界代表参加了延安文艺座谈会，并担任会议摄影师。

1943—1944年，吴印咸摄制完成大型纪录片《南泥湾》，该影片是他在延安摄制完成并公映的唯一一部影片。

1945年，他拍摄了关于中共七大的影片，为中共党史上留下了第一部党的代表大会的完整影像文献记录。

1946年10月，他参与筹建东北电影制片厂（长春电影制片厂前身），并任副厂长兼技术部主任，在此期间，他拍摄了故事片《桥》等。

1949—1954年，吴印咸在任东北电影制片厂厂长期间，主持制作了《中华儿女》《赵一曼》《白毛女》《钢铁战士》等多部优秀影片。

1955年，吴印咸参加我国第一所电影高等学府——北京电影学院的筹建工作。1956年9月1日，国务院任命吴

吴印咸带到延安的三部照相机

印咸为北京电影学院副院长兼摄影系主任，主讲摄影构图。

1958 年，吴印咸拍摄了故事片《红旗谱》和影片《白求恩大夫》。

1960 年，他当选为中国摄影学会（中国摄影家协会前身）副主席。

在延安的 8 年，吴印咸作为延安电影团的主要建设者和组织者之一，参与并领导了电影团从建立、发展到完成使命的整个过程和主要工作，做出了不可磨灭的贡献。这 8 年也是吴印咸电影摄影和图片摄影创作的高峰时期。他拍摄了中国人民电影史上记录毛泽东同志形象的第一个镜头。1940—1943 年间，他为毛泽东、朱德、周恩来、董必武、林伯渠、任弼时、邓小平、贺龙、陈云、李富春、张闻天、徐特立、吴玉璋、谢觉哉等领导人拍摄了肖像照片。

吴印咸用电影摄影、照相摄影等手段记录了中国现代史上大量重要的历史场景，在中国电影史、摄影史上写下了杰出篇章。他被誉为红色摄影大师、一代摄影宗师、中国摄影之父。

附：马似友

马似友出生于 1919 年，江苏镇江人，是著名摄影师。他早年在上海明星影片公司学习剪辑、录音技术。1938 年，受钱筱璋推荐，他从武汉来到延安参加革命，后成为延安电影团党支部书记，摄影队业务骨干。他曾参与纪录片《延安与八路军》的拍摄工作，并在延安拍摄过许多优秀的摄影作

吴印咸、马似友使用过的照相机

品。1945 年，他在电影团东征行军时任中队指导员，因积劳成疾，于 1946 年 8 月 2 日在安东患斑疹伤寒逝世，享年 26 岁。

上图中的这部照相机最初的主人是中国摄影大师吴印咸。1938 年，吴印咸应邀赴延安拍摄一部反映延安与八路军和抗日民主根据地生产生活的纪录片《延安与八路军》，动身前吴印咸倾其所有购买了 3 部二手照相机：一部 120 相机、两部 135 相机，这 3 部相机成为电影团在延安时期的主要摄影器材。

初到延安的吴印咸用他手头的 135 照相机定格了不少精彩瞬间。尽管生活很艰苦，但吴印咸被当时延安朴素积极的氛围深深感染，他透过镜头捕捉到延安处处洋溢着的乐观与坚定。后来，其中一部 135 相机被拆散用于制作图片放大机，另一部 135 相机承担了大量的拍摄工作。

马似友是吴印咸的主要助手，参与了《延安与八路军》

等纪录片的拍摄工作。后来，因其中一部 135 相机日渐陈旧，不再用于电影拍摄，曾作为摄影训练班的教具使用，由指导员马似友保管。

1945 年年底，马似友和电影团奔赴东北新区，他的妻子杜群与他同行并参与日常工作。1946 年 6 月，他们的女儿马临清出生。然而，意外也随之降临。马似友一路操劳，身体虚弱，行至安东时染上斑疹伤寒，没几天病情便急剧恶化，最终宣告不治。杜群失去心爱的丈夫，心力交瘁，忙于照顾刚刚出生的女儿，丈夫留下的东西全部由电影团的同志们帮忙匆匆收拾。

到达长春之后，杜群离开部队到地方工作。待安顿下来整理行李时，她才发现了这部 135 照相机，这也成为马似友

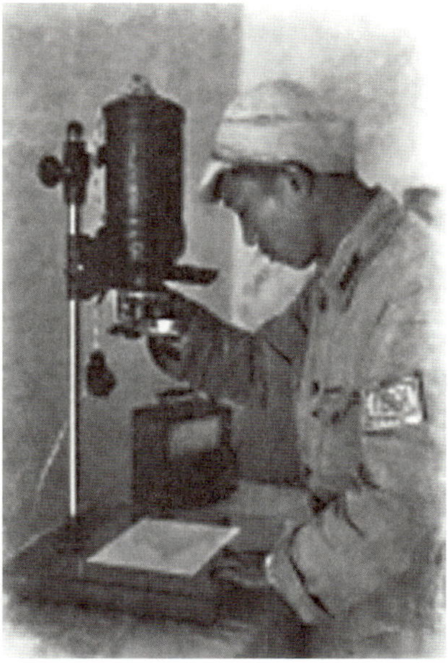

马似友利用美军观察组的设备放大照片

留下的唯一遗物，亦成为她的精神寄托。由于当时电影团已行至兴山（今黑龙江省鹤岗市）建立东北电影制片厂，联络困难，杜群只好将这部相机珍藏起来。新中国成立后，在女儿马临清出嫁时，杜群把这部135相机交给女儿，以安慰女儿的思父之情。马临清于2000年病逝，这部相机就由马临清的女儿张玲一直珍藏……

2019年新年前夕，96岁的杜群将这部相机捐赠给延安鲁艺文化园区。

《吴印咸大事年表》，《唯实》2015 年第 9 期。

许幸之：《摄影大师吴印咸的足迹》，《唯实》（现代管理）2015 年第 9 期。

倪震：《吴印咸生平与作品年表》，《当代电影》2011 年第 2 期。

《老牛自知夕阳短 不用扬鞭自奋蹄——访著名摄影艺术家吴印咸》，《当代电影》1992 年第 3 期。

刘守华：《吴印咸：穿越记忆的红色影像人生——访吴印咸之女吴筑清》，《中国档案》2009 年第 9 期。

吴印咸、唐东平、郑家伦、韩鹭、吴筑清、吴炜：《一代宗师吴印咸——时代风浪里成长起来的伟大摄影家》，《中国摄影家》2021 年第 7 期。

蔡毅：《吴印咸的延安八年》，《唯实》（现代管理）2015 年第 9 期。

张捷、薛晋文：《20 世纪 30—40 年代中国电影的文化价值观探寻》，《电影文学》2021 年第 5 期，第 78—82 页。

李侃：《断裂的现代性：延安影像发生论》，《电影评介》2019 年第 12 期，第 8—12 页。

马红：《抗日战争时期的延安电影团》，《档案天地》2012 年第 10 期，第 33—37 页。

张哲浩、王建平：《记录延安的永恒瞬间——三代珍藏一部老相机》，《光明日报》2021 年 2 月 3 日 6 版。

程默

1917—2014
原名程勤生
原籍安徽徽州
江苏镇江人
新闻电影家
摄影家

程默本是安徽徽州人，原名程勤生。3 岁时父亲去世，他便跟随祖父迁移到江苏镇江丹徒县宝堰镇。程默上小学时，祖父从事的帽行生意破产，他经亲戚介绍去上海谋生。

1932 年，他进入上海明星影片公司制作部学摄影，1934 年任摄影助理。当时，影片公司和左翼文艺工作者合作密切，因此，在片场工作的程勤生结识了作家夏衍，由于他手脚勤快，话却不多，夏衍开玩笑地说："你不爱说话，沉默寡言，不如就叫'程默'吧。"[①] 大作家一调侃，程勤生就真的改名叫程默了。

1936 年 10 月 19 日，鲁迅先生在上海逝世，当时在上海明星影片公司的程默拍摄了鲁迅先生的遗容和鲁迅先生的书房以及悼念鲁迅先生的情形，是我国目前唯一的记录鲁迅葬礼的历史资料。

1937 年，"八一三"事变后，上海沦陷，上海明星电影公司被迫停止拍片，程默也在地下党陈波儿的介绍下，走上革命道路，参加了上海救亡演剧一队，负责拍摄舞台戏曲照片，后任西北电影公司、中国电影制片厂摄影师。

1940 年，程默作为中国电影制片厂摄影师来到重庆，并很快与八路军驻重庆办事处取得联系。

① 王荣、王抒滟：《程默：用镜头聚焦历史的摄影家》，《团结报》2018 年 9 月 13 日第 6 版。

1945 年，程默在延安

他在山城重庆的两年，正赶上日军大轰炸。据史料记载，日军为了轰炸重庆出动了飞机 9500 架次，投弹达 2.1 万多枚，炸死市民 1.2 万多人，炸伤 1.4 万多人，炸毁房屋 1.7 万多幢。程默拍摄了 150 多张日军轰炸重庆的照片，被赞“意义非凡，是首批面世的关于重庆大轰炸的影像资料”[①]。

1943 年，程默到延安后加入延安电影团，后进入西北电影工学队，1947 年年底加入华北电影队。在撤离延安的重大战略转折中，程默是唯一记录下这段历史的摄影师。现在我们看到的开国大典纪录片也是由他参与摄制的。程默还接受任务，在南京购买了梅园新村作为中共办事处。

在延安时期，程默不仅拍摄了毛泽东和其他领导同志彻夜不眠指挥作战的镜头，还拍摄了毛泽东、周恩来等撤离延

① 黎煜、张继东、赵晶、皇甫宜川、黄德泉:《程默访谈录》，《当代电影》2011 年第 7 期，第 66 页。

安，在行军途中的镜头，拍摄了陕北人民和解放军开展游击战、打击敌人、送公粮、抬担架等全民动员支援前线的生动画面。

1945 年 8 月，程默拍摄了毛泽东赴重庆谈判及返回延安的整个过程资料。这些珍贵的资料，在新中国成立后分别编辑在《红旗漫卷西风》和《还我延安》等纪录片中。

1949 年 2 月 3 日，北平和平解放时人民解放军举行了庄严的入城式，程默用手里的摄影机记录下了这一重要的历史时刻。

1949 年 3 月，中共在西柏坡召开七届二中全会，程默参与拍摄了会议过程。

1949 年 10 月 1 日，33 岁的程默作为摄影师之一，站在天安门城楼上拍摄了《开国大典》纪录片的大量素材。

新中国成立后，程默一直留在毛泽东和周恩来身边工作，直到 1960 年才离开中南海。他先后担任安徽电影制片厂、北京科学教育电影制片厂、中国农业电影制片厂领导职务，1978 年任中国电影家协会书记处书记。他还担任过中国电影电视学会副理事长、《电影技术》主编，参加拍摄过新闻纪录片《太原战役》《济南战役》等。《红旗漫卷西风》在 1950 年获第五届捷克斯洛伐克卡罗维·发利国际电影节荣誉奖状。

程默还曾经受托帮毛泽东主席保管过一部相机，这是怎么回事呢？

毛泽东的弟弟毛泽民在 1921 年参加革命，曾任中华苏维埃共和国国家银行行长、工农民主政府国民经济部部长。1945 年，在毛泽民烈士牺牲两年之后，一部相机作为遗物被辗转送到延安。毛泽东面对相机不禁泪流满面，从此将它珍藏。

1947 年 3 月，国民党调集大军进攻陕北解放区，在大部队即将撤离延安前的一天傍晚，毛泽东把摄影家程默叫到窑洞，把相机托付给他保管使用。程默是当时在延安的唯一一名摄影师。

在转战陕北的艰苦岁月里，程默用这部相机记录下了珍贵的历史影像，这部相机也跟随程默见证了伟大的历史性转折。在此后的岁月里，程默一直将这部相机带在身边。1956 年中国摄影学会成立后，时任学会主席的石少华号召老一辈摄影工作者、学会领导捐献摄影文物，程默于 1960 年将这部相机捐赠给了中国摄影学会。

值得一提的是，在中国文联所属的 13 个全国文艺家协会中，唯有中国摄影家协会由毛泽东题名。1979 年，“中国摄影家协会”会名正式启用。

毛泽民烈士的遗物：120 折叠相机

张哲浩、王建平：《三代珍藏一部老相机》，《光明日报》2021 年 2 月 3 日第 6 版。

黎煜、张继东、赵晶、皇甫宜川、黄德泉：《程默访谈录》，《当代电影》2011 年第 7 期。

谈乐炎：《程默：抢拍到的历史》，《小康》2012 年第 12 期。

镇江风情：为毛主席拍照的镇江人（360doc.com），2021—12—27。

方妍：《一部令毛主席泪流满面的相机》，《中国摄影报》2021 年 8 月 31 日第 1 版。

张晓华：《程默用镜头聚焦历史》，《中国民族报》2002 年 6 月 4 日第 6 版。

程默：《怀念为毛主席拍照的岁月》，《新闻战线》1994 年第 12 期。

王荣、王抒滟：《程默：用镜头聚焦历史的摄影家》，《团结报》2018 年 9 月 13 日第 6 版。

萧逸

1915—1949
乳名广金
又名肖一
原名徐德纯
江苏南通人
记者

1937年“八一三”事变后，茅盾夫妇带着沈霞和沈霜这一对儿女离开上海，开始了颠沛流离的生活。他们先后辗转于长沙、香港、新疆。在新疆，茅盾专门请老师教沈霞俄语。1940年5月，全家人摆脱新疆军阀盛世才的控制，经兰州到达西安。在周恩来的帮助下，茅盾一家人于26日搭乘朱德总司令的车来到延安，受到热烈欢迎。[①] 茅盾被安排到鲁艺工作，沈霞进入延安中国女子大学学习，沈霜也在陕北公学继续学业。4个月后，周恩来希望茅盾去重庆工作，担任国民政府文化工作委员会常务委员。10月10日，茅盾夫妇告别两个孩子前往重庆。没想到，这成为他与女儿的诀别。

沈霞是茅盾唯一的女儿，她热情开朗、大胆自信、聪明漂亮，是学生中的佼佼者。1941年9月，延安中国女子大学和其他几所学校一起合并，成立延安大学，她进入俄语系高级班学习。当时延安男女比例严重失调，沈霞自然吸引了无数追求者，可是沈霞非常讨厌周旋于这种复杂的关系中，但是她又非常渴望亲密的友情。不久，班里一个叫萧逸的男生引起了沈霞的注意。萧逸是典型的文艺青年，细腻敏感，他与从小热爱文学的沈霞情投意合。他

---

① 也有记载茅盾一家人是1940年6月到达延安的。详见刘守华：《优秀战地记者萧逸短暂的一生》，《档案记忆》2021年第1期，第39页。文中引述了沈霞的弟弟韦韬先生（沈霜）的晚年回忆。

[1] 1938 年，茅盾、孔德沚夫妇与女儿沈霞、儿子沈霜（韦韬）在香港寓所合影

[2] 1945 年 7 月，沈霞与萧逸在延安合影

俩彼此吸引，陷入热恋。沈霞留下来的两本日记就是从此时开始的——“我现在和萧逸是最好的，最亲密的关系”。开篇日记是1942年1月3日，末篇是1945年7月30日。

1944年6月28日，沈霞在日记中记录了自己对结婚的态度：

> 我想到如果我现在结婚，人家会说……还不是和一般的女同志一样，没有希望的……再以后我就一定会分很多精神在逸的身上，甚至会妨碍工作、学习……想到这些，结婚对我不是愉快、幸福，而是痛苦、耻辱！①

对结婚这件事，沈霞一直很矛盾。1944年7月10日的日记表明她的想法有了新的变化：

> 这两天对结婚问题，可以说想通了一些，虽然时不时有嫌恶升上心来，但大致上是不那么害怕了。是的，每一个女子都要结婚的，总会有那样一天。我问自己：是否能这样一辈子呢？客观地想，是不可能的。那么，既然萧逸很爱我，自己并不是不爱他，结婚了就算了结了一件大事，从此可以安静些。②

沈霞和萧逸确立恋爱关系后，茅盾非常关心萧逸，他在

---

①② 刘守华：《尘封六十年日记，披露茅盾之女情感历程》，《档案春秋》2010年第11期，第40页。

1944年8月16日给女儿沈霞的信里写道：

萧逸的来信（七月五日）已经收到。他身体不好，是不是有什么病呢？我们在接到他这次来信之前，问过何其芳、刘白羽，早知道他在鲁艺工作。我们今天不写信给他了，希望他有工夫时写信来。身体不好，倘有病，医生怎么说，也写信来让我们晓得。①

茅盾晚年回忆女儿沈霞（亚男）时，有这样一段话：

我只有两个孩子，而亚男更使我疼爱。她聪明、刻苦、懂事、有志气，比阿桑成熟得多。她从小爱好文学，高中时代能写出优秀的散文而得到老师的赞赏，德沚常说：你的文学细胞遗传给亚男了。她的英语程度不低，在延安又是抗大俄语班的高材生。她早已入党。她的爱人萧逸是文学工作者，曾经是她的同学，他们在四二年秋订婚，四五年（引者注：应为1944年）结婚。婚礼十分简朴，简朴到使我和德沚心痛。那时萧逸在延安郊区农村体验生活。某个周末，亚男背上挎包，带上几件衣服、几本书，走了几十里山路，到了萧逸那里。当晚，对着清冷的月光，他们结合了，没有一杯水酒，也没有一响鞭炮。②

① 钟桂松：《茅盾和他的女婿萧逸》，《古今谈》2012年第4期，第40页。
② 同①，第39页。

萧逸出生于1915年，他牺牲时年仅34岁。中学毕业后，因家庭经济困难，萧逸不再升学，到上海乐器厂当工人，制作口琴和钢琴。1938年，他成为延安鲁艺文学系第一期学员。毕业后，他在延安文化协会工作，曾担任过边区教育厅厅长周扬的秘书。1939年，他参加鲁艺实验团。1941年9月延安大学成立时，他考入延安大学俄文系，遇到沈霞。

经组织批准，沈霞与萧逸在1944年10月初登记结婚。10月5日，沈霞向父母报告了这件大事，说："告诉你们一件事，就是我和萧逸已登记结婚，算是有了一个正式的关系，但究竟何时结，尚未决定，看何时方便，现在只是在法律上获得根据罢了。原来准备见到你们时再说的，但现在由于我们都想安心学习，为了避免许多麻烦，如流言、注意、好奇等，决定就这么办了。"[①]1945年2月，他俩举行了简单的婚礼。

收到女儿的来信，已是1944年11月5日了，茅盾夫妇立刻写了回信，对女儿的决定表示肯定与信任：

> 你和萧逸已经登记结婚，我们可以同意，而且也很高兴。我们虽然尚未见过萧逸，可是从前你曾经来信描写过他，而且他自己也来过一两封信，所以，我们也就有了个印象。我们相信，我们的女儿在这事的选择上是用了比较审慎的态度和清醒的头

---

① 刘守华：《尘封六十年日记，披露茅盾之女情感历程》，《档案春秋》2010年第11期，第40页。

脑的，我们同时也喜欢她的选择不以虚荣和外表为对象。我们喜欢在生活中受过艰苦的磨炼而有志学习力求上进的年轻人。萧逸从前是这样的一个人，我们相信他现在也还是这样一个人。希望他永远是这样一个人。我们遥祝你们俩的共同生活将是幸福而快乐的，你们相敬相爱，共同朝你们所信仰的人生目标迈进！[①]

1945 年 7 月，抗日战争接近尾声，大批青年结束了在延安的学业，陆续奔赴东北、华北前线。正在此时，要求去东北参加革命工作的沈霞发现自己怀孕了，眼看同学们都纷纷奔赴前线，她感到十分焦虑。曾经的同学一个个来向沈霞告别，看着她们脸上洋溢的兴奋之色，听她们讲着未来的生活，她充满了羡慕和懊悔：

这并不是简单意味着我要生孩子，而且意味着我的前途完了……周围的人生活的（得—编者注）健康，有希望，有前途。我是被弃于这圈子以外了……[②]

沈霞便不顾丈夫萧逸、婶婶张琴秋（延安中国女子大学教育长）等亲人的反对，毅然决然地准备做人流手术。1945 年 8 月 2 日，萧逸送沈霞到婶婶家等待手术，沈霞 16

① 刘守华：《优秀战地记者萧逸短暂的一生》，《档案记忆》2021 年第 1 期，第 42 页。
② 刘守华：《尘封六十年日记，披露茅盾之女情感历程》，《档案春秋》2010 年第 11 期，第 40 页。

日住进延安最好的医院——白求恩国际和平医院，17 日，医生鲁子俊为沈霞做了手术。18 日，婶婶来探望她时，沈霞反映腹部胀痛，其实是由于医生疏忽，沈霞的伤口术后出现了严重感染，未能引起重视进行及时治疗。19 日，当时因为延河发大水，沈霞的丈夫萧逸和婶婶张琴秋都被隔在河对岸。当河水退去后，他们才赶到医院。20 日上午 11 时左右，沈霞已经离开了人世。沈霞的绝笔信如下：

> 萧逸：昨天苏部长听了报告，毛主席说准备在半年内下山，我看你也该准备走了。真高兴。因为大雨河水又涨，今天我还未入院，大约明天一定可以入院，星期五可以行手术。如煮熟的鸡不方便，就不要了，在这里买活的煮。如不会坏的话，还是杀现有的，煮好了带来。有好桃多带一些来，经过市场如能拿的话，就买些西红柿给我。匆匆 霞（45）14/8[①]

沈霞去世后不久，周恩来便获悉这个意外事件，他非常震惊。因为自从 1940 年茅盾离开延安，由于工作之便，周恩来时常往返于延安和重庆，他仿佛成了茅盾和沈霞父女之间的“传声筒”。沈霞与萧逸恋爱以及结婚的消息，都是周恩来亲口告诉茅盾的；茅盾赞成女儿和女婿结合的书信，也是由周恩来亲自转交给沈霞的。周恩来很清楚茅盾对女儿

---

① 冉思尧：《茅盾之女沈霞在延安的最后岁月》，《文史天地》2014 年第 1 期，第 56 页。

的爱有多深，也十分清楚沈霞的死将会对茅盾造成怎样的巨大打击。为了保险起见，也为了表示自己的诚意，周恩来决定，暂时不告诉茅盾夫妇这个消息，等他有空时，亲自登门，亲口告诉他这个消息，同时当面表达自己的歉意和哀思。

1945 年 9 月 20 日，茅盾得知爱女去世的消息。年仅 24 岁的革命青年就这样离开了这个世界，茅盾夫妇心中留下了永远无法抹去的伤痛！

面对妻子的突然去世，萧逸悲痛万分，他在沈霞日记本后的空白处接着写日记。在沈霞 1945 年用过的日记本封面上，萧逸写下了几个让他刻骨铭心的日子："7 月 9—13 日有了孩子""8.12 送去""8.16 入院""8.17 下午施手术""1945，8.20，10：45 分死"。萧逸沉浸在巨大的悲痛之中，难以自拔——

> 我总还不信霞真的不在了，我好像还看到她似的，但她真的不在，实在不在了。阿霜也来了，张他们也回来了，她还是劝我，但有什么用呢！我又哭了，我真的这样软弱吗？别的什么也可以的，但现在是损失了我自己一样。（1945 年 9 月 2 日）[①]

1945 年 9 月，萧逸强忍失去爱妻的悲痛，随团奔赴张家口。1946 年，他调到晋察冀日报社任记者。解放战争开始后，萧逸在新华社晋察冀总分社工作，主动要求到前线当

---

① 刘守华：《优秀战地记者萧逸短暂的一生》，《档案记忆》2021 年第 1 期，第 42 页。

军事记者。在晋察冀边区，他跟随部队进行采访，在炮火连天的边区，顺利且出色地完成了《访新生的战防连》《定县城解放第一天》《模范的机跑连》等优秀战地通讯。

1949 年初春，萧逸和茅盾夫妇才见面。据茅盾的儿子韦韬先生回忆：

> 北平和平解放后，姐夫随部队进入北平，与早就想见的岳父岳母见面，双方都很激动。姐夫说到了自己的创作计划，打算留下从事创作。父亲为他有理想有抱负而感到欣慰，但认为他如能参加并了解解放战争的全过程，而后再从事创作将会更好。在父亲的启迪和鼓励下，姐夫愉快地奔赴了太原前线。[①]

1949 年 3 月，华北三大主力兵团会师太原，萧逸作为新华社 20 兵团分社记者加入太原战役报道中心。4 月 14 日上午，他到 19 兵团 63 军阵地双塔寺，听说阎锡山部队中有一个连长要投降，他便随我军敌工干事到前沿阵地进行实地采访。敌我双方的阵地相距只有 100 米。我军指战员们除了短兵相接地狙击敌人的疯狂反扑外，还向对方开展政治攻势。他进入一个刚被攻占的敌军碉堡，看到战士们正在通过碉堡的射击孔向敌人喊话。萧逸决定身先士卒，拿过喇叭筒对敌人不停喊着“平津都解放了，你们还能守住太原？”“中国人不打中国人，我军优待俘虏，快些投降吧”。在这一声

① 钟桂松：《茅盾和他的女婿萧逸》，《古今谈》2012 年第 4 期，第 44 页。

钟桂松对沈霞的日记进行了仔细阅读和整理，并付梓印刷

声呼唤中，不少晋绥军选择倒戈。敌军军官十分不安，在萧逸喊话之际，偷偷放了冷枪。子弹穿过碉堡的枪眼，萧逸头部中弹，当场牺牲，年仅 34 岁。

为了悼念这位献出了年轻生命的杰出人民记者，新华社于 1949 年 5 月 3 日，向各地报社播发了萧逸简历和他在太原前线光荣牺牲的消息，并号召全国新闻工作者向他学习。

萧逸牺牲后，茅盾函复新华社记者张帆："萧逸此番在前线牺牲，大出意外，我们的悲痛是双重的，为国家，失一有为的青年，为他私人想，一番壮志，许多写作计划，都没有实现。"①

沈霞牺牲在抗日战争胜利之时，萧逸牺牲在中华人民共和国成立的前夜，这让茅盾一生都无法释怀……

① 刘守华：《尘封六十年日记，披露茅盾之女情感历程》，《档案春秋》2010 第 11 期，第 41 页。

刘守华：《尘封六十年日记，披露茅盾之女情感历程》，《档案春秋》2010年第11期。

刘守华：《优秀战地记者萧逸短暂的一生》，《档案记忆》2021年第1期。

冉思尧：《茅盾之女沈霞在延安的最后岁月》，《文史天地》2014年第1期。

钟桂松：《茅盾和他的女儿》，《兰台内外》2008年第4期。

马明：《新闻英烈萧逸》，《党史文汇》2010年第5期。

钟桂松：《茅盾和他的女婿萧逸》，《古今谈》2012年第4期。

卞之琳

1910—2000
曾用笔名季陵、薛林等
祖籍江苏南京
出生于江苏南通
作家
诗人
文学评论家
翻译家

一、卞之琳其人

卞之琳祖籍江苏南京溧水，因避战乱，其祖父辈离开溧水。他出生在江苏南通海门汤家镇，排行第六。他是中国现代文学史上一位为新诗发展做出重要贡献的诗人。他是现当代诗人（“汉园三诗人”之一）、文学评论家、翻译家，被公认为新文化运动中重要的诗歌流派“新月派”和现代派的代表诗人。

作为翻译家，卞之琳的译作《莎士比亚悲剧四种》代表了中国莎士比亚作品翻译的最高成就，其对中国翻译文学尤其是对现代诗歌做出了重要贡献。他出版过三卷本的《卞之琳译文集》。

卞之琳曾就读于汤家镇陈氏私立国民小学、公立第七国民小学、浒通镇袁氏国文专修学校、麒麟镇启秀小学、茅家镇海门中学初中、江家镇三益初中等。1929 年，他从上海浦东中学毕业后考入北京大学英文系学习，他在那里接触了英国浪漫派、法国象征派诗歌，开始了新诗创作。

1933 年，卞之琳从北京大学英文系毕业，求学期间他曾师从徐志摩，深受其赏识，徐志摩不仅将卞之琳的诗歌在其编辑的《诗刊》上发表，还代为决定汇编诗集《群鸦集》拟出版，并请沈从文先生为他写《附记》。因为这段经历，卞之琳被公认为新文化运动中重要的诗歌流派“新月派”的代表诗人。

大学毕业前，卞之琳出版了第一部诗集《三秋草》。大学毕业后，他曾先后在保定育德中学、济南省立高级中学教书。1935 年，他出版了第二部诗集《鱼目集》。1936 年，他与李广田、何其芳合作出版《汉园集》（北京大学红楼前的“汉花园大街”后来改名为“五四大街”，20 世纪前半期，“汉花园”几乎就是北京大学的代名词），因此，他们 3 人被合称为“汉园三诗人”。抗日战争时期，卞之琳先后在四川大学、西南联合大学任教。

1938 年 8 月 14 日，在四川大学任教的卞之琳从成都出发，辗转奔赴延安。8 月 31 日到延安后，卞之琳等人受到毛泽东、周恩来等领导的接见，领袖们鼓励他们到前方在战斗中体验生活。为响应写“慰劳信”（“慰劳”实为“致敬”之意）的号召，他以诗体写了《写给抗日战士》《写给修筑延安飞机场工人》两封（首），后发表于《文艺战线》。他另有两篇小故事和短篇小说《石门阵》发表于《文艺突击》《文艺战线》上。

1938 年 11 月 12 日，卞之琳随抗战文艺工作团渡过黄河，进入被日寇侵占了 1 年多的晋东南地区。卞之琳不畏艰险，深入广大军民中采集素材，陆续写出《垣曲风光》《山道中零拾》等 10 篇战地通讯，又写了《五个东北工人》《钢盔的新内容》等散文。这些作品后结集为《晋东南麦色青青》一书。

1939 年年初，卞之琳奔赴武安，跟着先遣游击支队辗

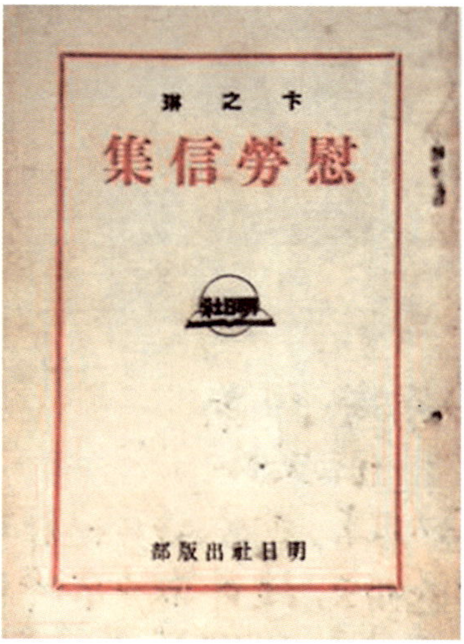

由明日社出版的卞之琳的诗集
《慰劳信集》

转打击日寇。战斗间隙，卞之琳俯身在农家场院石磨上，写成反映游击队战斗和生活的小说《红裤子》，发表于重庆的《文艺月报》，该作品后被译成英文在英国《人生与文学》上刊发，还先后被选入英国出版的《当代中国短篇小说集》与美国出版的《中国抗战小说选》。他在《今日评论》上发表了《西北小故事》，包括《小学的成立》等5篇文章。他还创作了散文《日华亲善》《渔猎》等作品。

1939年4—5月，卞之琳从前线回到延安。周扬与在鲁艺当教务长的吕骥安排卞之琳和严文井临时在鲁迅艺术学院文学系代课3个月。5月14日，中华全国文艺界抗敌协会延安分会成立，卞之琳代表抗敌文艺工作团第三组作了《关于前线工作情形及收获经验、教训的报告》，并参与了由周扬主编的《文艺战线》的编辑工作。卞之琳一边在鲁艺代课，一边整理材料，他以七七二团为素材，完成了长篇报告文学《第七七二团在太行山一带》。《慰劳信集》与《第七七二团在太行山一带》二书 1940 年由香港明日社出版。1980 年，《第七七二团在太行山一带》在香港再版，3 年后，这本书由三联书店第一次在内地出版。卞之琳西北、华北战地之行的结晶另有作品集《游击奇观》，可惜未能最终出版。1939 年 8 月，卞之琳离开延安返回四川大学任职。

延安之行，对卞之琳之后的人生及文学创作产生了重要影响，其间的作品“不仅反映了卞之琳艺术趣味的转变，而且反映了他……人生—社会主场之转换。这对一个学院知识分子来说是很不容易的”[①]。若从他多种文体的写作状况来看，“正是在延安真正体验了时代的脉动和抗战的力量后，卞之琳才对文体的选择有了新的认识”。[②]1949 年，当全国解放的钟声即将敲响时，在英国牛津大学访学的卞之琳毅然回到祖国。1956 年，他加入了中国共产党。2000 年 1 月，他荣获首届“中国诗人奖——终身成就奖”。

二、卞之琳与“民国最后的才女”张充和

1933 年秋，卞之琳去好友沈从文家中做客。沈从文 1929 年在吴淞中国公学任教时，爱上了女学生张兆和，他

① 解志熙：《灵气雄心开新面——卞之琳诗论、小说与散文漫论》，《现代中文学刊》2011 年第 1 期，第 80 页。

② 任杰：《空间转换与艺术主体的精神嬗变——论卞之琳的延安书写》，《中国文学研究》2021 年第 4 期，第 156 页。

“民国最后的才女”张充和旧照

比张兆和大8岁。自从沈从文与其妻张兆和搬到北平后，卞之琳与沈从文的来往就更加频繁。

有一天，张兆和拉着一位妙龄少女的手走到卞之琳面前，就这样张兆和把妹妹张充和介绍给卞之琳认识。这一年卞之琳22岁，张充和18岁。

张充和被誉为“民国最后的才女”“最后的大家闺秀”，其文化程度可见一斑。她工诗词、善书法、精丹青、通音律，和她的三个姐姐并称“张家四姐妹”。

张家四姐妹的诞生要归功于张家的一名功臣，也就是她

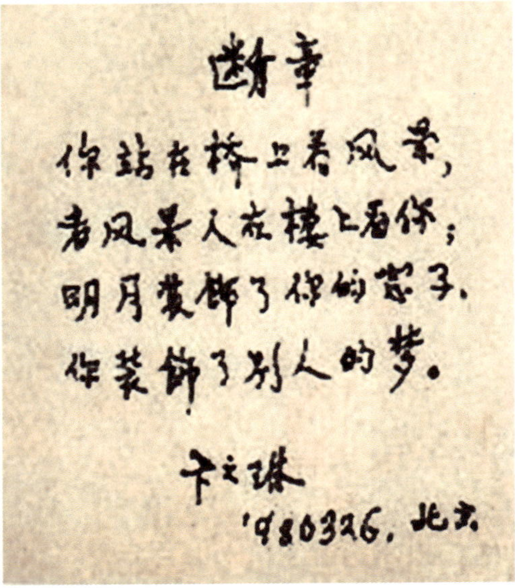

卞之琳写给张充和的《断章》

们的亲生母亲陆英。据传，陆家在扬州城也是有名的商贾大家，家里的良田瓦舍相比张家只多不少。

四姐妹的祖父张树声的一房妻妾就是陆家的女儿，两家也算是有人员往来的。

陆英的前三胎都生的是女孩，即老大张元和，老二张允和，老三张兆和。第四个出生的是男孩，这让有些敏感多疑的陆英不再难受，但好景不长，在怀第五个孩子的时候，男孩生病夭折。第五个孩子还是个女孩，这个孩子就是张家最小的女孩，合肥四姐妹里的老四张充和。

直到1921年，陆英因为拔牙得了血中毒而去世时，她为这个家养育了14个孩子，后因为生病，只活下来了4女5男，共9个孩子。

1934年夏，张充和在家人的鼓励下参加北京大学入学考试，从未接触过数学的她不出意外地考了0分，却因为满分的国文成绩惊动了当时北大的校长胡适，最终她被破格录取，进入北大国文系。听闻自己的女神进入北大后，卞之琳自然是激动不已，卞之琳便效仿好友沈从文追求其妻张兆和那样写起了情书，其中最著名的便是脍炙人口的《断章》：

你站在桥上看风景，
看风景人在楼上看你；
明月装饰了你的窗子，
你装饰了别人的梦。

同样是给自己心爱的女性写情书，表达追求，与沈从文不同的是，卞之琳的喜欢只是暗自喜欢。只通过诗中一些七零八碎的事情，委婉地暗示出来，并没有像沈从文那般热烈且疯狂。委婉的暗示换来的是张充和的冷淡回应，卞之琳感到伤心又懊恼。卞之琳大学毕业后，带着懊恼与伤心“逃离”了北平前往保定谋职，试图忘却心中对张充和的爱意。

1935年，由于骑车不慎，张充和住进医院，却因此检查出得了肺结核，她只得辍学前往苏州养病。次年10月，卞之琳因为母亲病逝，回老家海门奔丧，便顺道前往苏州探望张充和。

1937 年，卞之琳在朱光潜的引荐下，进入了四川大学外文系担任讲师。

抵达成都后不久，卞之琳便给张充和写信，邀请她到成都来谋职。这一次，张充和没有拒绝，此前她因找不到合适的工作，暂住在二姐张允和家中。

在成都共事的这段时间里，卞之琳与张充和的通信来往又渐渐多了起来。卞之琳的四川朋友看出了他的心意，便撺掇两人相互靠近，但见面打趣的行为引起了张充和强烈的反感，她从此离开了成都，前往重庆。

对此，卞之琳无所适从，最终也离开了成都。1938 年，他主动申请访问延安。

5 年后，卞之琳终于鼓起了那早就该鼓起的勇气，去往重庆向张充和表白。卞之琳被拒绝了，但张充和答应与他保持纯洁的朋友关系。

1947 年，卞之琳应邀前往牛津大学访问。他远赴英国后不久，张充和遇到异国男子傅汉思，两人走进婚姻殿堂，并一同奔赴美国生活。

卞之琳回国后，听闻这一消息，痛苦懊恼不已。直到 1955 年，在亲友的劝说下，卞之琳才与女编辑青林结婚，这时卞之琳与青林已经相识了 7 年，张充和也已结婚 7 年之久。

王巨才主编：《延安文艺档案（第25册）·延安文学·延安作家·卞之琳》，太白文艺出版社2015年版，第100—114页。

施祖辉：《卞之琳的童年》，《中国现代文学研究丛刊》2011年第3期。

沈文冲：《卞之琳年谱简编》，《南通师范学院学报》（哲学社会科学版）2002年第1期。

闵吉：《卞之琳简历》，《新文学史料》2001年第3期。

黄静：《著名诗人翻译家卞之琳》，《江苏地方志》2001年第1期。

沈文冲：《卞之琳的文坛足印》，《民国春秋》2000年第3期。

周实：《卞之琳先生》，《社会科学论坛》2013年第9期。

蒋勤国：《面向时代的大潮——卞之琳在成都》，《文史杂志》1991年第1期。

莫艾

1917—2003
原名戴厚明
江苏泰州人
记者

莫艾，江苏泰州泰兴人。他 1941 年参加革命，1947 年加入中国共产党。

莫艾幼年在家乡念私塾、上小学。1933 年，他到上海酒行做学徒、店员。1937 年，莫艾因所工作的酒行停办而失业。1938—1939 年，他先后在上海中华职业第四补习学校新闻专修科和上海政法学院新闻专修科上夜校。

上海中华职业补习学校的学生多是有抗日要求的失业或失学青年，教师中有上海报界的进步人士。学校让学生们与中国青年新闻记者学会（以下简称“青记学会”）上海分会取得联系，在上海《申报》《大英晚报》等报社进行新闻采访、报道实习。实习期间，莫艾采写了关于上海收留东北部分流亡人员的消息，他还根据皖南新闻工作者带到上海的材料，编写了侧面介绍新四军情况的稿件，表达了要求抗日救国的思想。

1939 年秋，青记学会上海分会负责人之一的陈宪章为莫艾写了一封推荐信，介绍他到重庆找青记学会总会的负责人范长江和徐迈进。当时范长江不在重庆，总会总干事傅于琛接待了莫艾，给他发了正式的“中国青年记者学会会员”证。同时，莫艾经曾经的老师的弟弟胡惠堂介绍到重庆《时事新报》当助理编辑。这期间，因为莫艾经常到青记学会总社参加晚会和给重庆《新华日报》写过几次稿子，引起《时事新报》领导的不满，两三个月后，他们竟以不属于莫艾工作职责范围的校对工作有错误为借口，把莫艾开除出报社。傅于琛让莫艾搬到总会“记者宿舍”居住，不几日后，让莫艾担任了青记学会总会的学术组总干事。

1941 年皖南事变后，国民党的反共活动愈来愈猖獗。青记学会总会领导人范长江、徐迈进转移到南洋开展工作，会内其他党员也分别转入地下工作，只留下莫艾一人处理日常事务，他由在《新华日报》工作的石西民秘密领导。国民党安图篡夺青记学会的领导权，一次派人到青记学会总会索取各地分会选举总会领导人的名单，分会推说名单已交范长江带往南洋，国民党恼羞成怒，下令停止青记学会的活动。石西民让莫艾暂时搬入《新华日报》宿舍居住，同时介绍莫艾到“中国工业合作社”做雇员，准备待机再送莫艾到延安学习。

1941 年秋，国民革命军第十八集团军驻重庆办事处有一批汽车去延安，石西民介绍莫艾到办事处参加几天训练，莫艾乔装成十八集团军的家属，随车去了延安。到达延安后，组织上当即分配莫艾到延安《解放日报》采访编辑部，和另几个同志一道，承担起延安县、市和陕甘宁边区及中央有关单位的采访报道任务。从 1941 年秋到 1944 年春，莫艾在延安《解放日报》共工作 24 个多月。

1942 年春，莫艾因工作过劳，患肺结核病后，向报社领导申请到曾被毛泽东称为合作社模范的延安南区合作社工作。到合作社后，莫艾任会计和南区合作职业学校教导主任，同时参加社委会关于合作社工作的讨论与研究。

1947 年 3 月，国民党军队胡宗南部进攻延安，经南区合作社党委批准：由南区合作职业学校校长薛明锋和教导主任莫艾带领学校年龄较大的学生数十人，参加西北野战军教导旅随军服务。到达教导旅后，旅政治部分配学校师生到卫生部从事护理伤病员工作。1947 年 4 月 18 日，由刘建章、薛明锋两位同志介绍，莫艾加入了中国共产党。

1948 年春，教导旅在原驻地晋西北参加了新式整军运动后，改编为西北野战军第六纵队，回到陕甘宁边区，准备进入和平解放后的新疆参与屯垦戍边。这时，南区合作职业学校的学生大部分已成了正式的解放军战士，他们随军入疆。莫艾由中共中央西北局调回地方，拟任陕甘宁边区政府主席林伯渠的秘书。莫艾到绥德县后，遇到原在延安《解放日报》一道工作过、由新华总社留驻陕北负责西北地区报道的林朗。林朗极力主张莫艾回新华社工作，并电告当时新华总社负责人之一的范长江，经范长江同意并与西北局协商后，即调莫艾回新华社工作。其后，莫艾的工作经历如下：

1948—1954 年，任新华社西北总分社特派记者组组长、主编、副社长、社长；

1955—1956 年，任新华社天津分社社长；

1957—1969 年，任新华社北京分社社长；

1970—1972 年，任新华社云南分社党支部书记、革命领导小组组长；

1973 年 8 月，莫艾由新华总社国内部第一副主任调到光明日报社负责领导报社工作，至1976年10月止。其间，他于1975年当选为第四届全国人大代表。

光明日报出版社2010年出版了齐志文编的《记者莫艾》一书，较为全面地反映了莫艾对中国新闻业的贡献及其人品文品。

莫艾发现“劳动英雄”吴满有又是怎么一回事呢?

吴满有，在20世纪40年代的陕甘宁边区，着实是一位家喻户晓的风云人物，是“农民英雄”“劳动英雄”。他的名字在《毛泽东选集》《邓小平选集》中被多次提及。在毛泽东的《抗日根据地的十大政策》中，特别提到了“吴满有生产方法”[①]。1944年3月22日，毛泽东在中共中央宣传委员会召开的宣传工作会议上发表了《关于陕甘宁边区的文化教育问题》的讲话，毛泽东从吴满有谈到了边区生产增长的具体细节，他说：“好像从前提出要增加四十万石细粮一样，高干会议以前提出的，但究竟如何增加，没有哪个管。而前年高干会议提出增加八万石细粮，结果增加了十六万石，因为去年一月初报纸上出现吴满有的安家计划，建设厅把他找到，开了三天会，搞清楚了一个吴满有，才晓得边区能增加多少万石，用什么办法增加。”[②]1944年11月20日至12月7日，太行区在黎城县南委泉村召开了盛况空前的“太行第一届群英会”。邓小平在总结讲话中专门提道：“我以为，吴满有方向就是中共中央土地政策

①《毛泽东文集》（第三卷），人民出版社1996年版，第66页。
②同①，第114页。

齐志文编《记者莫艾》，光明日报出版社出版

的具体表现。”①

吴满有是毛岸英的农业老师。1946 年 1 月 7 日，毛岸英从苏联回到延安，毛泽东把他送到吴家枣园跟吴满有学农业劳动技能。毛岸英在延安生活了 14 个月，其中有 7 个月是在吴满有家中度过的。

吴满有的画像在美术馆、民众馆、边区政府的会议室等各种公共场所曾经和毛泽东、朱德及其他边区政府高级将领的肖像挂在一起。

吴满有的事迹被作为各类文艺作品题材广为传播：艾青

① 邓小平：《在杀敌英雄劳动英雄大会上的讲话》，《党的文献》2001 年第 2 期，第 6 页。

创作了长诗《吴满有》，柯蓝发表了《吴满有的故事》《吴满有和他的庄里人》，安之平发表了诗歌《我想吴满有》，贺敬之分别与马可、刘炽合作，创作了歌曲《吴满有挑战》和《生产大竞赛》，于光远自编自导自演了秧歌剧《吴满有》，1946 年王尊三创作的《吴满有鼓词》以及秀万的《说唱鼓词劳动英雄吴满有》也分别在晋察冀和苏中地区出版，陈波儿编写了电影剧本《边区劳动英雄——吴满有》，古元雕刻了专题版画作品《向吴满有看齐》，1942 年安波作词、马可作曲创作了《边区三英雄》，1942 贺敬之作词、马可作曲创作了《吴满有挑战》，孔厥、袁静创作了《吴满有大合唱》，等等。

当时的烟厂曾专门生产过“吴满有”牌香烟。

延安还出现了“吴满有秧歌队”。

吴满有的事迹被前来延安的著名英国记者斯坦因、美国记者爱金生等采访报道过。吴满有本人给英国记者斯坦因留下了深刻的印象：

> 吴满有穿着普通的工作服来看我们。他约有 55 岁，身体结实，坚毅而诚实的面孔，和善的笑容，眼神聪明和蔼，典型的中国农民，别人无法模仿训练的……在我看来，劳动英雄，群众合作和私有财产的热烈信仰者，共产党员，同时又是本村首富的吴满有，似乎正是延安新民主主义的象征。①

① ［美］G. 斯坦因著，李凤鸣译：《红色中国的挑战》，上海科学技术文献出版社 2015 年版，第 34 页。

木刻版画《向吴满有看齐》，（1943），古元雕刻，发表于《解放日报》1943 年 2 月 10 日第 4 版

据《毛泽东年谱》记载：1944年8月，毛泽东会见了吴满有，两人聊起了农村发展的远景。作家孔厥记录了这次会见，写了《人民领袖这样爱咱们——吴满有去见毛主席的故事》。毛泽东还亲笔为吴满有题词——“天下有名”[①]。

吴满有是延安大生产运动中的两面旗帜之一，成为当时大生产运动中最为著名的政治符号之一。

吴满有是那个时期的现象级人物，不仅催生了一大批吴满有式的劳动典型，更诞生了诸如“吴满有方向”“吴满有运动”“吴满有方法”等提法……

1941年，由于日军的疯狂进攻和“扫荡”，再加上国民党顽固派的军事包围和经济封锁，抗日根据地的财政经济极为困难。1941年年底，边区政府决定推举“劳动英雄”，以此激发群众的生产与政治热情。1942年年初，党中央提出开展大生产运动。

1942年春耕时节，《解放日报》记者莫艾开始在边区农村寻找“能叫每一个人心里都折服的劳动英雄”[②]。在1942年春耕开始前的联席会上，柳林区区长尹登高讲了吴满有的故事，引起了《解放日报》记者莫艾的注意。吴满有，陕西榆林横山人，1928年逃荒到延安柳林乡吴家枣园。1935年，延安进行了土改。吴满有分到土地后，勤劳发家，丰衣足食，交公粮踊跃争先。1941年，吴满有家共收粮食

① 又作“全国有名”。参见贺永泰：《〈谢觉哉日记〉中的“农民英雄”吴满有》，《世纪》2011年第2期，第56页。

② 莫艾：《模范英雄吴满有是怎样发现的》，《解放日报》1942年4月30日第2版。

34 石，交公粮 14 石 3 斗，公草 1000 斤，购买公债与盐代金 815 元。莫艾本着党报宣传者的职业敏感性，立即赶到离县城 20 多公里的吴家枣园对其进行了采访。

1942 年 4 月 30 日，《解放日报》发表了莫艾的特讯新闻《模范农村劳动英雄吴满有 连年开荒收粮特多 影响群众积极春耕》（头版头条）、《不但是种庄稼的模范 还是一个模范的公民》和莫艾的专访《模范英雄吴满有是怎样发现的》，并配发莫艾撰写的社论《边区农民向吴满有看齐！》。

次日，《解放日报》头版发表了社论《吴满有——模范公民》，号召整个解放区向吴满有学习。

5 月 5 日，该报又发表署名莫艾的人物通讯《忘不了革命好处的人——记模范劳动英雄吴满有》，报道了吴满有不怕苦、不怕累，玩命地工作，通过艰苦奋斗最终过上好日子的故事。全文语言平实朴素，让人倍感亲切。

5 月 6 日，《解放日报》又刊发了社论《吴满有——模范公民》。关于边区第一位劳动英雄吴满有的集中报道，正式拉开了轰轰烈烈的延安大生产运动的序幕。

在 1943 年 1 月 11 日春耕前，《解放日报》再次刊发题为“开展吴满有运动”的社论，把吴满有的个人事迹上升到代表政府“正确的经济政策”的“吴满有方向”和“学习吴满有运动”的高度，号召全体边区农民开展“吴满有运动”，掀起学习吴满有、大力开荒生产的热潮。

以吴满有为标志，《解放日报》上出现了“华池县的吴满有”（1942 年 8 月 24 日第 2 版）、“安塞的吴满有”

劳动英雄吴满有，1940年，《东北日报》

（1943年1月26日第2版）等多篇报道，其报道主题与模式等都类似于对吴满有的报道，催生了一大批吴满有式的劳动典型。

值得一提的是，《解放日报》突出、集中、持续报道吴满有长达15个月之久。作为第一发现人的莫艾，更是始终不断地关注并写作关于吴满有的新闻稿件，他的主要作品有：

《劳动的果实——吴满有的秋庄稼》，《解放日报》1942年11月3日刊载；

《劳动英雄吴满有计划今年扩大生产种地85垧 努力发展副业 勤锄草多施肥 增产粮十余石》，《解放日报》1943年1月8日刊载；

《生产计划——吴满有和高厅长（速写）》，《解放日报》1943年1月9日刊载；

《生产战线上英雄辈出　杨朝臣向吴满有挑战》，《解放日报》1943年2月28日刊载；

《吴满有建议边区军民广泛展开生产竞赛》，《解放日报》1943年3月1日刊载；

《复信给杨朝臣举行全村劳动竞赛　吴家枣园生产小组成立》，《解放日报》1943年3月1日刊载；

《"挑战书"到达的时候》，《解放日报》1943年3月1日刊载；

《生产大竞赛》，《解放日报》1943年3月3日刊载；

《吴家枣园春耕新纪录　开荒超过计划两倍半　变工劳动效能大大提高》，《解放日报》1943年5月23日刊载；

《吴满有扶困济贫　互助生产先人后己　本人开荒较去年增多3倍》，《解放日报》1943年5月23日刊载；

《吴家枣园开荒统计表》，《解放日报》1943年5月23日刊载。

莫艾关于吴满有的报道发表之后，引起了毛泽东的注意。从1942年春到1946年年初，毛泽东找莫艾谈过三次话。第一次谈话近4个小时，毛泽东指出自力更生，搞好生产，宣传吴满有，开展吴满有运动，这件事意义很大。陕甘宁做出榜样，将推动整个解放区的生产运动。[①]1942年4月，因报道吴满有，莫艾参加了延安文艺座谈会。在座谈会

① 齐志文编：《记者莫艾》，光明日报出版社2010年版，第186页。

的最后一天，朱德在讲话中说到，莫艾采写的吴满有新闻报道及其推动开展的劳动竞赛，其社会价值，不下于 20 万石公粮。而 20 万石，是 1941 年陕甘宁边区征粮的总数。①

《解放日报》1942 年 4 月 30 日报道吴满有的新闻，成为中国新闻史上第一个典型报道。因为此前的报道均缺乏有组织的各报联动，又没有上下统一口径，更没有足够的社会影响力。相比而言，《解放日报》对吴满有的宣传是党报史上首次大范围、有体系的典型报道。莫艾等人的做法受到了毛泽东的肯定和表彰。于是，边区的典型报道蔚然成风。

时至今日，有学者研究指出：

> 如果当时《解放日报》的记者莫艾没有参加延安县的春耕会议，那么他也就不会开始关注吴满有；如果没有莫艾的极力推荐，也就不会有《解放日报》的连续报道，更不会因此引起毛泽东的关注和青目。②

① 齐志文编：《记者莫艾》，光明日报出版社 2010 年版，第 198 页。
② 朱至刚：《吴满有：典范生产的典型案例》，《国际新闻界》2010 年第 5 期，第 18 页。

钟敬之：《影片〈边区劳动英雄〉拍摄的前前后后》，《电影艺术》1985年第8期。

郭文静、杨阳：《延安时期解放日报的典型人物报道分析——以解放日报对吴满有的报道为例》，《青年记者》2011年第2期。

周海燕：《吴满有：从记忆到遗忘——〈解放日报〉首个"典型报道"的新闻生产与社会记忆建构》，《江苏社会科学》2012年第3期。

何立波：《劳动英雄吴满有》，《西部大开发》2012年第4期。

贺永泰：《〈谢觉哉日记〉中的"农民英雄"吴满有》，《世纪》2011年第2期。

何立波：《吴满有：延安"农民明星"的戏剧人生》，《同舟共进》2010年第4期。

鲁艺：《吴满有其人其事》，《山西档案》2006年第4期。

莫艾：《模范英雄吴满有是怎样发现的》,《解放日报》，1942年4月30日。

朱至刚：《吴满有：典范生产的典型案例》，《国际新闻界》2010年第5期。

李锐：《劳动英雄吴满有真的叛变投敌了吗？》，《党史文汇》1995年第11期。

吴静：《身份、角色与图像——1940年代陕甘宁边区"劳动英雄"形象的塑造逻辑》，《文艺理论与批评》2018年第3期。

华君武

1915—2010
别名华潮
祖籍江苏无锡
出生于浙江杭州
漫画家
美术家

华君武祖籍江苏无锡荡口镇。1915 年 4 月 24 日，他出生于浙江杭州。他是华氏八房中的第七房后人，因为父亲后来到浙江做官，他也就出生在浙江。他早年就读于杭州浙江省立第一中学、上海大同大学高中部。后来，他开始发表漫画作品，他的漫画《打预防针的学生》刊登在校刊上，漫画《江南可采莲，莲叶何田田》第一次正式刊登在《浙江日报》上。

1936 年夏，华君武到上海商业储蓄银行及中国旅行社当初级试用助理职员。同年，担任全国第一届漫画展览会筹委会委员之一。

1938 年，他来到延安，初入陕北公学学习，后任鲁迅艺术学院研究员和教员，1941 年任鲁艺美术工场副主任。

1942 年 2 月，华君武、蔡若虹、张谔在延安军人俱乐部举办讽刺画展，引起广泛反响。同年秋，毛泽东在枣园接见了他们。

华君武于 1940 年 4 月加入了中国共产党。1945 年他来到东北，任东北文工团秘书长。1946 年 1 月，他任《东北日报》文字记者，后在文艺部专司时事漫画。1949 年 12 月，他调到北京工作，历任《人民日报》美术组组长、文艺部主任，中国美术家协会秘书长、书记处书记等职务。

1979 年，华君武当选为中国美术家协会副主席，主持日常工作，长期从事美术工作。他曾任第一、二、三届全国人民代表大会代表，中国共产党第八次代表大会代表，第五、六、七届全国政协委员。

2001 年，华君武荣获中国美术最高奖——中国美术金彩奖之成就奖。

王巨才主编：《延安文艺档案（第46册）·延安美术·延安美术家·华君武》，太白文艺出版社2015年版，第452—470页。

颜菁：《华君武的漫画路　新中国的“华家样”》，《北京青年报》2020年5月14日第B1版。

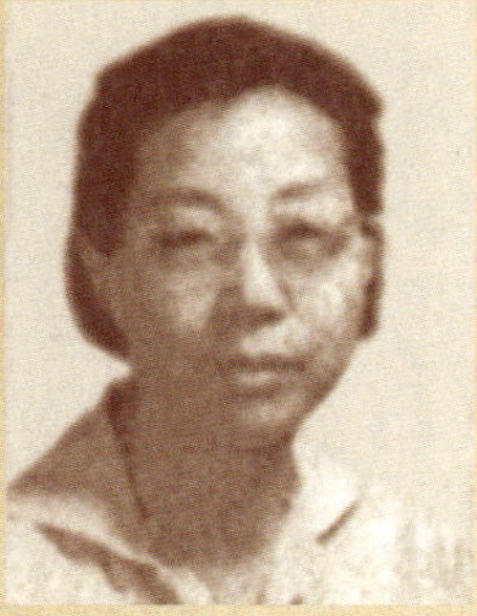

王文秋

1918—1993
原名王文绣
别名有秋、紫虹
笔名闻秋、文秋
江苏无锡人
美术家

无锡王文秋：中国第一部工人诗选的主编

王文秋是江苏无锡江阴人，她是作家柯蓝的夫人，擅长绘画、美术理论。

王文秋小学就读于其父王念航创办的澄江中心小学。1938 年，王文秋毕业于国立杭州艺专，同年 7 月即抵达延安，先后在鲁艺美术系第二期和文学系学习。她在延安加入了中国共产党，还参加了延安电影团纪录片《延安与八路军》的拍摄。

在鲁艺学习结束后，王文秋担任八路军 120 师政治部宣传部宣传干事、《群众日报》（原《边区群众报》）副刊编辑。1940 年，她与作家柯蓝结婚。1943 年，她创作了秧歌剧《老鼠做寿》。1945—1948 年，她与人合办《群众画报》，发表了《移民图》《姑嫂挖地》等作品。

1948 年，王文秋先后任《延安画报》编辑、延安大学美术系教员、鲁艺美术系教师。

1949 年后，王文秋历任上海总工会文教部宣传科科长、上海市文化局艺术处工人文艺室副主任、上海人民美术出版社编辑室副主任、湖南省文联专业作家、湖南省电视台副台长等。1979 年，她调任中国美术家协会会员工作部主任。她是中国美术家协会、中国作家协会会员。

王文秋编有新中国第一部工人诗选《工人诗选》（群育出版社 1949 年 12 月刊行），还编有《匈牙利的造型艺术》《造型艺术理论译丛》等。

[1] 闻秋（王文秋）与柯蓝合著的长篇小说《风满潇湘》

[2]《工人诗选》，闻秋编

她发表过短篇小说《何妈妈》、散文《没有星光的夜晚》等，与柯蓝合著长篇小说《风满潇湘》（原名《暴动》《秋收起义》《火把》）、《蔺铁头红旗不倒》等。

王巨才主编：《延安文艺档案（第48册）·延安美术·延安美术家·王文秋》，太白文艺出版社2015年版，第1257—1270页。

韦泱：《新中国第一本〈工人诗选〉》，《阅读时代》2021年第10期。

黄伊：《与柯兰（应为“蓝”——引者注）、文秋谈〈风满潇湘〉》，《编辑之友》1983年第3期。

莫朴

1915—1996
原名莫璞
曾用名丁甫、夏仁波
江苏南京人
美术家

莫朴，江苏南京人。1930年，他就读于苏州美术专科学校预科。1933年，他毕业于上海美术专科学校西洋画系。他曾参加“上海国难宣传团”，举办过国难画展，他还奔赴华北等地从事抗日救亡宣传活动。1935年，他返回上海，后来在南京、扬州的中小学任教。1936年，他创作的《琴师》《红顶屋》入选在南京举办的第二届全国美展。

1937年“七七事变”之后，莫朴参与组织江都文化艺术界救亡协会。1939年，他任《中原》杂志及《大别山日报》美术副刊编辑。他创作了木刻作品《夜袭前》《迎接1940年的胜利》等。

1940年2月，莫朴在淮南参加了新四军。同年3月，他加入了中国共产党。他历任《战斗报》《抗敌报》美术编辑，创作了木刻作品《百团大战》《娘子关战斗》等。“皖南事变”后，他任鲁艺华中分院美术系主任。

1942年春，莫朴第一次打算奔赴延安，但迫于日军频繁扫荡的形势而未能成行。1943年3月，他第二次奔赴延安，经过数月长途跋涉，于同年秋到达延安，在延安鲁艺美术系参加整风学习。1945年，他在鲁艺美术系教授素描课，其间创作了木炭画《毛主席与劳动模范》。

1945年抗战胜利后，莫朴来到华北，先后在华北联合大学、华北大学[①]美术系任教。

1949年7月，莫朴出席了第一次全国文代会。9月，他随军南下接管杭州国立艺术专科学校，任教授、绘画系主任。1953年后，他历任中央美术学院华东分院副院长、浙江美术学院院长、中国美术家协会常务理事、浙江省美术家协会主席、全国文联委员、浙江省文联副主席等职。

莫朴创作的其他主要作品有：油画《鲁迅与祥林嫂》《宣誓》《南昌起义》《鲁迅与陈赓》《方志敏》，木刻连环画《铁佛寺》（合作），木刻画《我们战斗在苏北》《鲁迅》，年画《平型关大战》《火烧阳明堡机场》及素描《毛主席会见农民诗人孙万福》，等等。1993年，浙江美术学院出版社出版了《莫朴画集》。1998年，中国美术学院出版社出版了《莫朴之路》。2006年，中国美术学院出版社出版了《艺术与时代——莫朴的绘画》。

---

① 华北大学系中国人民大学的前身，1948年春，中共中央决定将华北联合大学和北方大学合并，成立华北大学。1939年夏，根据抗日战争形势发展的需要，中共中央决定将陕北公学、鲁迅艺术学院、延安工人学校、安吴堡战时青年训练班等四校合并，成立华北联合大学。北方大学1945年11月成立于晋冀鲁豫边区，是中共晋冀鲁豫中央局和边区人民政府创办的一所规模较大、学科专业比较齐全的高等学府，由范文澜任校长。中国人民大学的历史从1937年起，历经了陕北公学、华北联合大学、华北大学、中国人民大学四个主要阶段，而其中从1948年8月到1949年年底的华北大学时期，中国人民大学的校址就设在河北省石家庄市正定县城，今正定256医院。

《南昌起义》，莫朴绘，布面油画，178cm × 256cm，（1957），中国人民革命军事博物馆藏

新中国成立初期，刘开渠（左二）、莫朴（左一）与文化部艺术局局长田汉（左三）在中央美术学院华东分院门口合影

王巨才主编：《延安文艺档案（第47册）·延安美术·延安美术家·莫朴》，太白文艺出版社2015年版，第873—904页。

肖峰：《革命美术家的榜样——莫朴》，《新美术》1997年第1期。

高天民：《历史的承载——莫朴与他的时代》，《新美术》2006年第5期。

赵辉：《从现实性到历史性——莫朴的革命历史题材美术创作考索》，《美术》2021年第6期。

刘迅

1923—2007
江苏南京人
美术家

刘迅出生在南京一个贫寒的家庭里，他的父亲是福建兵工厂的工人。他父亲在他还没有出生时就已去世，他是“遗腹子”。他的母亲独自养育了5个子女。他有两个哥哥，于是有人劝他母亲将刘迅送给别人，还真有人拿着小衣服，要将刘迅接走，母亲始终没有同意。他母亲没有乳汁，姐姐用哺育外甥的乳汁哺育他长大。他六岁半才开始讲话，人们起初还以为他是哑巴。

童年时因为家里穷困，刘迅只念了小学，就进了兵工厂，饱尝了童工生活的艰辛。1937年，他在重庆当工人，1938年加入了中国共产党。

1940年冬，刘迅奔赴延安，进入陕北公学学习。1941年后，他在西北文艺工作团、西北民众剧团从事美术工作。1945年，他进入延安鲁艺美术系学习。

1945年，他赴东北解放区工作，做过文工团美术干部、《东北画报》编辑、战地记者、编辑科科长。

新中国成立以后，刘迅筹建了很多中国最早最重要的出版部门、美术家协会等机构，比如人民美术出版社、北京市美术家协会等，他还参与了《人民画报》社的筹备工作，他历任《人民画报》编辑部主任、人民美术出版社《连环画报》主编、人民美术出版社美术创作部主任。《连环画报》是普及性的美术读物，在刘迅、郑迅的主持下，发表了《高玉宝》《鸡毛信》等一系列大众喜闻乐见的作品，产生了广泛的影响，当时发行量达 50 万份，位居全国刊物之首。

1978 年，刘迅担任北京画院副院长兼党委书记、北京市美协副主席。北京画院（原名北京中国画院）是新中国成立后创办时间最早、规模最大的专业画院。1979 年，刘迅担任中国美术家协会常务书记。1985 年，他任吴作人国际美术基金会副理事长兼秘书长。1989 年，他任北京市文联副主席、北京市美协主席。1988 年，他在中国美术馆举办了个人油画展。

刘迅出版的画册有《第一本刘迅油画作品集》《第二本刘迅油画作品集》《第一本刘迅中国画作品集》《刘迅画集》等。

新华出版社出版的《刘迅油画作品集》

王巨才主编：《延安文艺档案（第47册）·延安美术·延安美术家·刘迅》，太白文艺出版社2015年版，第770—777页。

韩劲松：《画说刘迅》，《中国美术馆》2005年第2期。

朱晴：《玉壶冰心话刘迅》，《中华儿女（海外版）》1996年第4期。

严熹

1917—1942
江苏无锡人
戏剧家

严熹出生于江苏无锡江阴河塘镇（现已并入长泾镇），他们兄妹 4 人从小就失去了母亲，作为长子的他十几岁就去上海当了学徒，并在那里参加了地下党。

1935 年冬，他加入上海进步文化团体——“蚁社”。当时的“蚁社”设有蚂蚁图书馆、蚂蚁补习学校、蚂蚁剧团、《蚂蚁月刊》等活动部门。1937 年，他参加“蚂蚁救亡流动宣传队”，在溧阳、宜兴一带以演讲、演戏、说唱等各种形式向群众宣传抗日救国思想。1938 年，他进入延安鲁艺戏剧系二期学习，并加入了中国共产党。1939 年，他从鲁艺戏剧系毕业后，被分配到华北八路军野战政治部火星剧社，负责戏剧工作。1941 年，他被调到“晋东南鲁艺”（为区别于 1938 年在延安成立的鲁艺 ,1940 年冬成立“晋东南鲁迅艺术学校”，简称“前方鲁艺”“晋东南鲁艺”或“太行鲁艺”），担任戏剧系主任。

1942 年 2 月 16 日，严熹在辽县（今山西左权县）杨家庄高峪村领导民兵工作，一股敌人包围了高峪村，严熹迅速指挥民兵反击，并帮助村民转移，不幸头部中弹，英勇牺牲。严熹牺牲后，当时八路军的报纸对严熹等人的英雄事迹进行了报道宣传——《青年艺术工作者严熹朱杰民壮烈牺牲——在晋东南率民兵对敌血战》《艺术家的国殇——追悼鲁艺严、朱、李诸烈士之死》等。

在央视《等着我》栏目的帮助下，2015 年 4 月 23 日晚，烈士严熹的遗骸回归江阴故里。

张志云、余冠宇：《抗战时期延安鲁艺牺牲校友考略》，《华夏文化》2020 年第 3 期。

邹雅

1916—1974
原名亚民
又名大雅
别署“老木匠”
江苏无锡人
版画家
山水画家
出版家

1922 年，邹雅就读于无锡新安镇小学，后转学到了上海。1929 年，他从上海惠风高小毕业。1932 年，他肄业于上海旅沪中学。他曾在新光书店、民强艺术社工作，并开始创作木刻作品。1938 年，他来到延安鲁艺美术系学习，系第二期学员。1938 年冬，他赴晋东南敌后抗日根据地，在八路军总政治部宣传部工作。1940 年春，他调入鲁艺木刻工作团。

从 1941 年起，邹雅先后在《新华日报》(华北版)、太行新华书店、太行人民日报社、冀南书店、石家庄新华书店工作，历任美术编辑、美术室主任，他创作了《不能任人屠戮》《掌握新武器，学习新文化》和《破碉堡》等大量木刻作品。解放战争时期，他创作了《欢迎刘邓大军南下》《百万雄师过大江》等木刻作品。

新中国成立后，邹雅参与人民美术出版社的创办，任《连环画报》第一任主编，后任人民美术出版社副总编辑、副社长。1973 年，他任北京画院院长。1974 年，他率队到阳泉煤矿体验生活时，不幸失事遇难。

宣传画《我们热爱和平》

广为流传的宣传画《我们

邹雅的木刻版画《百万雄师过大江》

热爱和平》就出自邹雅之手。为了配合抗美援朝战争，《人民日报》社要求记者阙文多拍摄一些以“我们热爱和平”为主题的照片。阙文参照毕加索的《和平鸽》，挑选了幼儿园的两个孩子，让他们各抱一只鸽子，然后拍摄了一张照片。拍摄的照片于 1952 年 6 月 1 日刊登在《人民日报》报眼上，照片一刊出立即引起轰动。同年 10 月，邹雅带领工作人员将照片制作成宣传画，并用儿童体设计了“我们热爱和平”6 个字。当时发行数就有 240 多万份。1952—1959 年，这幅宣传画共印刷了 11 版，多达 1000 万张。

邹雅的木刻作品还有《十大任务》《一支枪》《埋地雷》《五月端阳》《春耕》《保卫丰收》《攻城》《帮助老百姓扬场》，等等。

1984 年，人民美术出版社出版了《邹雅画集》。

王巨才主编：《延安文艺档案（第49册）·延安美术·延安美术家·邹雅》，太白文艺出版社2015年版，第1736—1775页。

林阳：《从鲁艺走来的艺术家、出版家——“北总布胡同三十二号”系列之四：邹雅》，《荣宝斋》2014年第9期。

伊明

1913—1994
原名伊任之
笔名陈奕、奔扬、江布、阮潜等
江苏苏州人
电影编剧
导演

伊明出生在江苏苏州一个小职员家庭。因为家境贫寒，他艰难完成初中学业，1931 年秋考入苏州萃英中学高中班。1932 年春，因为积极参加学生运动，他被学校开除。

1935 年，伊明来到上海，在复旦大学做旁听生，并开始写影评、剧评。

1936 年，他进入明星影片公司做宣传工作，并在影片《十字街头》中饰演角色。后来，他参加了上海文艺界救亡演剧队三队。1937 年 8 月，他们从上海出发，开展演出活动。在南京，三队与四队合并，成立抗敌剧团。

1938 年，伊明来到武汉，加入中国电影制片厂，参加编辑电影刊物《抗战电影》。

1938 年 8 月，他奔赴延安，在延安陕北公学高级班学习。1939 年 2 月毕业后，他在八路军总政治部宣传部工作。1941 年，他加入全国文艺界抗敌协会延安分会。他 1941 年 5 月调入刚创刊的《解放日报》社，1942 年参加了延安文艺座谈会，1943 年进入中央研究院工作。

1945 年 11 月，中共批准成立延安电影制片厂，伊明参与筹建工作，并与陈波儿合作创作电影剧本《边区劳动英雄》（未完成），这是伊明第一次担任导演。1946 年 7 月，延安电影制片厂正式成立，伊明是 3 位领导小组成员之一。

［1］电影《革命军中马前卒》宣传海报
［2］电影《城南旧事》宣传海报

1947年5月，伊明进入东北电影制片厂，担任编导。他还编写了《电影编导简论》一书。

1949年，伊明在东北电影制片厂完成了其导演处女作，新中国第一部反特片《无形的战线》。

1950年，他进入北京电影制片厂，创作了《这就是证据》等电影剧本，他改编的剧本有《心防》《城南旧事》等。

20世纪60年代初，伊明与柯灵合作改编了夏衍的话剧剧本《心防》，完成了对老舍的话剧剧本《全家福》的改编工作，编写了纪录影片剧本《铜墙铁壁》，后来又导演了两部舞台艺术短片《我们是同志》和《买牛》。

1980年，他导演了影片《革命军中马前卒》，这是一部为纪念辛亥革命70周年而拍摄的影片，反响强烈。

1981年，他将小说《城南旧事》改编成电影剧本，后被上海电影制片厂搬上银幕。

伊明是一位有着多方面成就的电影家，是新中国电影事业的开拓者之一。

王巨才主编：《延安文艺档案（第43册）·延安影像·延安电影家·伊明》，太白文艺出版社2015年版，第785—823页。

高慧琳：《伊明》，《延安日报》2022年6月22日第8版。

钟敬之：《影片〈边区劳动英雄〉拍摄的前前后后》，《电影艺术》1985年第8期。

岳野：《伊明去了》，《电影创作》1995年第3期。

张谔

1910—1995
江苏宿迁人
漫画家
美术活动家

张谔出生于江苏宿迁洋河镇上一户在当地素有名望的书香门第张树桐张秀才家，张树桐给他取名为谔，寓意正义直言。张谔的母亲共生有两男两女，二姐5岁时病亡，弟弟也在上小学时病故。

张谔擅长漫画。1928年，他报考国立杭州艺专建筑系，被调入雕塑系学习。1929年，他来到上海，进入南国剧社，从事舞台设计和画布景工作。1930年，他进入上海美专西画系，1931年毕业。他先后在上海新新公司、大中华百货公司画广告。

1932年，张谔参与发起成立中国左翼美术家联盟，并被选为执行委员。

1933—1935年，张谔担任《中华月报》画刊美术编辑，同时主编《漫画生活》，并为《世界知识》《申报周刊》创作漫画。

1937年，张谔在广州参加筹备《星粤日报》的出版工作，任美术编辑，同时兼任广东省漫画界抗敌协会主办的《漫画战线》的主编。

1938年后，张谔曾在武汉及重庆，任《新华日报》美术科主任，发表过大量漫画作品。

1940年年底，张谔从重庆到延安。1941年，他任延安《解放日报》美术部主任。1942年2月，延安美术家协会在军人俱乐部举办张谔与蔡若虹、华君武3人的“讽刺画展”。后来，这3人得到毛泽东接见。

1954 年后，张谔历任中国美术家协会会员工作部主任、副秘书长，中国美术馆副馆长。

张谔是我国著名的漫画家和美术活动家，他是中国美术馆筹建人之一。其漫画代表作有《孪生兄弟》《两种表情》《第二战场》《帝国主义与汉奸》《请批了再走》《我正在后退，为什么你倒前进呢？ 可恶的统一破坏者》《老子天下第六》《娜拉又回到家庭》《调查研究的全副武装》《一样的主子，一样的声音》《强盗的故事》《敌人不得不要求投降》等。

《拓垦者（张谔革命艺术生涯）》收集登载了张谔的漫画、篆刻等作品 180 余件，照片约 50 幅，为后人留下了极其珍贵的历史资料

王巨才主编：《延安文艺档案（第49册）·延安美术·延安美术家·张谔》，太白文艺出版社2015年版，第1558—1572页。

董玉龙：《纪念老漫画家著名美术活动家张谔》，《美术》1995年第10期。

《著名漫画家、美术活动家张谔逝世》，《美术》1995年第8期。

杨小云：《前人栽树——纪念张谔同志诞辰100周年》，《中国美术馆》2010年第11期。

封嘉延：《拓垦者——张谔革命艺术生涯》，中国水利水电出版社2014年版。

贾霁

1917—1985
笔名艾分、西门
江苏镇江人
电影评论家
剧作家

镇江贾霁：电影批评家、『百花奖』创办者之一

贾霁，江苏镇江人。青年时代，他曾就读于南京中央政治学校新闻系，后因参加进步活动被开除。

1937 年 10 月，贾霁到达延安。1938 年，他先后于中国人民抗日军政大学（简称“抗大”）和鲁艺文学系第一期学习。在抗大学习期间，他编写了独幕话剧《虎窟》。1939 年 5 月，他随徐向前率领的八路军第一纵队挺进到山东敌后抗日根据地，曾任华北《新华日报》记者。

贾霁历任华北《新华日报》记者，八路军山东纵队政治部鲁迅艺术宣传大队戏剧教员，《前卫报》编辑，山东文协人民剧团团长，中央电影局创作所编剧、编辑部主任，《大众电影》主编，《剧本》副主编，中国电影艺术研究中心学术委员、研究员。1942 年秋，他转入山东省文协，直到新中国成立。

贾霁著有多幕剧剧本《地震》《神兵》《过关》《郑信开荒》，电影文学剧本《宋景诗》（合作）、《宋景诗卢义故事》《编剧知识》等。

1950 年，贾霁因为戏剧创作经验丰富，被调到文化部电影局艺术处（后改为电影剧本创作所）担任编剧，进入电影行业。

20 世纪五六十年代，贾霁是最有影响力的电影批评家和创作者之一。北京电影制片厂资深电影

人马德波强调："要研究新中国初期的电影史或者电影理论史的话，绝对不可以轻视黄钢、贾霁。"①

贾霁历任中央电影局剧本创作所编剧、编辑部主任，《中国电影》常务编委兼编辑部主任，《戏剧报》《剧本》副主编。

1961 年 7 月至 1962 年 9 月，贾霁任《大众电影》主编，参与组织了 1961 年全国第一个也是当时唯一的最有影响力的群众电影评奖——《大众电影》"百花奖"评奖活动。

1973 年，贾霁担任《人民电影》主编。1981 年之后，他担任中国艺术研究院电影研究所顾问，中国电影艺术研究中心学术委员、研究员，并先后担任"电影艺术理论"和"中国电影史"专业的研究生指导教师，为开创培养电影硕士研究生的工作做出了贡献。

贾霁在《人民日报》《中国电影》《电影艺术》《文艺报》《人民文学》《大众电影》《戏剧报》《中国青年》《文艺学习》等重要报纸和期刊上发表过评论文章 50 余篇，他与黄钢、王云缦被称为"新中国最早有影响的电影理论工作者"②。

贾霁于 1980 年回到文化部文学艺术研究院（后又改称为"中国艺术研究院"，并沿用至今）的电影研究所工作，担任顾问。1981 年，为了适应招生的需要，经院领导决定

---

①《马德波访谈录》，《当代电影》2009 年第 1 期，第 61 页。

② 陈犀禾、王萌：《历史与文艺的互动考察：重读红色电影人贾霁》，《上海大学学报》（社会科学版）2021 年第 4 期，第 27 页。

并报文化部批准，贾霁由文艺系列转为研究系列，被定为研究员。1981 年下半年，中国艺术研究院做好招收新中国第一届电影学硕士研究生的准备，并组织了考试。贾霁参与了电影学硕士点的组建工作，并担任研究生导师。1982 年，中国第一批电影学研究生进入中国艺术研究院研究生部学习。

主要参考文献

王巨才主编：《延安文艺档案（第 30 册）·延安文学·延安作家·贾霁》，太白文艺出版社 2015 年版，第 2233 页。

陈犀禾、王萌：《历史与文艺的互动考察：重读红色电影人贾霁》，《上海大学学报》（社会科学版）2021 年第 4 期。

张沛

1922—2018
原名张蓓
笔名陈之衍
江苏镇江人
新闻工作者

张沛出生在江苏镇江一个小职员家庭，自幼酷爱阅读文学著作，他 14 岁时便在《江苏日报》上发表了充满抗日救国激情的诗歌《百灵庙的赞歌》。“七七事变”爆发后，他从镇江流亡到武汉，参加抗日救亡运动。次年，参加了中国共产党领导的青年救国团。

1938 年，张沛加入了中国共产党，同年 8 月，他奔赴延安，在抗大第四期第四大队十队学习，从那时起他开始接触并创作诗歌。他一度担任八路军 120 师 358 旅政治部宣传干事。1939 年 11 月，他从晋西回到延安，进入延安鲁艺文学系学习。1940 年春，他写的抒情长诗《殉难在中国的土地上——纪念一个援华作战的苏联飞行员》发表于《新诗歌》上。

1940 年春，八路军接管绥德县，获得一部平板印刷机，三五九旅旅长王震决定创办《抗战报》，由张沛担任主编，这年张沛刚满 18 岁。张沛发表过《我们开垦在大风沙中》《雪地上》《我凝望着列宁格勒》《老兵回来了》《排列在红旗下》等作品。

1946 年年初，中国抗战胜利，国共双方和美国三方组成的军事调停执行部（简称“军调部”）在北平（今北京）成立，由中共代表叶剑英、李克农领导，创办了《北平解放报》。张沛被从延安调

1939 年冬，张沛（前排右一）在桥儿沟鲁艺文学系学习

到北平，参加此新创刊报纸的编辑工作。该报出版后不久，发行量即达 5 万份，在平津地区影响很大。当年 5 月，《北平解放报》被国民党查封，张沛转入军调部短暂工作后，于 10 月被调往哈尔滨，参加《东北日报》编辑部的工作。

1949 年，张沛作为东北记者团团长带队来到北京，他到怀仁堂采访报道了第一届全国政协开幕式的盛况，并登上天安门城楼，与领袖共同见证了开国大典的举行。他采写的《开国盛典初记》《开国盛典再记》等文章，让读者感受到了新中国诞生的盛况。

抗美援朝战争爆发后，《东北日报》以大量篇幅报道战争进程。1951 年 7 月，张沛作为赴朝鲜采访的中外记者团团长，率领 10 多名中外著名记者到达前线。

从朝鲜回国后，张沛于 1951 年 10 月担任《东北日报》总编辑，后任社长，时年 29 岁。他还担任过新华通讯社东北总分社代理社长。

1954 年 8 月至 1979 年 4 月，张沛被调到人民日报社工作，先后任《人民日报》总编辑室主任、工业部主任、国内部主任、编委。在新中国成立 10 周年前夕，1959 年 9 月 27 日，他在《人民日报》上发表的散文《华灯初放的天安门》被广泛转载，并被选入 1961 年的中学教材，传颂四方。

1959 年后，他历任《人民日报》编委和总编室、国内部、工商部、经济部主任，建筑材料工业部政策研究室主任兼《中国建材》主编，《经济日报》副总编辑。

1982 年，张沛和老领导安岗一起，参加创办《经济日报》，并任副总编辑。在《经济日报》工作期间，张沛还主持创办了《中国企业家》杂志，并担任首届社长。

张沛编著有文集《一个生产的城市》《中欧旅踪》《大路集》《美国漫笔》《报海踪迹》，诗集《延安晨歌》等。

延安文艺座谈会后，张沛（右一）下乡，在田间地头采访农民

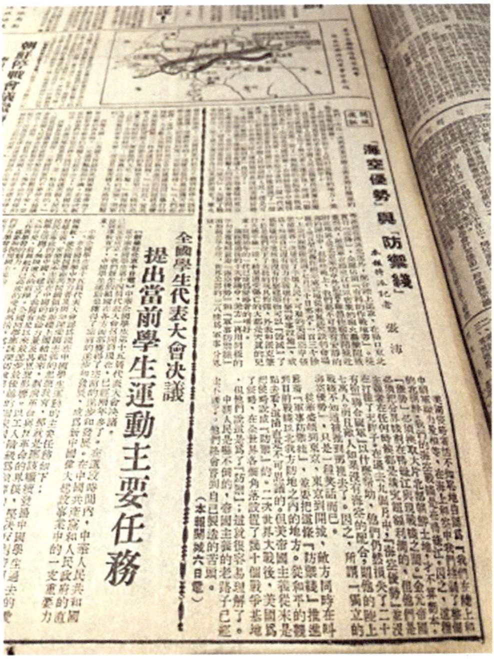

全國學生代表大會決議
提出當前學生運動主要任務

「海空優勢」與「防禦線」
本報特派記者 張沛

张沛在朝鲜前线采写的战地通讯

王巨才主编：《延安文艺档案（第30册）·延安文学·延安作家·张沛》，太白文艺出版社2015年版，第2298—2299页。

张沛著：《新闻生涯六十年》，经济日报出版社2000年版。

刘白羽：《历史的缩影》，《中国记者》1992年第7期，第45页。

柳斌杰主编：《中国名记者》（第12卷），人民出版社2019年版。

张平

1917—1986
原名仉（Zhǎng）家驹
又名仉梦良
原籍山东曲阜
出生于江苏苏州
电影家

张平，原籍山东曲阜，出生于江苏苏州昆山县（今昆山市）。他的父亲早年在昆山谋事，后携家定居于此。张平幼年丧母，家境日趋贫寒，5 岁前他不得不被带去上海、苏州等地。在亲友的帮助下，他在一所寺院办的义校读完了小学。不久后，父亲因中风半身不遂，完全丧失了劳动能力，全家 7 口的生活担子，开始压在刚满 15 岁的张平身上。他在影片公司做过公务员，在电影院做过收票员，也在码头当过扛包的苦力。1936 年春，经亲戚介绍，他来到上海建兴建筑公司做学徒。

张平第一次登上舞台，是小学时和姐姐一起主演《仙女和牧羊人》。那是一出根据《圣经》中的故事改编的小话剧，张平翻穿皮袄毛朝外，活泼泼地扮演了主角——羊。一次，他看到了上海业余剧人协会演出的话剧《欲魔》，被饰演主人公的魏鹤龄的表演所吸引，并暗自下决心做一名演员。1936 年秋，张平与几位志趣相投的伙伴自行组织了一个业余剧社，并给它取了个响亮的名字——雷电。

雷电剧社成立后，他们有时去一些学校演出，有时也为电台播演广播剧，很快引起左翼“剧联”的关注。“剧联”介绍“南国社”的著名演员左明加入这个剧社并担任导演。左明的到来，把张平真正引上了艺术的道路。

1937 年夏秋之际，抗日烽火席卷祖国大地，张平也在救亡运动中开始与中国共产党组织中的同志有了接触。左明更是常常鼓励他，坚定了他追求真理的信念。后来左明将雷电剧社改名为先锋剧社，并以它为基础成立了上海戏剧界救亡协会领导下的“救亡演剧第五队”。

张平于1937年9月底到达延安，10月中旬即进入抗日军政大学第三期学习。他参加了延安文艺界举办的《广州暴动》《血祭上海》《团圆》等大型话剧的演出，并且在演出前聆听了毛泽东主席的教诲。那天，他正在延安大礼堂门口的台阶上休息，准备化妆演出。忽然，毛主席出现在门前，张平激动地迎了上去，毛主席亲切地询问了他各方面的情况后，语重心长地说：“要做一个好演员、艺术家，一定要提高理论，深入群众，不然就会成为匠人，那就没有意思了……”[①]大学时期，张平跟同校的杜粹远相识相知相爱。

1938年年初，张平参加了鲁艺筹委会的工作，并成为鲁艺戏剧系的第一期学员。1938年年底，他作为鲁艺实验剧团演员兼剧务科长，参加了剧团赴山西前线八路军总部的慰问演出。在鲁艺实验剧团，张平曾在《流寇队长》《大丹河》《日出》《带枪的人》等剧目中饰演了主要角色。

1942年延安文艺座谈会结束后，张平在鲁艺亲耳聆听了毛泽东关于座谈会讲话精神的宣讲。随后，他积极参加了鲁艺的秧歌运动。1943年，张平主演了大型秧歌剧《惯匪周子山》（后改名为《周子山》），受到边区干部、群众的

---

① 刘澍：《钢铁战士——张平画传》，中国戏剧出版社2011年版，第7页。

张平在《光芒万丈》中饰演主角——老工人周明英

欢迎。1944 年，由于成功饰演周子山，他获得陕甘宁边区演出一等奖。他还参加了大型话剧《粮食》的演出。

抗日战争胜利后，张平任东北文工团秘书、副团长等职。1948 年 12 月，他按照东北局加强电影工作的指示，随团进入东北电影制片厂。张平参演的第一部影片是《光芒万丈》，他在片中饰演主角——老工人周明英。

1950 年，张平在影片《钢铁战士》中饰演解放军排长张志坚，这是张平的成名之作。《钢铁战士》以 1946 年后国民党反动派撕毁停战协定、大举进攻我解放区为背景，描写我军某部一排战士在排长张志坚的带领下，掩护部队、群众，转移粮食和兵工厂机器的战斗生活，集中刻画了排长张志坚、炊事员老王、通讯员小刘、张志坚母亲、叛徒齐得贵等一系列生动的艺术形象，歌颂了中国人民解放军战士的坚

［1］张平在《钢铁战士》中饰演排长张志坚

［2］电影《风暴》宣传海报

贞品质、钢铁意志和革命英雄主义精神，排长张志坚是塑造得较为成功的艺术形象。

影片《钢铁战士》曾获文化部举办的1949—1955年优秀国产影片评选故事片一等奖，并获第六届卡罗维·发利国际电影节和平奖。

1956年，张平进入中央戏剧学院表演训练班学习。在这里，他对斯坦尼斯拉夫斯基的表演体系进行了比较系统的学习，并参演了《罗密欧与朱丽叶》《小市民》《桃花扇》等许多名剧。

1959年，张平学习结业后，重返北影厂后，成功塑造了中国第一部直接反映工人运动的电影《风暴》中的孙玉亮。张平塑造的孙玉亮，是中国银幕上工人形象中的佼佼者。《风暴》在国内外公映后，获得广泛好评。此后，他在影片《探亲记》中饰演了三儿，在影片《粮食》中饰演了村长康洛太，在《怒潮》中饰演了农协主席邱金，在《小兵张嘎》中饰演了区游击队侦察连长钟亮（老钟叔），在《千万不要忘记》中饰演了老工人丁海宽……

张平还塑造了一批生活中的党、政、军老干部形象，例如：1963年，他扮演《停战以后》中的中共代表顾青；1977年，他参加拍摄了故事片《十月的风云》，扮演省委书记徐建。后来，他又在《柳暗花明》中饰演老县长，在《丹心谱》中饰演党委书记李光，在《潜网》中饰演高校领导何方德等干部角色。

张平还曾先后主演、参演过《沙家店粮站》中的民兵队长石得富、《粮食》中的村长康洛太、《北大荒人》中的场长高建民、《汾水长流》中的富农周有富、《怒潮》中的农协主席邱金、《烈火中永生》中的地下党领导人李敬原、《黑三角》中的公安局洪局长、《他们在相爱》中的军区政委陈浩、《辽远的乡村》中的区长王汉龙等等。

张平是新中国第一批著名电影演员之一，而且是一名多产的演员，共出演过 40 多部影片，入选新中国电影“22 大明星”（1962）、“中国电影百年百位优秀演员”（2005），等等。

王巨才主编：《延安文艺档案（第42册）·延安影像·延安电影家·张平》，太白文艺出版社2015年版，第575—602页。

舒强：《在延安时的一段戏剧生活》，《戏剧报》1961年第13期。

于蓝：《回忆张平》，《电影艺术》1990年第5期。

《为张平的绿叶精神叫好》，《电影评介》1980年第12期。

董阳：《新中国电影“22大明星”溯源》，《人民日报》2012年8月23日第24版。

《百年100位优秀演员（一）》，《中国电影报》2005年12月29日第25版。

刘澍：《钢铁战士——张平画传》，中国戏剧出版社2011年版。

史行

1916—2015
原名史锦堂
江苏无锡人
作家
话剧编导

史行，原名史锦堂[①]，话剧编导。1916年，他生于在无锡宜兴官林镇一个知识分子家庭。他先后在浒渎初小、任氏履善高小、南京钟南初中、私立上海中学读书。“九一八”事变后，他参加了爱国学生剧社“上中剧社”表演活动，先后主演了《刽子手》《两兄弟》《山河泪》等剧目，剧社后改名“九一八剧社”。

1936年高中毕业后，史行报考了江苏省立教育学院，学习电影电播专业。他曾经参演过《无冕女王》《放下你的鞭子》《一个女人和一条狗》等剧。1937年“八一三”事变后，史行等师生流亡到武汉，进入中国电影制片厂。史行参加了电影《保卫我们的土地》《热血忠魂》等影片的拍摄，他还编写了剧本处女作《信号枪》，并出版了单行本。1937年年底，他奔赴郑州，在国民党第一战区战训处工作，主演过《三江好》《信号枪》《杀鬼子》等剧，排演过剧作家王震之的《八百壮士》，执导并主演过剧作《保卫大河南》。

1938年夏，政训处被撤销，史行被迫转移到山西，决心投身革命，便改名为“史行”，寓意“紧跟着革命历史的步伐大步前行”[②]。

---

① 另有“棠”“掌”等不同写法。此处参考史行口述《我的艺术人生》（徐忠友整理）一文（《纵横》2015年第10期，第54页）。

② 史行口述，徐忠友整理：《我的艺术人生》，《纵横》2015年第10期，第54页。

1938 年 8 月，史行来到延安，他进入鲁迅艺术学院戏剧系第二期和剧作研究班学习。从结业后至新中国成立，他曾担任过安吴堡青训班艺术连戏剧教员、东北救亡总会战地服务第二团艺术指导、延安鲁艺实验话剧团导演、鲁艺“部队干部进修班”主任、延安留守兵团部队艺术学校教育股股长、“部队艺术学校三分校”教育科科长、边保剧团艺术指导、二兵团文工团团长等。1946 年，他加入了中国共产党。他编写了《再上前线》《反抗的吼声》两部歌剧。与同事共同创作了话剧《先锋》《启蒙者》，导演了作家契诃夫的《纪念日》，执导了曹禺的剧作《蜕变》。

1942 年延安文艺座谈会后，史行先后导演了《兄妹开荒》《赤叶河》《大家喜欢》《一家人》《刘二起家》《农村曲》《十二把镰刀》《穷人恨》《前线》等作品。

1946 年 11 月，史行在战场上创作了歌词《保卫我们的边区》，后由作曲家杨军谱曲。1947 年 3 月，史行创作了歌词《换枪歌》，由次欧作曲，后成为电影《巍巍昆仑》的主题歌。他还创作并导演了歌剧《刘胡兰》，导演了话剧《红旗歌》等作品。

1949 年 5 月，史行作为西北野战军前线唯一的代表出席了第一届中国文联第一次代表大会。

新中国成立后，史行历任中国人民解放军装甲兵文工团团长，中央军委总政文工团副团长、党委委员兼话剧团副团长。他还参加筹建总政越剧团、总政歌舞团、总政曲艺团、总政杂技团等文艺团体。他导演过《曙光照耀着莫斯科》

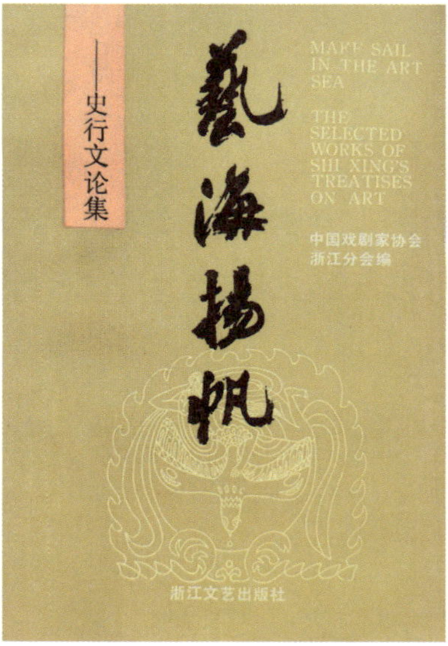

浙江文艺出版社出版的《艺海扬帆——史行文论集》

《达尼亚》等剧作。

1953年，史行考入中央戏剧学院导演干部进修班，毕业后，他被邀请到中央戏剧学院表演系兼任教师。1958年，他从部队转业到浙江电影制片厂，任导演，导演了浙江省的第一部故事片《人小志大》。1960年，他被调到浙江省文化局工作，曾任浙江省文化局副局长、代局长，中国文联第四届委员，中国剧协第一、三、四届理事和浙江分会主席。他曾导演过苏联名剧《以革命的名义》、越剧《孔雀东南飞》、婺剧《碧玉簪》、话剧《丹心谱》《于无声处》等。

1983年9月3日，史行领导组建浙江省越剧小百花演出团。1984年5月21日，浙江省正式成立浙江小百花越剧团。由此，全国各地戏曲“小百花”遍地开花，成为20世纪80年代风靡全国的一个文化现象。

史行著有《导演美学》等。他被人事部、文化部评为“国家有突出贡献的话剧艺术家”（浙江省唯一人选）。

史行的家庭是一个艺术之家。其长子史践凡是著名导演，其长媳奚佩兰是著名戏剧导演，其次子史近都是著名影视剧摄影家，其幼子史染朱是浙江省交响乐团副团长、著名单簧管演奏家，其长孙女是著名演员史兰芽。

王巨才主编：《延安文艺档案（第 30 册）·延安文学·延安作家·史行》，太白文艺出版社 2015 年版，第 2267 页。

何立波：《延安“部艺”：部队艺术干部的摇篮》，《湖北档案》2015 年第 11 期。

史行口述，徐忠友整理：《我的艺术人生》，《纵横》2015 年第 10 期。

默漠、沙舟：《史行的艺术人生》，《文化交流》2010 年第 10 期。

陈坚：《看万山红遍　层林尽染——著名戏剧导演艺术家史行》，《戏文》2007 年第 3 期。

徐忠友：《史行：从延安鲁艺走出来的百岁戏剧家》，《中国演员》2015 年第 4 期。

庄言

1915—2002
曾用名祖怀
江苏镇江人
美术家
油画家

庄言，出生于江苏镇江，6岁随家迁至扬州，在那里读到高中毕业。扬州有很多裱画铺和画店，庄言的父亲庄启智教他画画练字，庄言一直对书法钻研不辍。

1932年，庄言进入上海美专，后来辍学。辍学后，他曾在上海天福机器印花厂当过工人。从1933年起，他先后任教于扬州正谊小学、江苏省农业职业学校。1937年，他参加了上海职业界救国会。“七七事变”后，他曾任江都抗日民众宣传团团长。

1937年11月，庄言来到延安，进入陕北公学第一期第六队学习。1938年3月毕业后，他被派往武汉，先后在全国青年救亡协会宣传部、抗敌演剧第三队工作，后又到安徽参加江都文化界救亡协会流动宣传团。1938年秋，他参加抗敌演剧三队赴山西演出，1939年随演剧队到延安演出，后留在山西民族革命艺术学院任美术教员。1941年，他又回到延安，在鲁艺美术工场美术教研室任研究员。1946年，他任延安中央党校文艺工作研究室美术组副组长。1947年，他主编《保卫延安》画刊。

庄言的代表作品有木刻《争取奴隶的解放》《前线归来》《丰收》《土地》以及油画《延安军马房》《陕北人家》《陕北好地方》《陕北庄稼

［1］《延安军马房》，（1941），庄言
［2］《陕北好地方》，（1942），庄言
［3］《黄河饮马 》，（1978），庄言

3

汉》《清涧美丽石窑山村》，等等。这批油画简括雄浑、朴实厚重，奠定了庄言在中国近现代油画史上的地位，也在一定程度上弥补了抗战时期延安油画创作的空白。

1949 年后，庄言任北京师范大学美术系教授。1953 年，他赴朝鲜，作战地速写。

1956 年，他访问英国、苏联。1965 年，他进入北京画院，曾任北京画院副院长、北京美协副主席。1983 年和 1988 年，他两次访问日本。1994 年，他在北京国际艺苑举办了个人画展。他曾任中国美协第三、四届理事。他的作品多次入选国内外美展。

《庄言集》《庄言油画集》等作品对庄言及其画作有所介绍。

王巨才主编：《延安文艺档案（第49册）·延安美术·延安美术家·庄言》，太白文艺出版社2015年版，第1716—1735页。

吴继金：《延安时期的“马蒂斯之争”》，《钟山风雨》2010年第5期。

佟欣鑫：《从延安鲁艺走来的北京画院第一代油画家——庄言》，《美术报》2021年5月1日第20版。

李公朴

1902—1946

谱名永祥

字晋祥

号仆如

原籍江苏常州

出生于江苏淮安

社会教育家

常州李公朴：『抗战建国教学团』团长

李公朴，原籍江苏常州武进县湖塘桥，他出生在江苏淮安，13 岁时随父母迁居镇江。李公朴是伟大的爱国主义者、坚定的民主战士、中国民主同盟早期领导人、杰出的社会教育家。1946 年 7 月 11 日晚，他在昆明与妻子张曼筠看电影回家途中，遭国民党特务暗杀，次日凌晨因伤重、流血过多牺牲。1946 年 7 月 13 日，毛泽东、朱德在唁电中称，“是为全国人民之损失，抑亦为先生不朽之光荣”。①

李公朴出生于一个贫苦家庭，幼年时生活贫寒，13 岁到镇江合兴盛京广洋货店做学徒，因与一些青年组织爱国团，抵制贩卖日货，被店主解雇。

1923 年，李公朴被文华大学高中部顺利录取，远离家人来到武昌求学。他 1924 年进入沪江大学附属高中学习，1925 年考入沪江大学（今上海理工大学）。

1928 年，李公朴考取美国俄勒冈州雷德大学，半工半读。

1930 年归国后，李公朴与高士其在南京筹办《环球通讯社》，与邹韬奋、胡愈之等发起筹办《生活日报》，并创办旨在改变店员和青年学生痛苦生活的申报流通图书馆。1936 年年底，图书馆

---

①《毛泽东文集》（第四卷），人民出版社 1996 年版，第 157 页。

藏书由2千多册增至3万多册，拥有读者2万多人，其中学生达四千五六百人。

1934年11月，李公朴又创办《读书生活》半月刊，1936年春，他在此基础上创立了读书生活出版社，第一部中译本《资本论》就是该出版社出版的。

1935年12月，上海各界救国联合会成立，李公朴被选为常务委员。

1936年11月23日，国民党制造了“七君子事件”。南京国民党政府于当日以“危害民国”的罪名在上海将全国各界救国联合会领导人沈钧儒、章乃器、邹韬奋、李公朴、沙千里、史良、王造时逮捕入狱，制造了震惊中外的“七君子事件”。1937年7月31日，迫于各界压力，国民党将他们释放。

李公朴出狱后到山西调查考察，他1937年8月29日来到太原，9月3日来到大同。在考察期间，他拜访了周恩来等人，他根据周恩来的建议，曾担任民族革命战争战地总动员委员会的委员和宣传部部长。9月22日，李公朴到徐州，翌日赴连云港，26日到济南，28日转德州，前后历时50天，经平绥、平汉、津浦三线。10月10日回到上海后，他发表了《为全民动员告国人书》等一系列文章，认为“没有全民的动员，就没有全民的抗战”。1938年年初，他应阎锡山之邀去山西临汾主持民族革命大学，他拟订的民族革命大学十大纲领符合中国共产党的《抗日救国十大纲领》，民族革命大学教职员工很快增加到5千多人，后来不少学生

七君子（左起：王造时、史良、章乃器、沈钧儒、沙千里、李公朴、邹韬奋）

去了延安。

1938 年 6 月初，战争逼近武汉，李公朴决定到革命堡垒延安去看看。在周恩来的支持下，李公朴偕夫人张曼筠于 1938 年 8 月离开武汉到达重庆。9 月 23 日，经重庆、成都、西安，于 11 月 24 日抵达延安。

在延安，李公朴参观了抗大、鲁艺、边中附小，以及各种民众组织和军政机关，他感到延安民众组织严密，有男女自卫军、少先队、农救会、商救会、妇救会、青救会、文协会等，各组织的工作非常活跃。他称赞边区的村长、乡长、县长都是由民众根据民主原则采取真正的民主选举方式选举产生的，他们“和群众打成一片”“同民众密切地联系在一起”“按照民众的需要和困难进行工作”，是“新民之官”。1个月的延安之行给李公朴留下了深刻印象，他写下《革命的摇篮——延安》一文，文中写道：“与其说它（指延安，引者注）是革命圣地，还不如说它是革命的摇篮。因为许多中华民族的优秀子孙，都在这里得到孕育、成长，然后又到四面八方去发展壮大。它在历史上的影响是至为深远的。”①

李公朴携夫人张曼筠抵达延安后，多次受到毛泽东接见。1938年11月28日，毛泽东在延安看望李公朴等时，还为李公朴夫人张曼筠所画的长城图题了旧作《清平乐·六盘山》。

在延安，李公朴与著名音乐家冼星海为邻。在那里，他还见到了在上海时的一些老朋友，如艾思奇、柯仲平、高士其……

1938年年底，李公朴等离开延安向晋西进发，经宜川渡过黄河至吉县等地考察。1939年4月24日，李公朴回到延安。他向中共中央报告了他考察晋西北的见闻，提出组织“抗战建国教学团”的建议。

① 孙彩霞：《李公朴两访延安》，《党史纵横》2002年第5期，第29页。

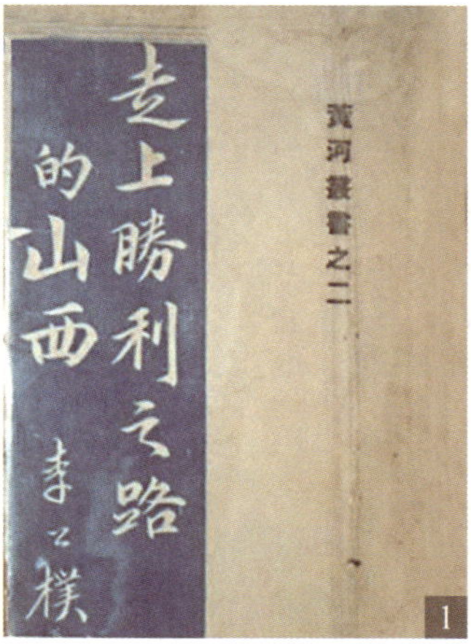

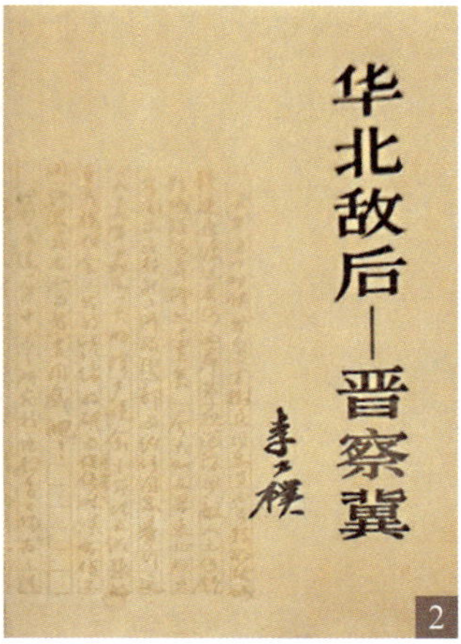

［1］《走上胜利之路的山西》，李公朴著
［2］《华北敌后——晋察冀》，李公朴著

1939年6月15日，李公朴率“抗战建国教学团”从延安出发，在华北敌后到过15个县，跑了500多个乡村，参观了许多工作单位，遍访军、政、民各界同志，直到后来沈钧儒先生电邀其商谈救国会活动和成立民盟之事，他才离开。根据这番经历，他写出《华北敌后——晋察冀》，认为晋察冀是今天民主的模范抗日根据地，也是将来新中国的雏形。①

① 熊火海、翁丽娟：《李公朴》，《档案与建设》2007年第3期，第30页。

从 1937 年 8 月到 1940 年 11 月的 3 年多时间里，李公朴四上华北抗战前线、二访延安，完成了四五十万字的抗战言论、战地通讯、抗战教育文章。其中《全民动员论》《抗战教育的理论与实践》《走上胜利之路的山西》《华北敌后——晋察冀》4 本著作风行一时，给人以巨大鼓舞。

孙彩霞：《李公朴两访延安》，《党史纵横》2002年第5期。

熊火海、翁丽娟：《李公朴》，《档案与建设》2007年第3期。

申延生：《毛泽东与民盟先辈在延安的交往》，《群言》2021年第12期。

吴海勇：《从李公朴的日记透视他的民主思想与政治品格》，《上海市社会主义学院学报》2012年第2期。

《李公朴的四次山西行》，《党史文汇》1997年第4期。

陆定一

1906—1996

江苏无锡人

无锡陆定一：《解放日报》总编辑

陆定一，江苏无锡西漳乡陈家桥人。他在延安时期任《解放日报》总编辑、中共中央宣传部部长。曾参与毛泽东与美国记者安娜·路易斯·斯特朗谈话的翻译工作。

1927 年，陆定一担任共青团中央候补委员、宣传部部长，同年出席中共五大和八七会议。

1928 年年底，他赴莫斯科任共青团驻少共国际代表、少共国际执行委员会委员。

1930 年回国后，他任共青团中央宣传部部长、团苏区中央局宣传部部长兼《青年实话》主编、团中央组织部干事。

1934 年，陆定一参加长征，他曾任中共中央军委第二纵队政治部宣传干事、红军总政治部宣传部部长。遵义会议后，他任红军总政治部主办的《红星报》的主编。

红军长征到达陕北后，陆定一任红一方面军政治部宣传部部长、军委总政治部宣传部部长兼红军前敌总政治部宣传部部长。

抗日战争期间，陆定一任八路军总政治部宣传教育部部长、八路军前方总部野战政治部副主任。

1942 年 8 月，陆定一任《解放日报》总编辑。1945 年，他任中共中央宣传教育部部长。1949 年 9 月，他出席了中国人民政治协商会议第一届全体会议。

新中国成立后，陆定一任中共中央宣传部部长，中央人民政府文教委员会副主任、主任，中共中央文教小组组长。

1959 年 4 月，陆定一任国务院副总理。1962 年 9 月，他任中央书记处书记。1965 年 1 月，他兼任文化部部长。

1979 年 9 月，陆定一任中共中央宣传部顾问。1979 年 7 月至 1988 年 3 月，他任政协全国委员会副主席

1929 年，陆定一与唐义贞结婚，到 1934 年长征时他们最后一次分手，其间仅有 5 年时间，但这 5 年中他俩便有 4 次分分合合。1935 年 1 月 31 日凌晨，唐义贞壮烈牺牲，牺牲时年仅 25 岁。

陆定一与儿子陆小定父子俩今生第一次见面时，陆定一已经 73 岁高龄，而陆小定也已经 45 岁。陆小定的养父叫范其标，因此陆小定后来改名叫范家定。当范其标建议儿子改回陆姓时，陆定一不同意，为了报答范其标对儿子的收养之恩，他给儿子重新取名为：陆范家定。

陆定一知道女儿陆叶坪的消息则是在见到儿子 8 年之后。1987 年 11 月，他终于见到了失散 53 年的女儿。此时陆定一已经 81 岁高龄，而叶坪也已经 56 岁了！

散木：《陆定一的波澜人生》，《党史博览》2016 年第 8 期。

孟红：《陆定一子女寻亲记》，《党史纵横》2007 年第 11 期。

盛沛林：《论陆定一对无产阶级新闻学的杰出贡献》，《南京政治学院学报》1997 年第 3 期。

周巍峙

1916—2014
原名良骥
江苏盐城人
音乐家

周巍峙，江苏盐城东台人，曾担任文化部代部长、中国文联主席。他 1934 年参加上海左翼歌咏活动，1937 年参加八路军，1938 年 7 月到延安学习了 3 个月。1938 年年底，他作为西北战地服务团副团长开赴晋察冀边区开展宣传工作。1944 年，他又回到延安，曾担任鲁艺文工团副团长。

1939 年，周巍峙首次指挥演出《黄河大合唱》。1950 年，他创作了《打败美帝野心狼》，后定名为《中国人民志愿军战歌》（作曲者）。1964 年，他组织了大型音乐舞蹈史诗《东方红》的创作排练工作。

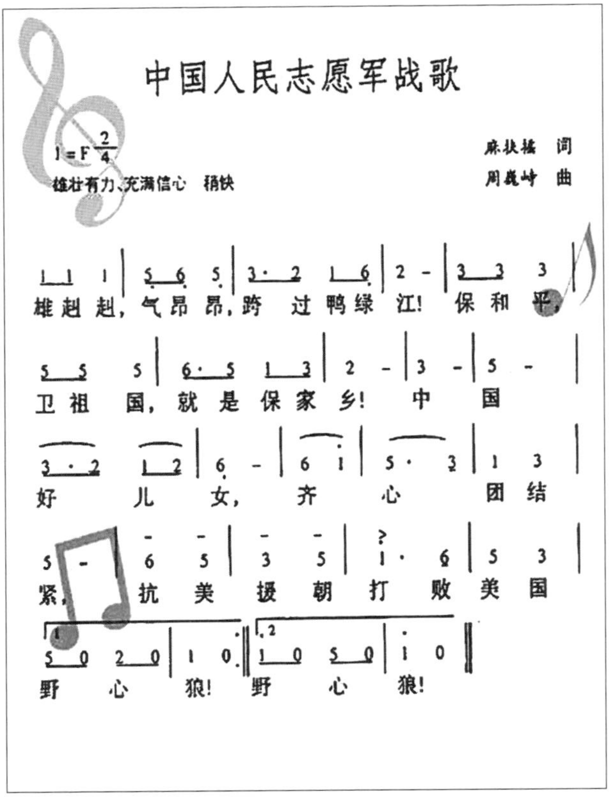

《中国人民志愿军战歌》，麻扶摇作词，周巍峙作曲

王巨才主编：《延安文艺档案（第 13 册）·延安音乐·延音乐家·周巍峙》，太白文艺出版社 2015 年版，第 937—970 页。

李一非

1921—2019
江苏常州人

李一非从小是孤儿。1937年5月，她参加中华民族解放先锋队。1937年“七七事变”后，她参加了抗日救亡宣传工作。1938年6月，她到达延安，进入鲁艺音乐系第二期学习，11月下旬进入抗大八大队一队，1个月后又被调到抗大政治部文工团。1939年6月12日，李一非加入了中国共产党。1939年8月，她到抗大女生队，不久被合并到延安中国女子大学，在五班学习。1940年10月，李一非随女大征粮工作团到绥德。她1945年10月随部队赶赴东北，1947年四五月间，到哈尔滨青年干部学校工作。1953年，李一非参加了中国人民志愿军四十七军在朝鲜召开的党代表大会。1954年3月，她又从长春调至总后勤部托儿所工作。1957年夏，总后勤部托儿所并入总后勤部五一小学内的五一幼儿园，李一非任五一小学副校长，分管幼儿园工作。1957年9月，李一非被调到第二机械工业部幼儿园工作。1960年11月，李一非被调到第二机械工业部情报所工作。她1982年12月离休。

李一非是《黄河大合唱》1939年5月11日首次公演时的大合唱成员之一。《黄河大合唱》在延安首演时，礼堂很小，只能坐几百人，演了17次才满足了观众的需求。

学员在排练《黄河大合唱》

孙克悠：《延水情——纪念延安中国女子大学成立六十周年》，中国妇女出版社 1999 年版，第 407—413 页、第 476—479 页。

辛柯

1920—2010

江苏无锡人

无锡辛柯：空军政治部文工团首任政委

辛柯，江苏无锡人。他1940年加入中国共产党，同年毕业于鲁艺美术系。他长期在部队从事文化工作，历任学员、研究员、编审员、美术编辑、干事、摄影科长，他还担任过第十四兵团政治部宣传部宣传科副科长、文艺科副科长、宣传部副部长、群工部部长、青年部部长、文化部部长等职。1950年3月，空军政治部文工团成立，辛柯是文工团的首任政委。他还担任过空军第三军政治部副主任。

主要参考文献

耿耿：《刘亚楼上将与空政文工团》，《党史博览》2002年第10期。

曹辛之

1917—1995
原名曹新民
笔名杭约赫（取长江船夫号子的谐音）
别名曹吾、曹辛、孔休等
江苏无锡人
美术家
书籍装帧艺术家
诗人

曹辛之，江苏无锡宜兴宜城镇人，曾在江苏省立陶瓷职业学校和教育学院学习绘画及工艺美术。从1935年起，他先后在江苏宜兴、武进等地小学任教。1936年，他与吴伯文、孔厥等人合办抗日文艺周刊《平话》，开始了编辑出版工作。1937年，他进入山西临汾民族革命大学学习。1938年，他转赴延安，先后在陕北公学与鲁艺美术系第二期学习。1939年，他参加了由李公朴率领的抗战建国教学团，赴晋察冀边区工作，同时开始尝试新诗创作。

1940年，曹辛之被调至重庆生活书店，任职于《全民抗战》周刊编辑部。皖南事变后，他撤至香港，太平洋战争爆发后，他重返重庆。

1944年，他以“孔休”为笔名，在重庆《时与潮文艺》发表了《臧克家论》，对臧克家的诗歌创作进行了较全面系统的评论，“这是我国现代文学批评史上最早的一篇较完整的关于诗人臧克家的创作论”[①]。1945年3月，曹辛之的第一部诗集《春之露》（后改名为《撷星草》）问世。1946年年初，曹辛之来到上海，在臧克家的大力支持下，曹辛之与林宏、辛笛、沈明等人创办了星群出版社，出版过小说、戏剧、诗歌等文艺书籍，并创

① 闻敏：《从〈撷星草〉到〈复活的土地〉——关于曹辛之写于四十年代的诗》，《中国现代文学研究丛刊》1987年第4期，第158页。

办了《诗创造》和《中国新诗》两个月刊。1948年11月，出版社和刊物被国民党特务查封。1946年11月，他以“杭约赫”为笔名，在《文艺春秋》杂志上发表了《还乡记》；12月，他又以“杭约赫”为笔名， 在《文艺复兴》上发表了轰动整个新诗坛的新诗《世界上有多少人在呼唤我的名字》， 也因为这首诗，“杭约赫”成为曹辛之最有影响力的笔名。曹辛之还出版了《噩梦录》《火烧的城》《复活的土地》等诗集。

曹辛之历任生活、读书、新知三联书店管理处美编室主任、人民美术出版社编审、《诗书画》报主编、中国出版工作者协会装帧艺术研究会会长，他还是中国美术家协会会员、中国书法家协会会员。

新中国成立后，曹辛之主要从事书籍的装帧设计。他一共创作了2千余件作品，并与众多文坛大师建立了深厚的友谊，如郭沫若、茅盾、臧克家、艾青等。他曾担任郭沫若著作编辑出版委员会艺术顾问、茅盾全集编辑委员会艺术顾问。他装帧设计了《苏加诺总统藏画集》（合作），该作品获1959年莱比锡国际书籍展览会装帧设计金质奖。他装帧设计的《郭沫若全集》获第三届全国书籍装帧展封面设计荣誉奖等。

曹辛之是中国出版界最有影响力的书籍装帧艺术家之一，岭南美术出版社于1986年年初出版了《曹辛之装帧艺术》。

曹辛之是新诗“九叶派”的发起人与倡导者。

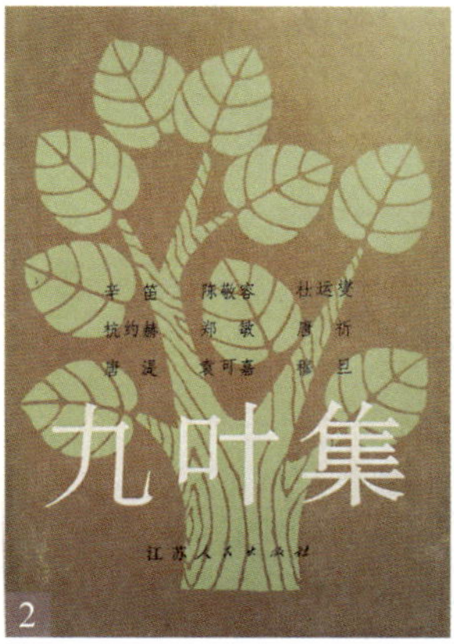

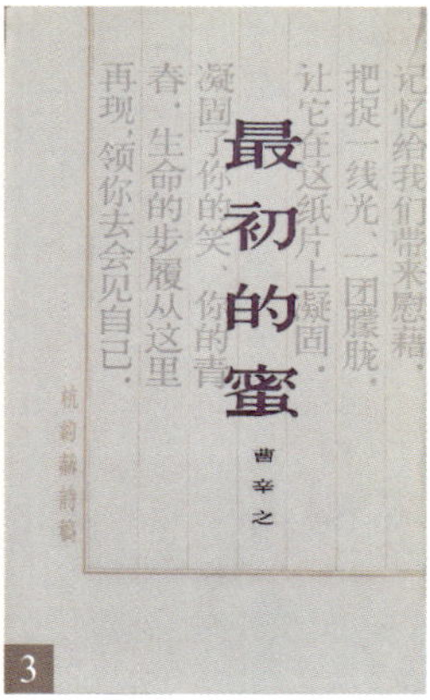

[1] 曹辛之以“杭约赫”为笔名出版了《噩梦录》

[2] 江苏人民出版社出版的《九叶集》

[3] 诗集《最初的蜜》，曹辛之著

1979 年，曹辛之把 8 位写新诗的诗人约到他在北京王府井的家中聚会，说诗歌百家的春天来到了，他们应当找回上世纪 40 年代自己发表过的新诗，出一本集子，好让年轻人知道中国曾经有过这种诗。

1981 年，王辛笛、杭约赫（曹辛之）、穆旦、杜运燮、唐祈、唐湜、袁可嘉和女诗人陈敬容、郑敏 9 位于 20 世纪 40 年代在《诗创造》《中国新诗》刊物上发表过作品的诗人的诗选合集《九叶集》由江苏人民出版社出版，引起了诗坛的重视，认为这是"建国（新中国成立——编者注）以后第一本带有流派性质的诗选"[①]。"九叶派"被列入中国现代 10 大诗歌流派之一。

为什么叫"九叶"？当时曹辛之说，"九"，是指我们 9 位诗人，而我们这批 20 世纪 40 年代写诗的人，以自身之绿叶衬托革命的花朵。

1985 年，文化艺术出版社出版了曹辛之的个人诗集《最初的蜜》。

曹辛之还擅长书法和篆刻。1988 年，他出版了《曲公印存》，收入大小印章 300 余方，书前有老作家叶圣陶、诗人臧克家、篆刻家钱君匋的序文和题词，他们对曹辛之的篆刻艺术都给予了高度评价。

1993 年 5 月，曹辛之荣获第三届韬奋出版奖。

2011 年，上海人民出版社出版了《曹辛之集》（三卷）。

---

① 闻敏：《从〈撷星草〉到〈复活的土地〉——关于曹辛之写于四十年代的诗》，《中国现代文学研究丛刊》1987 年第 4 期，第 147 页。

王巨才主编：《延安文艺档案（第46册）·延安美术·延安美术家·曹辛之》，太白文艺出版社2015年版，第124—134页。

鹿耀世：《艺术之子曹辛之》，《中关村》2016年第1期。

钟桂松：《诗人曹辛之》，《书城》2017年第10期。

唐湜：《缅怀诗人曹辛之（杭约赫）》，《新文学史料》1995年第4期。

林宏：《怀念诗人曹辛之》，《书城杂志》1996年第6期。

林阳：《五彩缤纷的世界——“北总布胡同三十二号”系列之十：曹辛之》，《荣宝斋》2015年第5期。

骆文

1915—2003
原名骆文宏
江苏镇江人
剧作家
诗人

王淑耘

1920—2017
江苏镇江人
作家

一、骆文其人

骆文，江苏镇江句容人。1933 年，他任教于上海吴淞铁路职工学校。他是淞南剧社（又名“蓝衫工人剧团”）的组织者之一，1934 年，他还组织成立了三四剧社。

1936 年，骆文进入南京国立戏剧专科学校学习。1937 年，从南京流亡去长沙的途中，他写了第一部街头剧《疯了的母亲》。1940 年左右，他流亡到重庆，在北碚演戏期间与王淑耘相遇相恋。

1941 年，他来到延安，同年 10 月任延安鲁艺戏剧部助教。1946 年，他加入了中国共产党。他创作有《夜话》《铁匠担》《驮盐队的歌》《他骑着骆驼走了》《山野的故事》等诗歌。

1945 年 12 月，骆文任冀察热辽军区胜利剧社副社长。从 1947 年 1 月起，他任冀察热辽军区文艺工作总团副团长、冀察热辽联合大学鲁迅艺术文学院教务长兼文学系主任、《群众文艺》社长，在此阶段，他创作有合唱歌曲《受苦人翻身大联唱》、歌剧《米》（合作）。

骆文曾创作以抗日战争为题材的街头剧《疯了的母亲》、五幕话剧《湖上曲》、独幕剧《地牢》及五场歌剧《牧歌》。他还创作了歌曲《纺棉花》《三套黄牛一套马》《挖穷根》等，后来，还出版了诗集《一颗红心为革命》《露水草》《散文集》

《对人的钟爱》《贝多芬只有一个》等作品。

1949 年，骆文出席了全国第一次文代会。

从 1949 年 6 月起，骆文先后担任华中、中南文工团团长，中南、武汉人民艺术剧院副院长及院长。1957 年年初，他任中国剧协武汉分会主席、《长江戏剧》杂志主编。从 1962 年起，他先后任湖北省文联主席、党组副书记，中国作协理事，中国作协武汉分会主席，湖北省出版局副局长，湖北省文联副主席、党组书记，湖北省作协主席等职。骆文 80 岁开始创作长篇小说《桦树皮上的情书》，在他 86 岁时这部反映波兰革命的史诗性著作公开出版，2004 年，波兰共和国文化部授予骆文“波兰文化贡献奖”奖章。

二、王淑耘其人

王淑耘，江苏镇江句容人。1937 年，她毕业于镇江师范。1941 年，经在八路军驻重庆办事处工作的周恩来安排，不到 20 岁的王淑耘闯过 15 道关卡，到达革命圣地延安。1945 年，从延安鲁艺文学系二期毕业的她前往冀察热辽军区，任冀察热辽新华通讯社编辑、《群众日报》编辑、《群众日报》副刊主编。1949 年，她任天津新华广播电台编辑科副科长，同年南下武汉，任中南新华广播电台编辑科副科长及专稿科科长、中国文化部调研科科长。从 1952 年起，她先后任《长江文艺》编辑部主任、副主编。1985—1986 年，她任《长江文艺》主编。王淑耘曾任湖北省作家协会副主席、湖北省文联副主席。骆文著有评论《大海的涛声——评李凖小说创作》《蜡炬性格——真正的人》等，报告文学

骆文与王淑耘夫妇合影

及散文《山乡的一面红旗》《到桥儿沟去》《忆大化》《编辑人》等，她曾获中国作协文学编辑荣誉奖。

她和丈夫骆文都曾在延安聆听过毛泽东关于延安文艺座谈会的演讲。

王淑耘曾获中国人民抗日战争胜利 60 周年纪念章、世界反法西斯战争和中国人民抗日战争胜利 70 周年纪念章。

王巨才主编：《延安文艺档案（第30册）·延安文学·延安作家·骆文》，太白文艺出版社2015年版，第2254—2255页。

楚奇：《爱与火之歌——记老诗人骆文的文学生涯》，《武汉文史资料》2001年第12期。

《王淑耘去世 湖北送走最后一位在鄂“鲁艺人”》，《楚天都市报》2017年1月4日第21版。

《王淑耘同志去世》，《文艺报》2017年1月11日第2版。

楚奇：《蜡烛精神赞》，《长江文艺》2011年第5期。

文俊：《湖北省文艺界纪念骆文逝世十周年 作家应有担当》，《楚天金报》2013年10月11日第35版。

程秀山

1912—1982
笔名程升、王华、马光瑞
江苏无锡人
作家
剧作家

无锡程秀山：新中国青海文学的奠基人

程秀山，江苏无锡宜兴人。1939 年，他到达延安，参加了延安文艺座谈会，是新中国青海文学的奠基人之一。

程秀山于 1938 年参加革命，他在鲁南参加了中国共产党领导的抗日义勇军，任政治指导员。1939 年，他调任东南鲁艺实验剧团宣传员，后进入延安鲁艺戏剧系学习。他曾担任延安鲁艺的教员，历任陕甘宁边区抗战剧团副团长、陇东剧团编导组组长等职。1944 年，他创作了剧本《回娘家》《丑家川》等。1946 年，他调至中央党校文艺工作研究室任研究员，他还参加了解放大西北等战役。

新中国成立后，程秀山前往青海，先后任省文工团团长、省文联副主席、省文化局副局长、省作协主席等职。1982 年，他在病床上完成了其人生中的最后一部作品《来自病床上的报告》。

程秀山创作了许多小说、散文随笔、文艺评论，学界认为他是新中国青海文学的奠基人之一，他为青海文学事业的发展做出了重要贡献。其主要作品有小说集《桑巴久周》、散文《牧区行》《生产抗旱散记》、秧歌剧《回娘家》、话剧剧本《双喜临门》、歌剧剧本《向阳河干了的时候》，他还与人合著了电影文学剧本《草原上的风暴》。小说《桑巴久周》是其代表作品，发表于 1956 年，在当时产生了重大影响。

[1] 程秀山与人合著的电影文学剧本《草原上的风暴》
[2] 程秀山的代表作品《桑巴久周》

王巨才主编：《延安文艺档案（第30册）·延安文学·延安作家·程秀山》，太白文艺出版社2015年版，第2218页。

胡海珠

1922—2010
江苏南京人
作家

胡海珠曾任《人民文学》编辑部主任、北京电影制片厂编导室主任。

1938 年，经西安八路军办事处介绍，胡海珠到陕北公学学习。1939 年，她被调到陕北公学剧团，随后并入华北联合大学文艺工作团，被调到晋察冀边区工作。1942 年冬，她任冀中军区火线剧社演员及创作员。她曾任华北军区政治部文化部文艺助理员。

1955 年，胡海珠毕业于中国作协文学讲习所。她曾任《华北解放军报》文艺副刊编辑，中国作家协会审干办公室及《人民文学》编辑部副主任、主任，北京电影制片厂编导室副主任、主任。

胡海珠从 1946 年开始发表作品，她著有短篇小说《朝着太阳出来的那边走》《光荣》《小红子》等、长篇传记文学《侯金镜传略》、独幕话剧《妯娌俩》、秧歌剧剧本《夫妻团圆》等。

主要参考文献

王巨才主编：《延安文艺档案（第 30 册）· 延安文学 · 延安作家 · 胡海珠》，太白文艺出版社 2015 年版，第 2228—2229 页。

胡奇

1918—1998
经名依布拉欣
原名胡兆才
笔名胡企、李永明
江苏南京人
作家

南京胡奇：《解放军文艺》杂志社社长

胡奇是回族现当代剧作家中的双峰之一。他出生在南京水西门附近的一个贫苦的回民家庭，幼年只读过 3 年小学。他十三四岁就进了一家铁工厂当徒工。1938 年秋，他奔赴延安，后担任西北青年救国联合会剧团宣传员，后随剧团进入鲁艺戏剧系学习。1939 年秋，他随西北青年救国联合会剧团第二演剧队由延安奔赴晋东南。1940 年 7 月，第二演剧队集体编入一二九师先锋剧团。1941 年，他加入了中国共产党。1941 年夏，他创作了自己的第一个剧本《闷热的晚上》。在此期间，他还创作了剧本《纺花车与枪》《模范农家》《金戒指》《报功单》等。在解放战争时期，他任晋冀鲁豫野战军三纵队随军记者，他根据亲身经历的战斗生活，创作了短篇小说《小马枪》《三颗黄豆》《白凤凰》《琴声响叮咚》等。1949 年年初，胡奇参加了渡江战役，创作了报告文学《三只第一船》《横渡长江的英雄们》《叶大嫂的船划在最前头》等，并出版了短篇小说《女水手》。

新中国成立后，胡奇长期在部队从事文化工作，先后担任中国作家协会会员、中华全国戏剧工作者协会理事、中国作家协会儿童文学委员会委员，并兼任《儿童文学》编委、四川省军区后勤部副政委、《解放军文艺》杂志社社长等职。

作为专业作家，胡奇创作颇丰。他前期主要创作剧本、短篇小说和通讯报道，如《闷热的晚上》《三颗黄豆》《三只第一船》等。由胡奇与他人合作创作的大型话剧《胜利渡过扬子江》是我国第一部反映渡江战役的大型话剧，剧本 1949 年 7 月 24—26 日连载于《人民日报》第 4 版。20 世纪 50 年代后，胡奇主要从事儿童文学创作，主要代表作品有《小马枪》《五彩路》《海防少年》《绿色的远方》《镰刀弯弯》《难忘的冬天》《神火》《老玉米》《“佐罗”的一场争吵》等。

1954 年，胡奇随部队进入西藏。他的代表作品《五彩路》《绿色的远方》被翻译成英、日、俄、法、德、西班牙、朝鲜、阿拉伯等多国文字。《五彩路》在 1980 年荣获第二次全国少年儿童文艺创作一等奖。

［1］《镰刀弯弯》，胡奇著
［2］《绿色的远方》，胡奇著
［3］《五彩路》，胡奇著

王巨才主编：《延安文艺档案（第30册）·延安文学·延安作家·胡奇》，太白文艺出版社2015年版，第2229—2230页。

崔坪：《<胡奇文集>序》，《当代作家评论》1986年第2期。

胡文建：《回族剧作家胡奇的戏剧实践与创作考述——民国戏剧研究之二》，《戏剧文学》2018年第5期。

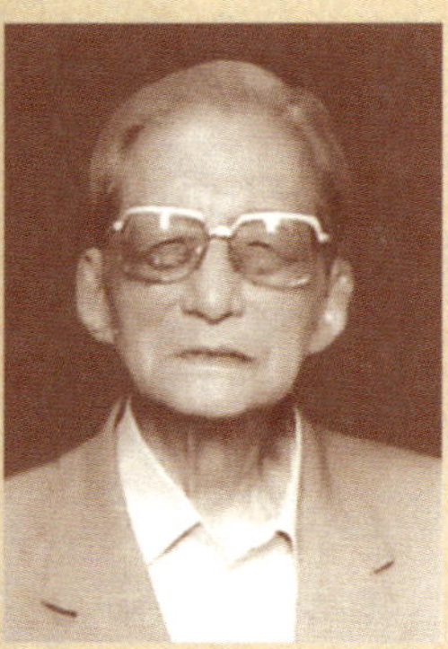

钱丹辉

1919—2007
学名钱大纯
笔名丹辉、丁珂、冯戈等
江苏常州人
作家

钱丹辉，江苏常州金坛人。1938年，他来到革命圣地延安，进入抗大学习，后奔赴晋察冀边区，在抗日前线开展文化宣传工作，是晋察冀诗派的代表诗人，他与田间、邵子南、红杨河（魏巍）齐名。

钱丹辉出生于一个普通商人家庭。钱家曾繁荣一时，但生逢乱世，在钱丹辉13岁时，他家终于破产。他经历了从家庭小康到穷困潦倒的巨大转折，他的幼年多是在外祖母家度过。

钱丹辉4岁进入私塾读书，取学名钱大纯。受外祖母影响，他酷爱读书，尤其喜爱文学。1930年，他进入金坛市立书院完全小学读五年级。1931年7月，他升入金坛市立初级中学（今华罗庚中学）。3年后，他升入江苏省立南京中学高中部。钱丹辉酷爱诗歌，曾在金坛、南京的一些报刊上发表过小说、散文和诗歌等作品。

“一二·九运动”波及全国，钱丹辉深受影响，思想开始觉醒。南京中学学生自治会改选时，钱丹辉入选，他成为中学生抗日救亡运动的积极组织者，曾秘密发起组织全市学生示威游行、罢课。该会出版墙报，钱丹辉负责编辑刊发国际时事，着重宣传国际反法西斯斗争的形势。

1936年夏，南京国民党当局为镇压学生的抗日救亡运动，无故扣押南京中学部分学生，并勒令该校解散。该校被迫迁往镇江，成立镇江中学。钱丹辉在国文老师的介绍下，到《金坛日报》任副刊助理编辑兼文字校对员，后因在该刊发表宣传抗日救国的文章而被辞退。

1937 年年初，钱丹辉应聘到儒林镇完全小学担任教员。后来他阅读到一期无锡教师联合会编辑的《教师周报》，其中有文章介绍了红军到达陕北后的情况，这促使他日后奔赴陕北。

抗日战争爆发后，上海、苏州、无锡等地接连沦陷。钱丹辉被迫离开教职，参与组织金坛县抗日宣传队，他从金坛出发，渡过长江，准备向陕北进发。到达徐州时，他在第二临时医院逗留下来，1938 年元月，徐州第二临时医院改为第五战区第五后方医院，后迁至河南信阳。1938 年春节，钱丹辉听到延安抗日军政大学招生的消息，遂向院长打报告，前往延安。经过诸多磨难，他终于在 1938 年 2 月到达西安。后来，他加入了中共领导的第二战区动员委员会战地工作团，随后加入该团下属的中华民族解放先锋队，后经八路军西安办事处介绍，钱丹辉和其他 6 名团员报名参加了八路军第一游击总队（后改为“东北挺进纵队”）干部队，准备赴抗大学习。

干部队 100 余人步行近千里，于 1938 年 3 月到达延安，入编抗大第四期第二大队第四队（即军事队）。求学期间，田间、史轮等人发起的“街头诗运动”使钱丹辉接受了街头诗的洗礼。

1938 年 8 月 1 日，经过近半年的学习，钱丹辉随第四期第二大队从抗大毕业，随后，被编入八路军东北挺进纵队干部队（简称“东干队”）。同年10月，东干队从延安出发，奔赴抗日前线。

1938年12月初，经过1个多月的长途跋涉，东干队突破日寇的封锁，终于到达晋察冀边区中心区。在等待分配工作期间，钱丹辉发起组织了诗歌社团——铁流社，并任社长。不久，他与随后赶至晋察冀的战地社成员田间、邵子南等人，领导了晋察冀的“街头诗运动”，大大推动了晋察冀边区的诗歌创作。1938年12月23日，他在晋察冀边区《抗敌报》（后改名为《晋察冀日报》）上发表了第一首抗战诗《故乡活着，故乡战斗了——纪念在家乡游击的弟兄们》（初稿1938年2月写于西安）。1939年春，在推动“街头诗运动”过程中，他创办了月刊《诗战线》，并自任主编。1939年2月，他被分配至晋察冀军区第一军分区政治部工作。此后6年，直至1945年6月，钱丹辉一直战斗在晋察冀边区抗日一线，先后任报刊编辑，宣传干事，宣传科副科长、科长，一分区动员委员会宣传部长等职。他的诗作被收入晋察冀街头诗集《给自卫军》《力量》《诗建设诗选》等。

除了文艺创作和宣传，钱丹辉还多次奔赴抗日前线，甚至参加战斗。1939年11月，他奉命赶赴黄土岭前线，深入阵地了解战斗情况，组织通讯报道。在那里，他既体会到战争的残酷，也见证了战区军民英勇无畏的精神。百团大战爆发后，钱丹辉奉命任晋察冀一分区动员委员会宣传部长，负责动员后方群众支援前线的战斗，直至百团大战胜利结束。1941 年秋，在冀中的反“扫荡”战斗中，涌现出“狼牙山五壮士”的英勇事迹，钱丹辉奉命前往采访。他步行百余里，先后采访了“五壮士”所在团团长邱蔚和其他指战员，看望了幸存的两位英雄葛振林和宋学义。由于宋学义伤势较重，他主要采访了葛振林。钱丹辉被英雄们大义凛然的英雄气概所激励，采访一结束便迅速赶回分区驻地，当晚即写出几百字的通讯。钱丹辉是采访“狼牙山五壮士”幸存者的第一人。

1942 年 5 月，钱丹辉到延安参加了延安文艺座谈会。他的学习体会文章发表于《解放日报》《晋察冀日报》等报刊上。

1945 年 6 月，钱丹辉调任刚成立的新华社晋察冀分社冀察支社社长。同年 8 月，日本投降后，他带领支社人员赶赴张家口，接收日伪留下的通讯社和广播电台。不久，中共成立了察哈尔省人民政府，将冀察支社扩建为察哈尔分社，下辖 5 个支社，钱丹辉任分社副社长，负责日常领导工作。内战爆发后，新华社察哈尔分社奉命转移到涞水根据地。随后，中央军委组建冀热察军区及党政机关。钱丹辉奉命前往冀热察地区创办军区党委机关报《冀热察导报》，并任该社社长。

解放战争后期，钱丹辉随军转战冀热察、皖南等地，从事文化宣传工作。新中国成立后，钱丹辉曾任安徽省委宣传部部长，安徽省文化局局长、党组书记，安徽省文联副主

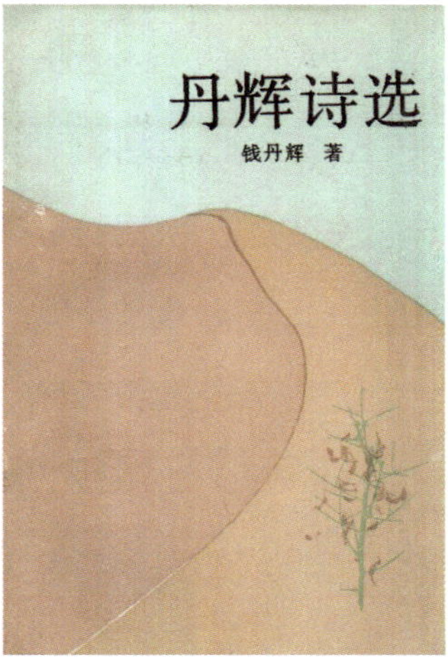

《丹辉诗选》，钱丹辉著

席，安徽省作协主席等职。1962 年，他组织编创人员与上海电影制片厂合作，拍摄完成了黄梅戏《天仙配》。1981 年年初，他调任陕西社会科学院副院长。1987 年离休后，他担任中国解放区文学研究会第一副会长与中国延安文艺学会常务理事。

从 1989 年 5 月开始，钱丹辉组织编撰《中国解放区文艺大辞典》，并任主编，该辞典 1994 年获华东地区优秀图书二等奖。1994 年，安徽文艺出版社出版了《丹辉诗选》，精选了钱丹辉在 1938—1987 年间的 111 首诗歌。1995 年，钱丹辉的报告文学《挺进华北敌后方的杨支队》入选百篇中国抗战文学名作。1995 年 6 月，钱丹辉赴北京参加了纪念中国人民抗日战争胜利 50 周年大会，被授予纪念勋章。

王巨才主编：《延安文艺档案（第28册）·延安文学·延安作家·钱丹辉》，太白文艺出版社2015年版，第1299—1318页。

刘志洪：《诗的时代意境美的构成——对钱丹辉近年诗作的若干美学思考》，《人文杂志》1988年第5期。

胡乔木

1912—1992
原名胡鼎新
笔名乔木
江苏盐城人
作家
诗人
社会活动家

盐城胡乔木：中国社会科学院第一任院长

胡乔木，江苏盐城盐都鞍湖乡张本庄人。他是无产阶级革命家、马克思主义理论家、社会活动家、诗人、党的思想文化宣传战线的卓越领导人，被誉为“党内第一支笔”。

胡乔木早年在家乡求学，1930 年毕业于江苏省扬州中学，1930—1932 年就读于清华大学物理系和历史系，1933 年经上海抵达杭州，插班就读于浙江大学外语系二年级。他在大学期间即开始参加革命文化宣传工作，领导北平（今北京）学生的抗日救亡运动，还曾主编过《海霞》等进步刊物。1937 年，他奔赴革命圣地延安，先后担任中共中央青委委员、中国青年联合委员会办事处宣传部长。1940 年 12 月 8 日，他当选为延安新诗歌会执委，12 月 19 日，他在《新中华报》上发表《莫里哀和他的〈伪善者〉——介绍一位世界最有名的喜剧家和一部世界最有名的喜剧》。从 1941 年 2 月起至 1969 年，他担任毛泽东的秘书。1941—1966 年，他还兼任中共中央政治局秘书。从 1948 年起，他任新华社社长。

新中国成立后，胡乔木历任国家新闻总署署长、中共中央宣传部副部长、政务院文化教育委员会秘书长、中共中央副秘书长等职。后来，他任中国社会科学院院长、顾问，中共中央副秘书长，党史研究室主任，毛泽东著作编辑出版委员会办公室主任，国务院学位委员会主任委员，《中国大百科全书》总编辑委员会主任。1980 年，他成为中共中央书记处书记。1982 年 9 月至 1987 年 11 月，他任中共中央政治局委员，后担任中顾委常委等职。除忙于公务和写作，胡乔木还喜欢收藏书籍，最多时他的藏书达 7 万多册，其中不乏珍贵藏本，后由子女分别捐献给各档案馆、图书馆。

胡乔木被誉为“党内第一支笔”，以理论家、史学家著称。其父胡启东喜欢写诗，曾自费印行诗集《鞍湖诗集》。胡乔木也爱写诗，他在工作之余间或有诗作问世，结集为《人比月光更美丽》，他在逝世前 3 天完成了《再版后记》。胡乔木对古诗词和新诗都有涉猎，《胡乔木传》编写组编选出版了《胡乔木诗词集》，共收录了他的 110 首诗歌。除了创作诗歌，乔木还是个文论家，他的文论主要收进《胡乔木谈文学艺术》。

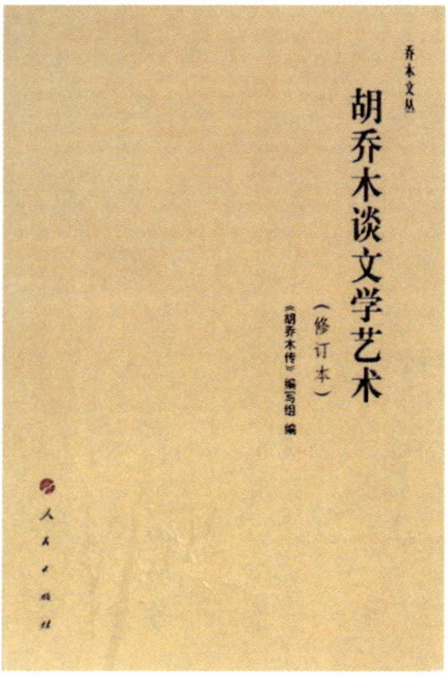

《人比月光更美丽》，胡乔木著
人民出版社出版的《胡乔木谈文学艺术》

王巨才主编：《延安文艺档案（第30册）·延安文学·延安作家·胡乔木》，太白文艺出版社2015年版，第2263—2264页。

史超

1921—2019

江苏徐州人

剧作家

史超是八一电影制片厂一级电影编剧、中国作协会员，曾被授予三级独立自由勋章、三级解放勋章、独立功勋荣誉勋章。他曾获得中国电影文学学会终身成就奖、中国电影金鸡奖终身成就艺术家称号。

史超出生于江苏徐州，因祖父突然发迹，幼年生活富足。他曾入私塾读书，后转入新式小学。他上高中二年级时，其国文教师思想进步，曾领导学生开展罢课活动。其大舅、二舅均是地下党员。受师长影响，史超很早就萌生了强烈的爱国思想和革命情怀。“七七事变”后，在父母的鼓励下，他到了安吴堡青训班。结束青训班的学习培训后，他被分配到河南周家口打游击。

1938 年 8 月，史超被送到延安抗日军政大学学习。于是，他背着大行李卷走了 720 里，走到延安。在到达延安的第三天，他等在毛泽东主席必经的小道上，遇见了毛主席，他掏出了一本纪念册，上前试着请毛主席签名，毛主席在他的笔记本上很快写下了：“学习，学习，再学习！”[①] 毕业后，史超被派至延安总政组织部和中央军委考察团，给部长和团长做秘书，他还曾赴敌后晋西北、晋察冀、冀中根据地开展工作。这段经历后来被写入

① 艾克拜尔·米吉提：《史超——笔上忆峥嵘》，《人民日报》2014 年 7 月 3 日第 24 版。

《三过封锁线》。

1940 年 6 月，史超又回到延安，进入军政学院学习。毕业后，他被分配到留守兵团司令部任秘书，不久又被调入中央调查局西北局军事研究室。其间，他被借调到地方文化俱乐部参与演出，《新木马计》成为其文艺道路的起点。结束借调后，他进入延安大学英文系学习。

1943 年，史超进入鲁艺戏剧系学习。1 年多后，他被分配到抗大当语文教员。后被调去晋冀鲁豫大军区，在陆军中学当宣传科科长，他创作的大型歌剧《杨四子》受到邓小平的表扬。他担任晋冀鲁豫文工团团长期间，开始创作剧本。他从 1946 年开始发表作品，他创作的歌剧《两种作风》《王克勤班》广受好评，这两个剧本在新中国成立初期被收入“中国人民文艺丛书”。

1950 年，史超随部队进军西南，在西南军区文化部创作组工作。在参加剿匪工作的同时，他创作了一批以部队生活为主要内容的小说、诗歌、话剧等，如《杨四子》《钢铁的意志》《胜利路上》《揭开面纱》《擒匪记》《余明和他的伙伴》《明亮的生活》。

1953 年，史超参与创作了第一个电影剧本《猛河风暴》，后来该剧本被改编成电影《猛河的黎明》，由长春电影制片厂摄制。

1955 年，史超与人合作完成了四幕七场话剧《胜利路上》。

1956 年，史超被调至中央军委政治部创作室，同年发表了中篇小说《黑眼圈女人》。

1957 年，史超发表了电影剧本《五更寒》，并任电影编剧，该作品获得全国优秀电影剧本奖。《五更寒》讲述的是 1946 年中共主力部队撤离大别山后，留下的一个工作组坚持斗争的故事。

1960 年，史超转至八一电影制片厂，任编辑室主任，开始做专业编剧。此后，他一直在八一电影制片厂工作，直至离休。1960 年，他根据当年在西南地区剿匪的经历写出电影剧本《云雾山中》，后被长春电影制片厂拍成同名电影。1964 年，史超写出了他这一时期的另一部重要作品《秘密图纸》，这是中国公安题材电影、中国反特影片中的一个重要标杆，是新中国电影史上的“三大反特片”之一。

电影《五更寒》宣传海报，编剧史超

1976 年 10 月，史超作为编剧创作出第一部反映唐山大地震的电影剧本《胜天曲》（剧本《震》的前身）。

1978 年，史超与人合著话剧剧本《东进！东进！》，该剧本后被改编成电影《黄桥决战》。该剧本此后获得新中国成立 30 周年话剧会演剧本一等奖、第一届解放军文艺奖。

1983 年，史超与人合作完成了电影剧本《阴转多云》，后由长春电影制片厂拍摄成影片《在被告后面》。在这个作品中，他塑造了一个改革者的形象——厂长李江川，揭示了一个改革者的孤独和苦恼。这部影片被称为改革片的先锋，获得 1983 年中国文化部优秀影片奖优秀故事片一等奖。

1986 年，史超作为创作组组长，与人合作承担了创作电影剧本《大决战》的任务，八一电影制片厂在 1991 年将该剧本拍摄成同名电影，这是中国电影史上一部规模空前的战争巨片。

王巨才主编：《延安文艺档案（第28册）·延安文学·延安作家·史超》，太白文艺出版社2015年版，第1433—1445页。

李小婧、张东：《“写作就是站在悬崖边上，却没有掉下去”——史超访谈录》，《当代电影》2015年第2期。

张东：《在好电影的背后——史超电影创作评析》，《当代电影》2015年第2期。

王兴东：《人生必度五更寒——悼念著名编剧史超先生》，《中国艺术报》2019年6月7日第4版。

孙剑冰

1921—?
笔名阿冰
江苏徐州人
民间文艺学家
作家

孙剑冰是卓越的民间文学搜集整理者，长期从事民间文学的编辑出版和搜集整理工作。

1921 年，孙剑冰出生于江苏徐州丰县。青少年时期他在家乡读书。17 岁时，他经由八路军西安办事处考入陕北公学分校（旬邑）学习。1939 年元旦后，他被调到泾阳安吴青训班速记班学习速记，其间，他参加开荒等生产劳动，进步很快。

1939 年 5 月，孙剑冰从安吴青训班结业后来到延安。他初到延安即遇上毛泽东做报告《关于青年运动的方向》，他被安排做速记工作。这是他第一次近距离接触毛泽东，他被领袖的风采深深触动，兴奋之情难以抑制，遂创作了第一篇文学作品：诗歌《他和大众在一起——记毛泽东同志在一个大会上》，全诗共计 13 节 106 行，后被推荐发表在 1940 年 4 月第 1 卷第 1 期《大众文艺》创刊号上。他曾任延安青联文书及青年干校教育干事、文化教员。1941 年，经领导许可，他考入鲁艺文学系，进一步研修文艺理论和文化知识，随后一度担任鲁艺文学系教员、助理员。1942 年，延安“整风运动”后，边区开展“大生产运动”，他被鲁艺派往三五九旅，到南泥湾当兵开荒。1944 年 11 月，孙剑冰随三五九旅南下。次年 3 月，部队到达湖南平江一带，被敌军包围。3 月 14 日，奉命看护伤员的孙剑冰，在转移过程中与其他伤员在安定

《天牛郎配夫妻》，孙剑冰采集

桥被俘，两天后，他与两位战友在平浏交界处逃脱。孙剑冰因与战友分头逃跑而与部队失去联系，他流落在当地，靠做工糊口。在此期间，他开始接触当地民歌和民间故事，对民间文艺产生了浓厚兴趣。他克服了纸笔匮乏的困难，根据兴趣对民歌和民间故事做了初步记录。直到 1947 年四五月间，他才离开湖南，回到丰县，后又经过艰难跋涉，辗转返回北方，试图回到解放区寻找部队，但不幸被捕入狱。孙剑冰出狱后不久，江苏丰县解放，他便留在家乡任教，历任县城小学校长、中学教导主任。

1950 年 9 月，孙剑冰经贾芝、周扬介绍，到北京工作，开始广泛接触并开展文艺工作。他历任北京大学文学研究所助理研究员、文化部艺术局编审处干部、民间文学出版社副编审、《中国民间故事集成》国家卷特约编审等职，他还在中国科学院文学研究所（今中国社会科学院文学研究所）、中国民间文艺研究会做编辑研究工作。

1954 年夏，孙剑冰先后到内蒙古锡林郭勒等地搜集民谣和民间故事，发现秦地女这样一位杰出的民间故事讲述者，并采录了其讲述的一些故事。

1956 年秋，孙剑冰随文学研究所组建的云南民间文学调查组赴滇西纳西族等少数民族聚居地进行民间文学的深入调查，持续数月，写出论文《〈阿诗玛〉试论》。

1960 年春，孙剑冰加入藏族文学史调查组，赴西藏、甘南等藏族聚居区，进行民间文学调查，持续近半年。

1962 年，孙剑冰加入中国作家协会。

1983年，孙剑冰出版了采集的民间故事集《天牛郎配夫妻》，该作品荣获全国第二届民间文学作品一等奖、中国首届民间艺术节奖。

王巨才主编：《延安文艺档案（第28册）·延安文学·延安作家·孙剑冰》，太白文艺出版社2015年版，第1502—1513页。

王地子

1913—1987
原名王建华
江苏无锡人
剧作家

王地子曾任延安鲁艺实验剧团干事，其间，他创作并排演了大量优秀的剧目。

王地子于1934年毕业于私立南京文化学院法律系，1938年参加八路军，1942年加入中国共产党。他曾担任延安鲁艺实验剧团干事、八路军留守兵团艺术学校主任教员、烽火剧社副社长、东北民主联军艺术学校教务长、第四野战军政治部文艺科科长等职。

新中国成立后，王地子历任中国杂技团团长，总政治部文化处处长，解放军军人俱乐部副主任，中国人民革命军事博物馆副馆长、顾问，中国戏剧家协会第一、二届理事，中国杂技家协会顾问委员会主任等职，曾获二级解放勋章、三级独立自由勋章。

王地子的主要作品有话剧《歼敌》《天亮哪》《摩擦剑》、评剧《学不够》《打虎山》、歌舞剧《胜利花》《唱英雄》、相声《迎春联》《抗战到底》。他参与编导过纪录影片《中国人民的胜利》（中国、苏联合拍）、舞台艺术片《中华杂技艺术》等。除创作剧本外，王地子还著有《心波与梦痕》《厕上随笔》等。

主要参考文献

王巨才主编：《延安文艺档案（第30册）·延安文学·延安作家·王地子》，太白文艺出版社2015年版，第2274—2275页。

尤淇

1919—2013
原名尤酣隐
笔名言无虚
江苏无锡人
作家

无锡尤淇：新华社分社社长

尤淇，江苏无锡西漳乡人。1937 年，他在武汉参加上海救亡演剧第八队。1938 年 8 月，他奔赴延安，进入延安鲁艺文学系学习。他曾任延安作家协会副秘书长。1940 年，他加入了中国共产党。1946 年 5 月，他任东北《胜利报》记者，参加过四平战役。在随军挺进晋西北期间，尤淇任 120 师战斗宣传队文化教员，他编印过《行军快报》，写了《跟随贺龙去前方》。

新中国成立后，尤淇历任新华通讯社第四野战军总分社特派记者，中南军区新闻科科长，《南方日报》副总编辑，新华社广东、浙江、安徽、江苏分社社长等。他采写有《火山在芜湖爆发》等报道，著有《从粤中到海南》《海南五指山散记》等。

《胡笳一拍：我的记者生涯》，尤淇著

王巨才主编：《延安文艺档案（第30册）·延安文学·延安作家·尤淇》，太白文艺出版社2015年版，第2289页。

谢礼贤、高南佳：《投身改革大潮 深入基层采访——访江苏省新闻学会副会长、本刊顾问尤淇》，《传媒观察》1994年第4期。

尤淇：《难忘那“白条子”——记者生涯杂忆》，《新闻通讯》1993年第7期。

沙金：《新闻记者要有脊梁骨——我所认识的尤淇》，《新闻记者》1985年第9期。

商恺：《秉笔直书的胆识》，《新闻与写作》1989年第9期。

闻捷

1923—1971
原名巫咸
族谱名巫之禄
化名赵文节
笔名闻捷
原籍江苏镇江
出生于河南郑州
现代诗人
作家

闻捷，江苏镇江丹徒高资镇（今石马乡）巫岗村人。他与李季、贺敬之、郭小川齐名。他的妻子是著名爱国民主人士杜斌丞的孙女杜芳梅。

1923 年，闻捷出生于郑州。他的父亲是镇江丹徒人，曾在京汉、陇海铁路线的一些站段做事，担任过铁道站的站长。他的母亲是山西人。[①] 闻捷 7 岁时，父亲不幸去世，母亲带着他和年仅 3 岁的妹妹辗转回到丹徒定居。一家人靠母亲刺绣、缝补度日，生活十分艰苦。少年闻捷只读过 2 年小学、3 年私塾，后离乡到当时南京水西门外的“朱鑫记”煤炭店当学徒，补贴家用。

1938 年年初，闻捷来到武汉，在由平津学生组织的华北宣传队当小演员，参加抗日救亡演剧四队的活动，化名“赵文节”，并加入了地下党组织。他后经襄阳入川，不久又从重庆来到西安。1938 年年底，他加入了中国共产党。1940 年，经西安八路军办事处介绍，17 岁的闻捷来到延安，先在陕北公学学习，后进入西北文工团当演员。其间，他演出过话剧《北京人》以及多部新秧歌剧，又曾随边区文协宣传队到陇东等地演出。当时演出场次最多的是由柯仲平创作的歌剧《孙万福回

① 山西说，可参考《闻捷的诗与死》（文庠著，《钟山风雨》2003 年第 2 期，第 37 页）、《闻捷轶事一束》（纪迅、冷城著，《金山》2018 年第 1 期，第 61 页）诸文。镇江闻捷纪念馆主页上的闻捷生平（滕建锋著）一文，亦是如此。另有南京说，例如《延安文艺档案》。

来了》等。

闻捷在西北文工团担任演员期间，便开始使用笔名“闻捷”从事反映陕甘宁边区军民斗争生活的文学创作，他创作了秧歌剧《加强自卫军》、革命历史歌剧《翻天覆地的人》，与柯蓝合作创作了秧歌剧《看谁对》，他还创作了诗歌《群众的宝》《哀歌》。闻捷早期比较有影响力的作品还有小说《肉体治疗和精神治疗》、杂文《栽赃》《文字狱与思想罪》。

1945 年，闻捷被调到中共中央西北局机关报《边区群众报》任编辑、记者。《边区群众报》是今《陕西日报》的前身，由毛泽东亲自提议创办，是陕甘宁边区党委机关报、西北局机关报。

解放战争期间，闻捷作为随军记者参加了解放大西北的战役，任新华社西北总分社采访部主任。1950 年 3 月，他随军首次入疆。

1952 年元月，闻捷任新华社新疆分社社长。在新疆工作期间，闻捷以记者的身份常年活跃在边疆广袤的土地上。他这一时期的文学创作以诗歌为主，写作了大量抒情短诗以及长篇叙事诗。

1955 年，闻捷在《人民文学》上陆续发表了《吐鲁番情歌》《博斯腾湖滨》《水兵的心》《果子沟山谣》《撒在十字路口的传单》等组诗以及叙事诗《哈萨克牧民夜送“千里驹”》。这些作品与其他描写新疆生活风貌的诗歌结集为《天山牧歌》（1956 年出版单行本），是中国当代文学史上第一部反映边疆少数民族新生活的抒情诗集，风靡大江南北。

抗美援朝战争爆发后，闻捷曾深入朝鲜战场采访。1953 年，他因病离开新疆。回到北京之后，闻捷担任《文艺报》记者、《人民日报》特约记者，编辑出版了诗集《祖国！光辉的十月》（作家出版社，1958）、《生活的赞歌》（人民文学出版社，1959）。

1957 年，闻捷转入中国作协，开始从事专业创作。后来，他到甘肃兰州筹建作协甘肃分会、创办《甘肃文艺》。1958 年 5 月，闻捷以《甘肃日报》记者的身份，采访报道了朱德总司令在甘肃的视察活动。他与《人民日报》记者合写了以《难忘的十五天》为总题的 15 篇通讯、特写。除此之外，闻捷还写作了 12 首题为《朱总在河西》的组诗。他还出版了诗集《河西走廊行》（作家出版社，1959）等。

1959—1962 年，他分别发表了叙事长诗《复仇的火焰》第一部：《动荡的年代》，第二部：《叛乱的草原》，第三部：《觉醒的人们》若干片段。1960 年，他出席了全国第三次文代会，当选为中国作协理事。

1961 年，闻捷调回北京中国作家协会工作。1962 年，他又调任中国作协上海分会理事。1962 年秋，他回到故乡丹徒体验生活。

《祖国！光辉的十月》，闻捷著

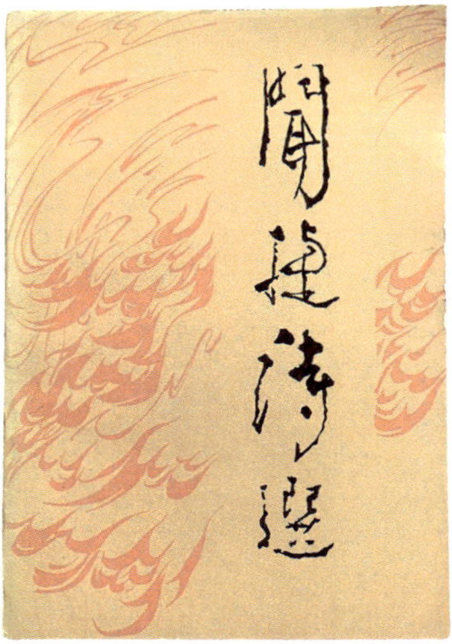

《闻捷诗选》，闻捷著

1979年，人民文学出版社出版了《闻捷诗选》。人民文学出版社还在2006年出版了《中国当代名诗人选集·闻捷》，在2009年出版了《中国文库·闻捷诗选》。2001年，北岳文艺出版社出版了四卷本的《闻捷全集》。

有学者评价指出："可以说，闻捷全部的诗作，是一支颂扬新中国人民美好崇高的心灵和朝霞般的生活的激情赞歌。"[①]

① 潘旭澜、吴欢章：《论闻捷的短诗》，《文学评论》1960年第3期，第82页。

王巨才主编：《延安文艺档案（第29册）·延安文学·延安作家·闻捷》，太白文艺出版社2015年版，第1712—1728页。

张汾：《一代大家——闻捷》，《新闻出版交流》2001年第6期。

文庠：《闻捷的诗与死》，《钟山风雨》2003年第2期。

左广斌、徐培鸿：《诗神闻捷》，《江苏地方志》1995年第2期。

王科：《诗情，在延水河畔升腾——闻捷早期创作初探》，《锦州师范学院学报》（哲学社会科学版）1984年第1期。

周涛：《诗的执着的朋友——序〈闻捷的诗歌艺术〉》，《文学自由谈》1986年第6期。

韦婴

1922—?
原名张月琴
江苏常州人
现代作家

韦嫈 1927 年就读于公立武进小学，1933 年在武进县立女子师范学校读初中，1936 年初在常州武进女子师范上初中三年级时，与在学校当国文老师的艾青相识。韦嫈后因父亲经商失败而被迫中止了学业。后来，韦嫈积极投身到抗日救国的洪流中。她先是从事宣传工作，参加抗敌演剧队第一队，去广播电台唱抗日救亡歌曲。1937 年，她到一家陆军医院当了救护员，这时的张月琴改名为韦嫈。韦嫈参加抗日工作后，曾先后在延安中央党校和延安鲁艺进修。1939 年 6 月，29 岁的艾青与 18 岁的韦嫈（抗敌演剧九队队员）在广西重逢、结婚。1940 年，她移居重庆，在重庆育才学校文学系做艺员。1941 年 1 月，她出发去延安，3 月与艾青在延安团聚。

韦嫈历任武汉军委政治部抗敌宣传队宣传员、重庆育才学校文学系艺员、延安中央党校学员、鲁艺学员、中华全国文艺界抗敌协会成员、张家口华北联合大学干部、北京《大众日报》《工人日报》记者、《人民文学》编辑、中国作协创作委员会秘书、天津作协专业作家。

韦嫈于 1939 年开始发表作品，她的代表作有短篇小说集《母与子》、长篇小说《从前有个姑娘》《流泪的花》，她著有《野火烧不尽》，《华北联合大学文艺学院大事记》（合作），长篇回忆录《皎月》等。

《流泪的花》，韦婺著

王巨才主编：《延安文艺档案（第30册）·延安文学·延安作家·韦嫈》，太白文艺出版社2015年版，第2279页。

温济泽

1914—1999
化名温谅文
原籍广东梅县
出生于江苏淮安
科普作家
新闻学家
教育家

温济泽于1929年参加革命工作，1930年加入中国共产主义青年团。1932年，温济泽在复旦大学任共青团支部书记时被国民党反动派逮捕入狱，他当时化名“温谅文”，任上海民众反对停战协定援助东北义勇军联合会（简称“上海民联”）青年部部长。他1936年加入中国共产党，1937年出狱，1938年年初到延安。1938年2月至1942年12月，他曾任陕北公学教员、延安中共中央宣传部干事、延安中央研究院研究员等职。1943年至1946年6月，他先后担任延安《解放日报》副刊部主编、新华社语言广播部主任等。1947年3月，他撤离延安。

新中国成立后，温济泽历任中央人民广播电台副总编辑、中央广播事业局副局长、中华全国新闻工作者协会副秘书长、国际广播组织副主席、中国新闻教育学会会长、中华全国科普创作协会理事长等，他是新中国广播事业的主要创始人之一。1978年，他被调到中国社会科学院工作，先后任科研组织局副局长，研究生院副院长、院长、教授等。他于1986年离休。

温济泽著述颇丰，代表作品有《加强马克思主义新闻学的研究》《从邸报到现代新闻事业》《中国新闻学研究发展概况》《征鸿片羽集》等。他还主编了《瞿秋白文集》。

《人类征服自然的武器》，温济泽著

王巨才主编：《延安文艺档案（第30册）·延安文学·延安作家·温济泽》，太白文艺出版社2015年版，第2281页。

温飚：《求真务实的广播开拓者与思考者——怀念父亲温济泽》，《中国广播电视学刊》2009年第7期。

李晓光：《为办好广播不懈探索 为培育英才尽心竭力》，《中国广播》2014年第3期。

晓钟：《温济泽——夕阳余晖照满天》，《中国记者》1987年第2期。

王含英：《晚霞灿烂——访老新闻工作者温济泽》，《新闻爱好者》1988年第8期。

吴晓邦

1906—1995
又名吴锦荣
学名吴祖培
江苏苏州人
舞蹈演员
教育家
作家

苏州吴晓邦：中国舞蹈家协会首任主席

吴晓邦是20世纪中国新舞蹈艺术的开拓者，是中国现代舞第一人，也是“中国舞蹈学”的首倡者与率先规划者，是当代中国名副其实的舞蹈泰斗。

1906年，吴晓邦出生在江苏苏州太仓县沙溪镇一个贫苦农民之家。不到1岁时，他被过继到一个大户人家当养子，改名为吴锦荣。他5岁的时候在私塾就读，7岁进入吴县浒墅关小学，学名吴祖培。1916年，吴晓邦跟着养母来到苏州胭脂巷的吴宅。他先后进入东吴大学附中、沪江大学、上海持志大学学习。1927年，他进入武汉中央军事政治学校学习。

1929年2月，吴晓邦赴日本早稻田大学政治经济系留学。在日本留学期间，吴晓邦有一次看到早稻田大学学生创作的舞蹈《群鬼》，他深受震撼，从此之后，他便对舞蹈产生了非常浓厚的兴趣，并下定决心将舞蹈作为自己一生的事业。由于仰慕波兰音乐家肖邦的爱国思想和艺术才华，他把自己的名字改为吴晓邦。从1929年到1936年10月，他三渡日本学习芭蕾舞和现代舞。1932年，他在上海创办晓邦舞蹈学校。1934年回国后，他在上海中新剧艺学校从事舞蹈教学工作。1935年，他创办了晓邦舞蹈研究所。1937年9月，吴晓邦加入了抗日救亡演剧四队。后来，他在四川江安国立艺专、新安旅行团教舞蹈。1938—1945年，吴

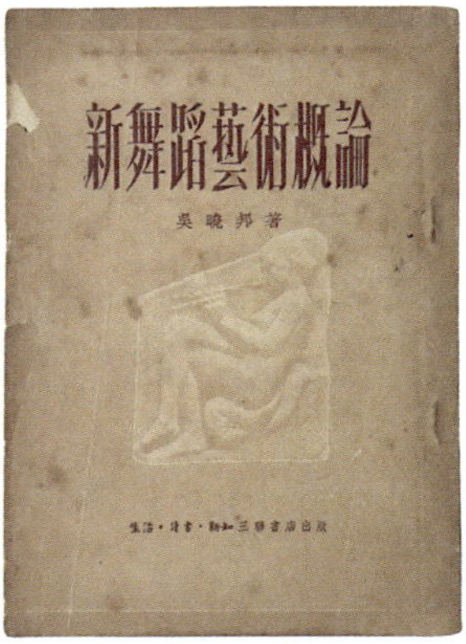

《新舞蹈艺术概论》，吴晓邦著

晓邦在广东、上海、桂林、重庆等地开展新舞蹈活动。1943 年，他在广东省曲江地区的省立艺术专科学校开设了舞蹈系，这是中国最早的正规专业舞蹈教育机构。他 1945 年赴延安鲁艺任教，1949 年加入了中国共产党。

新中国成立后，吴晓邦一直在北京从事舞蹈教学及舞蹈理论研究工作。1952 年，他出任中央民族文工团（中央民族歌舞团的前身）第一任团长。他曾当选为全国文联委员、中国舞蹈家协会首任主席、中国舞蹈研究会主席、全国政协委员等。1958 年，他创办了我国第一份公开发行的舞蹈专业期刊——《舞蹈》双月刊。1980 年，文化部任命吴晓邦为中国艺术研究院舞蹈研究所首任所长。1982 年，吴晓邦在中国艺术研究院研究生部担任我国舞蹈专业的第一位硕士与博士研究生导师。

吴晓邦一生创作了 114 部舞蹈和舞剧作品，如《义勇军进行曲》《游击队员之歌》《饥火》《罂粟花》《虎爷》《宝塔与牌坊》等。1994 年，《游击队员之歌》和《饥火》被确认为中华民族 20 世纪舞蹈经典。他著有《新舞蹈艺术概论》《舞蹈新论》《吴晓邦谈艺录》《舞蹈续集》《舞蹈学研究》等专著。

1999 年，在吴晓邦的故乡江苏太仓我国第一座以个人名字命名的舞蹈纪念馆——吴晓邦舞蹈艺术馆落成。

王巨才主编：《延安文艺档案（第30册）·延安文学·延安作家·吴晓邦》，太白文艺出版社2015年版，第2282页。

王晓茹：《吴晓邦先生对中国舞蹈史学的建树》，《舞蹈》2021年第6期。

欧建平：《我的先生吴晓邦》，《舞蹈》2021年第3期。

于平：《吴晓邦：谦和并坚定着》，《民族艺术研究》2015年第3期。

何柳：《革命洪流中舞蹈家吴晓邦的传奇人生》，《兰台世界》2014年第19期。

范舟：《吴晓邦先生的留日生活》，《舞蹈》2021年第4期。

阿甲

1907—1994

原名符镇宝

后改名符律衡

曾用名符正

江苏常州人

当代戏曲理论家

剧作家

戏剧家

导演

一、阿甲其人

阿甲，出生在江苏常州武进县埠头镇。[①] 他是探索京剧现代戏的杰出代表。

阿甲的父亲是教员，家中清贫。阿甲自幼性喜书法、绘画，酷爱京剧艺术。他曾就读于宜兴中学，未能毕业。他大部分时间在家从父学习，青年时期在家乡教过书，在上海当过工人，还做过宜兴《亦报》等报刊的编辑。

“七七事变”爆发后，阿甲流亡到武汉，后转入山西，一路上，他通过文艺进行抗日宣传。1938年年初，临汾沦陷，他西渡黄河到延安参加革命。他先在鲁迅艺术学院美术系学习，不久后，即调任鲁艺平剧研究团团长，开始专门从事戏曲艺术工作。他本想到延安学习军事，但在一次晚会上，阿甲用京剧“西皮流水”的板式演唱了《游击队之歌》，博得满堂喝彩，从此，一曲定终身，阿甲被调去从事京剧工作。因为阿甲说话有些口吃，延安的同事学他说话的样子“阿……阿……甲”，他遂顺人意，改名阿甲。

1942年，平剧研究团与贺龙部战斗京剧团合并，成立延安平剧研究院，阿甲担任研究室主任、

① 关于阿甲的籍贯及出生地，似有不同说法。百度百科显示：阿甲为江苏宜兴丁蜀镇双桥村人，出生于武进。“梨园百年琐记”则介绍，阿甲出生于江苏武进，祖籍武进。

院委、副院长等职。他还参加了延安文艺座谈会。为响应运用传统戏曲形式为抗日战争服务的倡议，他编演了《钱守常》，并参与了鲁艺实验剧团以抗日战争为题材的京剧《松花江上》《松林恨》《穷人恨》《夜袭飞机场》等的编演工作，这些作品是京剧舞台上的第一批革命现代戏。鲁艺平剧研究团成立后，阿甲参与编导演出的新编历史京剧《三打祝家庄》曾受到毛泽东的称赞。新中国成立后，阿甲担任中国京剧院（时任院长为梅兰芳）总导演（1955）、副院长（1960）等职。

在全国第一次文学艺术工作者代表大会上，阿甲被选为中国文联委员、戏剧家协会理事。这一时期，他继续从事戏曲导演、表演艺术的研究工作，以寻求我国戏曲舞台艺术的规律和特点，更好地继承和发展艺术传统。他写了许多论点鲜明、分析细致的戏曲论文，比较集中地从理论与实践相结合的层面探讨有关戏曲表演的各种问题，受到戏曲界的好评。

1958 年，阿甲为中国京剧院导演了现代京剧《白毛女》。

1962 年 9 月，他的论文集《戏曲表演论集》由上海文艺出版社出版。同时，他还投入较大精力进行革命现代京剧的创作和研究。1982 年，他在北京为苏州京剧团著名演员胡芝风加工复排《百花公主·赠剑》。1983 年，他为江苏省昆剧院排演《朱买臣休妻》。1990 年 11 月，他的论著《戏曲表演规律再探》由中国戏剧出版社出版。

1964 年，阿甲作为主要编剧并担任导演的革命现代京剧《红灯记》在北京上演。1965 年，《红灯记》剧本由中国戏剧出版社出版。这个戏以高度的思想性和艺术独创性，创造出革命的、崭新的京剧风格，阿甲为革命现代京剧运动做出了贡献。

进入新时期后，阿甲先后担任中国京剧院名誉院长、文化部振兴京剧指导委员会副主任、文化部文学艺术研究所顾问、中国京剧院领导小组成员、中国戏剧家协会副主席、中国戏曲表演学会会长。他还当选为全国政协第五、六届委员。

二、阿甲与现代京剧《红灯记》

《红灯记》改编自电影剧作家沈默君在黑龙江时听到的一个抗日小故事。1961 年年底，沈默君调入长春电影制片厂担任编剧后，与导演苏里、于彦夫等人合作，经过重新构思，由沈默君、罗国士（罗静）执笔，创作了剧本《革命自有后来人》，随后由于彦夫执导拍摄成电影《自有后来人》。剧本以伪满时期中共吉林市委第一代领导人李维民的革命经历为原型，讲述了铁路扳道工人、共产党地下工作者李玉和一家三代为向游击队传送密电码而与日寇坚决斗争的故事。

电影上映后引发了一股改编热潮，其中影响最大的是哈尔滨京剧团改编的现代京剧《革命自有后来人》。此时恰逢现代京剧蓬勃发展之初，剧本被哈尔滨京剧团看中后，经过重新编排，恢复了剧本最初的名字——《红灯记》，这部现代戏上演后便一炮走红。不久后，上海爱华沪剧团将其改编为沪剧《红灯记》（应云卫担任艺术指导）。1963 年 10 月，文化部副部长林默涵遵照上级指示，建议根据上海的本子重新将《红灯记》改编为现代京剧。林默涵立刻请来中国京剧院副院长阿甲，请他把这项工作承担起来，争取参加 1964 年的全国京剧现代戏观摩演出。

在院党委书记兼副院长张东川的主持下，中国京剧院精选了编剧、导演、演员、音乐和舞台美术设计者，组成创作集体，由阿甲全面负责并担任导演。由于阿甲当时还负责《战洪峰》《红色娘子军》等剧目的排练，忙不过来，便确定由京剧院文学组编剧翁偶虹执笔改编剧本。

翁偶虹写出的第一个本子，没有达到阿甲的要求。阿甲亲自动笔，将这部戏的主题定为“革命难免流血牺牲，要百折不挠，要前仆后继”。阿甲是一名老共产党员，他对剧中人物的精神和性格有着深刻理解与共鸣，他笔尖倾注着满腔热血和激情。为了歌颂“三代人”的坚强意志和高尚情感，阿甲写出了《提篮小卖》《听奶奶讲革命》《狱警传，似狼嚎》等一首又一首经典唱段，而另一曲轻快、明亮的《都有一颗红亮的心》则出自翁偶虹之手。这些唱段得到了同行的一致赞扬，称它们是“革命激情与民歌、民诗的结合”“有分量，有意境，富于诗意而又深入浅出”，是“自由格律诗”。这些唱段至今仍传唱不衰。

20 世纪 60 年代，阿甲经过多年积累之后进入现代京剧创作的顶峰时期。他将多年对现代京剧的探索和研究心血，

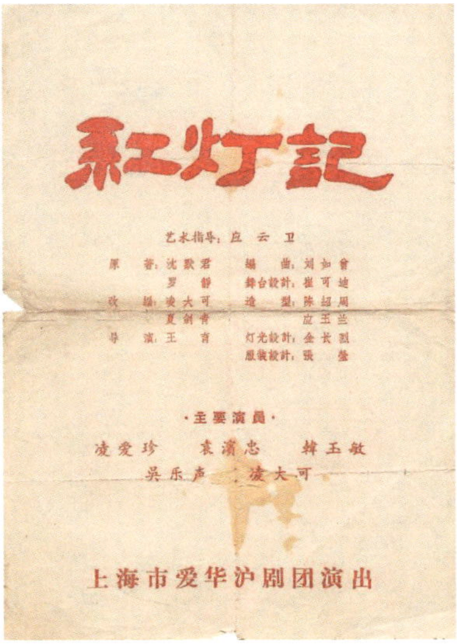

沪剧《红灯记》演出海报

沪剧《红灯记》剧照

全部倾注在现代京剧《红灯记》中。他对整个演出进行了精心的设计，对舞台进行了细致的安排，对许多唱词进行了深入的发掘，还挑选了著名京剧演员李少春、高玉倩、刘长瑜、袁世海担任主演。“全国京剧现代戏观摩大会”于1964 年 6 月 5 日至 7 月 31 日在北京举行。在阿甲和剧组所有人员的共同努力下，《红灯记》在观摩演出中引起了轰动。全国各大媒体相继对此作了大量报道，认为京剧能不能反映现实生活与今天的时代精神，阿甲编导的《红灯记》作了肯定的回答。许多京剧界的同行和专家也都认为：“《红灯记》是京剧表现现实生活的里程碑。”[①]

这部现代京剧也引起了党和国家领导人毛泽东、刘少奇、周恩来的高度重视和肯定。 演出之后，全国掀起了一股《红灯记》热，许多其他剧种都向其学习，改编或上演《红灯记》，《红灯记》里的许多唱腔逐渐传遍了大街小巷。

《红灯记》是中国京剧艺术家们共同努力的结果，阿甲在其中起到了关键作用。从此，阿甲的名字便与《红灯记》这部现代京剧紧密相连。

1990 年，在徽班进京 200 周年之际，《红灯记》作为现代京剧的首演剧目，被放在了令人瞩目的位置。

2021 年 4 月，《红灯记》入选庆祝中国共产党成立100 周年优秀舞台艺术作品展演名单。

---

① 沈国凡：《〈红灯记〉与阿甲的悲剧命运》，《文史精华》2005 年第 1 期，第 60 页。

王建柱：《阿甲与现代京剧〈红灯记〉》，《红广角》2013年第7期。

王建柱：《阿甲与现代京剧〈红灯记〉（续）》，《音乐生活》2014年第7期。

王建柱：《阿甲与现代京剧〈红灯记〉》，《世纪风采》2017年第1期。

王巨才主编：《延安文艺档案（第1册）·延安戏剧·延安戏剧家·阿甲》，太白文艺出版社2015年版，第1—40页。

严辰

1914—2003
原名严汉民
笔名厂民、屯日、刘亡、安弥、安敏、严仪、严辰、严翔、杨坪、沈彦等
江苏常州人
现代诗人
作家

1914年，严辰出生于江苏常州武进县周桥镇，他自小跟随母亲在家务农，他父亲是个小商人。他先是报考无锡县工商中学，未被录取。1927年，他考入苏州中学附属吴江乡村师范。从1930年秋起，他在县报上发表了一些诗歌，编写了一段时期的诗歌副刊《怒涛》。1931年春，他到武进县雪堰桥小学教书，并经常为县《中山日报》副刊写诗，主要是爱情诗。在这里，他结识了逯斐，共同的志趣使他们慢慢产生了爱情。

1933年夏，严辰进入上海正风文学院（上海研究中国文学的最高学府）学习，开始向上海一些报刊投稿，《申报》“自由谈”、《诗歌月报》《现代》《人间世》《文学》《中流》等都发表过他的诗作。他还和蒋锡金等一起创办了《当代诗刊》，共出版了6期。当时他虽然才20岁，但已积累了较为丰富的创作经验。

抗日战争初期，他到过武汉、重庆，参加了中华全国文艺界抗敌协会成立大会。1938年6月，他考进了位于重庆的国立编译馆。在《大地画刊》《文艺阵地》《抗战文艺》《文艺月报》等刊物上发表过诗作。

从1940年秋开始，严辰就计划去延安，但因为经费拮据，他和逯斐曾一度滞留宝鸡。直到1941年2月中旬，他们在宝鸡遇到艾青、张仃、罗烽，遂与他们同行，一路经历许多盘查，终于在 1941 年 3 月 8 日到达延安。严辰主要在延安文艺界抗敌协会从事创作，其间他接触了很多文艺界艺术家，得到了很多学习和锻炼的机会。1942 年，他参加了延安文艺座谈会。1943 年，他在延安鲁艺参加了“文艺整风运动”。他还曾深入部队体验生活。1944 年，他去南泥湾三五九旅访问，回到延安后被调到中央党校任第四部教员。在那期间，他写下了第一支对革命圣地的颂歌《延河恋歌》（后改名为《唱给延河》），并署名 AM 将诗歌发表在桂林的《诗创作》上，后来还出版了单行本。此后，严辰还创作了《早晨》《塔》《路》《我们的队伍》《暂别》等诗歌，主要描写他自己到达延安后对抗日民主根据地的感受，表达了他对延安、边区人民和人民子弟兵的热爱。

1958 年，严辰（左）与郭小川（右）、茅盾（中）在黑龙江哈尔滨合影

《繁星集》，严辰著

抗战结束后，严辰参加奔赴前线的华北文工团的文学小组，后文工团并入晋察冀联合大学，成立文艺学院。严辰曾先后在晋察冀联合大学、华北大学文学系任教员，参加过“土改运动”，写过《新婚》《生命的春天》《伟大的慈心》等有特色的诗歌，这些诗歌后来编进了《晨星集》。

1949年北平（今北京）解放前夕，严辰作为华北大学文学创作组组长，和吕剑、唐因一起到北平外围的围城部队四十一军深入生活。北京解放的第一天，他便随部队入城。在北京，他先在文教接管委员会工作。全国第一次文代会前后，他负责编辑会刊《文艺报》。1951年春，他随慰问团第一次去朝鲜志愿军部队，写了诗集《战斗的旗》。从朝鲜回北京后，他任人民文学出版社现代文学编辑部主任。

1953 年，严辰再次来到朝鲜，创作了诗集《英雄与孩子》。1954 年，他到长春、北大荒、南京、韶山等地参观。1956 年，他访问了苏联，写了诗集《最好的玫瑰》。1957 年冬，他响应周恩来总理的号召，前往黑龙江，写了不少关于黑龙江大森林以及表现黑龙江人民生活变化、歌颂革命斗争先烈的诗篇，这些诗歌收入了《山丹集》。1961—1963 年，他曾访问新疆、海南岛、雷州半岛，写下了《白杨篇》《红棉篇》，与写黑龙江的《青松篇》一起出了合集《春满天涯》。

1979 年 8 月，中国作协派作家代表团访问罗马尼亚，严辰任团长。其间，他创作了不少诗作，后来这些作品以“玫瑰”为题，加上 1957 年、1961 年他出访苏联和波兰时所写的部分作品，以《玫瑰和石竹》作诗集名编入了诗刊社主编的《诗人丛书》第一辑。

严辰的其他诗集有《红岸》（1959）、《繁星集》（1959）、《青青的林子》（1960）、《迎春曲》（1951）、《红霞集》（1962）等。1980 年，人民文学出版社出版了《严辰诗选》。

严辰先后任《新观察》主编、《诗刊》副主编、黑龙江省文联副主席兼党组副书记、作协黑龙江省分会副主席、《北方文学》主编、《诗刊》主编、《诗刊》顾问、中国文联委员、中国作家协会理事等职。

王巨才主编：《延安文艺档案（第30册）·延安文学·延安作家·严辰》，太白文艺出版社2015年版，第1923—1939页。

朱先树、刘湛秋：《严辰的诗歌道路》，《新文学史料》1987年第2期。

逯斐

1914—1994
原名王松黛
笔名宋玳、逯菲
江苏无锡人
作家

“七七事变”爆发后，逯斐来到武汉，参加了上海救亡演剧八队，做宣传工作。后来，她到四川省立戏剧学校学习，之后任职于重庆育才学校戏剧系。1938 年参加革命工作后，她考入四川省立戏剧实验学校本科学习。1939 年，她在重庆加入文艺界抗敌协会。她于 1941 年 3 月到达延安，历任延安抗日军政大学俄文队学员、延安文艺界抗敌剧协创作员、延安青年艺术剧院教员。1946 年，她担任张家口华北联合大学戏剧系教员。新中国成立后，她成为中央戏剧学院创作室专业作家。1952 年，她调入中央文学研究所任研究员。同年，她随中国作家访问团访问朝鲜。1957 年，她在黑龙江省从事专业文学创作。

逯斐著有散文集《解冻以后》《第一场风雪》《猎人小屋》《海树集》《光荣的岗位》，小说集《青春的光辉》《森林在歌唱》《提炼》，独幕剧本《歧途》《迫害》，话剧剧本《十九号》（合作）、《胜利列车》（合作），歌剧剧本《延水长流》，电影文学剧本《列车飞奔》等。她还出版了小说、散文集《窗外红玫瑰》《迷山》《林海初航》《呼玛河畔》等。

《解冻以后》，逯斐著

逯斐：《追求之路》，《新文学史料》1980 年第 4 期。

严寄洲

1917—2018
原名严顺原
江苏苏州人
现代剧作家
电影导演
戏剧家

1917 年 10 月 9 日，严寄洲出生在江苏苏州常熟县城周神庙弄。[1] 他父亲严翊程是个商人，严寄洲从小就喜欢绘画、唱歌、创作。他 1925 年就读于常熟海虞第三小学，1929 年就读于常熟实验高小，1931 年因在中学办壁报《血报》被学校开除，他便转入基督教会创办的诚一中学学习。参加革命前，他在上海世界书局印刷厂当练习生。“七七事变”后，他失业，后来参加了“国民救亡团”，做宣传工作，后由上海地下党帮助前往延安。他从上海乘船出发，为了防止日本兵搜查，在暗藏了党组织介绍信的牛皮纸封面写的是其发表文章时用的笔名“严寄洲”，从此他就改用此名。

1938 年 8 月，严寄洲到了延安，进入延安抗日军政大学学习，同年参加了八路军，并加入了中国共产党。同年 12 月，他参加抗大第七大队宣传队。第二年年初，他赴晋察冀边区，在抗大二分校文化工作团当演员及编导。此间，他为《太行山上》的歌词谱曲，这也是其唯一一次谱曲。1939 年 10 月，他被调到贺龙将军领导的八路军一二〇师，在战斗剧社任导演和编剧。1944 年 10 月，他创作的五幕话剧《甄家庄战斗》和秧歌剧《开

① 《延安文艺档案》中记载严寄洲出生于 1917 年 8 月 28 日。此处参见李炎：《一生求索——记著名影剧编导严寄洲》，《新文化史料》1997 年第 1 期。文中介绍其出生日为阴历八月二十四。

荒一日》，由吕梁文化教育出版社出版，荣获晋绥边区“七七七文艺奖金”。同年，他当选为晋绥美术工作者协会主席。

抗战胜利后，严寄洲在第一野战军战斗剧社任编导。1949 年，新华书店出版了他参与创作的五幕歌剧《女英雄刘胡兰》（与魏风等人合作）和五幕话剧《九股山的英雄》（与林杨等人合作）。

新中国成立后，严寄洲在西南军区战斗文工团任创作室主任，并先后参加了中国作家协会、中国电影工作者协会和中国戏剧家协会。1951 年，他出版了五幕话剧《第二次攻击》（与顾工合写，国防出版社出版），该剧演出后曾获云南军区文艺一等奖。1953 年 6 月，他被调到八一电影制片厂当导演。同年，他在《解放军文艺》上发表了独幕话剧《水》，并在《剧本》月刊发表了另一个独幕话剧《枪》。这两个作品于 1954 年均被收入戏剧集《边疆小戏》（与郑洪合写，上海文艺出版社出版）。严寄洲执导的第一部电影是纪录片《祖国的边疆》（1954），这也是中国第一部海洋题材的纪录片。1955 年，他编导了八一电影制片厂公映的第一部故事片《脚印》。1956 年，他出版了电影文学剧本《脚印》（中国青年出版社出版）。1957 年，他为八一电影制片厂创作出第一部战斗故事片《战斗力成长》和第一部以残疾人为主角的影片《五更寒》。1959 年，他与郑洪合写了电影文学剧本《一日千里》（中国电影出版社出版）。1960 年，他到唐古拉山，下连队当兵，写了独幕话剧《道班之夜》（1961，《甘肃文艺》）。

1964 年，严寄洲出版了根据著名小说《野火春风斗古城》改编的电影文学剧本《斗古城》（与李英儒合写，群众出版社出版），后拍成电影在全国上映，深受群众欢迎。同年，他还根据同名话剧改编了电影文学剧本《带兵的人》（与肖玉合写，中国电影出版社出版）。

自从事导演工作以来，严寄洲先后导演了 25 部故事影片（含合作导演），主要影片如下。

1950 年代：《战斗里成长》《五更寒》（1957）、《英雄虎胆》《一日千里》（1958）、《海鹰》《赤峰号》（1959）；

1960 年代：《哥俩好》（1962）、《野火春风斗古城》（1963）、《带兵的人》（1964）；

1970 年代：《万水千山》（1977）、《猎字 99 号》（1978）、《二泉映月》（1979）；

1980 年代：《破雾》（1981）、《再生之地》（1983）、《陈赓蒙难》《陈赓脱险》（1984）、《柳菲的遗书》（1985）、《死亡集中营》（1986）、《猎豹出击》（1987）等。

1978 年，严寄洲与黎静合写了电影文学剧本《三个失踪的人》。同年，他作为中国电影代表团成员赴朝鲜参加“中国电影周”活动。1979 年，在第四届全国文代会上，他当选为全国文联委员、影协理事。2005 年，他被人事部授予“国家有突出贡献电影艺术家”称号。2012 年，他获得中国电影金鸡奖终身成就奖。2017 年，他获得第八届中国电影协会颁发的年度杰出贡献导演奖。

严寄洲的成名之作是他 1958 年执导的《英雄虎胆》，这是中国电影史上一部影响极大的反特片，堪称谍战片变革之作，被公认为新中国电影史上最成功的惊险片之一，被视为国产谍战题材影片的教科书。这巨大成功的机缘源于严寄洲在编辑部好多作废的剧本里面，翻到一本《北仑河畔》，书中描写了 10 万大军剿匪的故事，虽然故事庞杂繁碎了些，但是，他认为选材角度好，有潜力可挖。于是，他亲自去广西补充搜集材料，重新调整、增删和浓缩相关内容，并将看似风光片的名称改为《英雄虎胆》，成为一部军事惊险片。严寄洲在选择演员时，一反常规，请刚从北京电影学院表演训练班进修结束的于洋饰演男一号、侦察科长曾泰，那时于洋还不到 30 岁，严寄洲认为于洋的眼睛明亮机灵，非常富有表情。侦察科长曾泰是于洋职业生涯中最重要的银幕形象之一，令于洋名声大噪，一夜之间红遍大江南北。严寄洲还挑选常演纯情少女的 24 岁的王晓棠饰演漂亮的女特务阿兰，这一角色被观众誉为“最美女特务”“国内银幕第一女特务”。电影中的著名场面就是曾泰和阿兰大跳伦巴舞的场景。严寄洲请 24 岁的张勇手扮演耿浩。张勇手原名“张永寿”，严寄洲将其改作此名，让他在电影《海鹰》中饰演李雄，张勇手后曾扮演电影《林海雪原》中的“少剑波”，是我国 20 世纪 60 年代观众心目中的“大众男神”。

1959 年，25 岁的王晓棠与 27 岁的王心刚、25 岁的张

电影《英雄虎胆》剧照，严寄洲导演

电影《哥俩好》宣传海报，严寄洲导演

电影《野火春风斗古城》剧照，严寄洲导演

勇手共同主演的剧情电影《海鹰》上映，严寄洲让王心刚饰演鱼雷快艇中队长张敏，让王晓棠饰演张敏的妻子、民兵连长吴玉芬，让张勇手饰演军士长李雄。王心刚与王晓棠两人颜值相当，配合默契，特别是两人在影片中开着吉普车兜风的画面更是迷倒了万千青年观众。

1962 年，严寄洲导演了军旅喜剧片《哥俩好》，让不到 30 岁的张良主演男一号，张勇手主演男二号，而让王心刚饰演指导员。张良在《哥俩好》中成功一人分饰了大虎、二虎两角，并因此获得第二届大众电影百花奖“最佳男演员”奖，开新中国电影角色表演之先河。

在《野火春风斗古城》中，导演严寄洲继续让王心刚、王晓棠扮演“红色恋人”，并让王晓棠一人分饰谍报双姝金环、银环两角，同样大获成功，王晓棠饰演的金环、银环让观众忘记了片名《野火春风斗古城》，很多人直接把它叫作“金环银环斗古城”。王心刚在片中饰演地下工作者杨晓东。王心刚还在电影《红色娘子军》中饰演洪常青，后又在电影《烈火中永生》中饰演刘思扬，在电影《侦察兵》中饰演郭锐，在观众心目中树立了令人难忘的军人形象。在因故颁奖典礼夭折的1964年第三届大众电影百花奖评比中，《野火春风斗古城》的女主角王晓棠、男配角王心刚榜上有名。[①]《野火春风斗古城》成为王晓棠、王心刚的电影代表作之一，也成为严寄洲电影导演的巅峰之作。因为出色的表演，王心刚在当时有“银幕第一美男子”、中国电影男明星“英俊帅气标杆”之美誉。王晓棠与王心刚成为最早的一对银幕情侣，被誉为“最佳银幕情侣”，当时很流行的一句话就是，“男看王心刚，女看王晓棠”。

1958年，王晓棠在严寄洲导演的电影《一日千里》中饰演小夏。王晓棠曾经这样评价导演严寄洲：“电影《野火春风斗古城》是我和严寄洲导演合作的第四部片子，他是一个很信任演员、给演员创作自由的导演。他信任我能提出很

---

① 舒云：《严寄洲谈第一部军旅喜剧电影〈哥俩好〉幕后》，《党史博览》2021年第3期，第50页。

好的创作意见，就放手让我改文学剧本和分镜头，所以我的编导能力得到了锻炼，我很感谢他。”[①]

严寄洲于 1978 年导演的《猎字九十九号》是我国第一部运用电子音乐的电影。

1983 年，严寄洲又导演了剧情片《再生之地》，该剧讲述了抚顺战犯管理所工作人员根据党的政策和周恩来同志的指示，对被关押的日本战犯进行思想改造的故事。严寄洲让 29 岁才正式走上银幕的、时年 33 岁的斯琴高娃饰演女主角川岛真美子。影片公映后引发海内外强烈社会反响，该片一举夺得第四届中国电影金鸡奖 3 个单项奖。

在电影《二泉映月》中，导演严寄洲大胆选用从未拍过电影的锡剧演员袁梦娅饰演女主角琴妹，该片公映后，袁梦娅深受观众的喜爱，这次演出也成了袁梦娅的银幕首秀。在影片中，她亲自演唱的《小小无锡景》等两首插曲风靡大江南北。严寄洲还邀请早已因为电影《柳堡的故事》中的甜美二妹子形象成名了的陶玉玲饰演角色风格迥异的阿根嫂，同样获得成功，大大拓宽了陶玉玲的戏路，使她迎来了事业的第二春。

导演严寄洲不仅善于挖掘演员的潜力，让演员不断突破自己，而且很有市场意识，练就了一副为影片取名的绝活儿：

---

① 田园：《走一条箭头永远向上的路——访电影艺术家王晓棠》，《中国文艺评论》2022 年第 1 期，第 119 页。

我喜欢《我是一个兵》，但这个剧名不行，没人看。这个电影叫什么名呢？那些天我脑子里一直在想。早上醒来，恍惚听见喝酒划拳的嘈杂声，我听见“全福寿，哥俩好”，太棒了，就叫《哥俩好》！

我非常重视电影名，电影名太重要了，那是一部电影的名片，每次我都要绞尽脑汁想好长时间。一般观众就是根据电影片名才决定看不看这个电影的，电影名起坏了，票房非大跌不可。“文化大革命”后我的第一部电影《猎字九十九号》，原小说名叫《战争在继续》，这个小说名就不太卖座，我给改成《猎字九十九号》，一听，反特片，票房上去了。1980 年我拍摄的《三个失踪的人》，原名叫《三个共产党人》，描写延安保卫战中，三个失散者在敌后与敌人展开斗争的故事。故事是好故事，没拍好，粗糙、肤浅、苍白，自己也觉得拿不出手。我曾建议不要发行算了。可花了那么多的钱，不收回成本也不行，只得汗颜拿上市场。出乎意外，《三个失踪的人》卖出不少拷贝，观众还很多。不仅成本回来了，还赚了钱。我想主要是片名的原因，吸引了观众。还有“文化大革命”前我拍的《英雄虎胆》，原名《北仑河畔》，像风光片，我想了好几天，叫《英雄虎胆》吧，这个名也起对了。[1]

---

① 舒云著：《制造明星：严寄洲自述》，人民日报出版社 2012 年版，第 221 页。

2005 年 10 月，中国电影出版社出版了《往事如烟——严寄洲自传》。2012 年 10 月，人民日报出版社出版了舒云所著《制造明星：严寄洲自述》。作为共和国第一代导演，严寄洲有着杰出的成就和贡献，2017 年 5 月，央视《中国文艺》专题片赞其为“电影界大国工匠”。

王巨才主编：《延安文艺档案（第3册）·延安戏剧·延安戏剧家·严寄洲》，太白文艺出版社2015年版，第1274—1277页。

田园：《走一条箭头永远向上的路——访电影艺术家王晓棠》，《中国文艺评论》2022年第1期。

启之、李镇、皇甫宜川：《严寄洲访谈录》，《当代电影》2008年第3期。

李镇：《再访严寄洲》，《当代电影》2013年第3期。

李炎：《一生求索——记著名影剧编导严寄洲》，《新文化史料》1997年第1期。

舒云：《严寄洲谈第一部军旅喜剧电影〈哥俩好〉幕后》，《党史博览》2021年第3期。

顾育豹：《我军首部反映淮海战役的话剧诞生记》，《党史文苑》2007年第23期。

夯石（张琳）、彭立昭：《本刊记者追忆——传奇导演严寄洲》，《北广人物》2018年第26期。

李博：《严寄洲："不赔钱"导演的电影经》，《中国艺术报》2012年10月29日第8版。

舒云著：《制造明星：严寄洲自述》，人民日报出版社2012年版。

赖丁力：《不平坦的道路——记〈死亡地带〉导演严寄洲》，《电影评介》1988年第5期。

朱丹

1916—1988
原名朱家瑜
笔名天马、未冉、彭生、渥然等
江苏徐州人
美术家

朱丹原名朱家瑜，[①]1924年，朱丹的祖父朱星斋以校董身份资助画家王继述等成立徐州艺专。朱丹从小受家庭影响喜爱书画。1926年，他进入徐州第一高等小学，插班六年级读书。他1928年考入铜山师范初中部，1932年考入省立徐州中学高中部，1935年考入天津南开大学经济系。1936年，由南开大学地下党负责人沙兆豫介绍，朱丹秘密加入了中国共产党，成为天津市学联代表，在南开参与建立“中华民族解放先锋队”，组织进步文艺社团“铁流文艺社”和“天津漫画协会”等。1937年，他因参加“一二·九运动”被校方开除，后转到南京国立中央大学艺术系，受教于徐悲鸿。在校期间，他组织二七剧社，参与编辑校学生联合会主办的刊物《生活文学》，成为中央大学和南京市抗日救国联合会的领导成员。

“七七事变”爆发后，学校停课，朱丹回到徐州带领其兄弟奔赴西北抗日前线。他加入了李公朴创办的全民通讯社，到山西当战地记者，主办《战地新闻》和“抗战漫画巡回展”，写战地通讯，他发表了许多战地漫画。1937年年底，他来到重庆，受中共中央宣传部部长凯丰领导。

---

① 一作“朱家骝”，参见徐沛君：《朱丹先生和他的治学》，《美术观察》2014年第7期，第132页。此处暂采用《延安文艺档案》中的记录。

1938年，由周恩来、凯丰介绍，朱丹从重庆去了延安，在中共中央统战部工作，任科长。1940年，他任西北文艺工作团副团长。1941年，他带领西北文艺工作团深入陕北农村，举办美术展览会，与张仃合编《街头画报》，并自编自演话剧。1942年1月，他与华君武、蔡若虹等参加边区美协举办的“反侵略画展”，后进延安中央党校学习，参加“整风运动”。1942年5月12日，他参加了延安文艺座谈会。1943年5月，他第二次进入党校学习。1945年2月，他被调到党校四部做文化教员，为从解放区来到延安的团职干部授课。

抗日战争胜利后，鲁艺奉令迁离延安，朱丹作为东北文艺工作团成员，于1945年10月到达东北沈阳，被分配到1945年8月成立的《东北画报》社工作。1946年1月，《东北画报》创刊号出版。1946年2月，朱丹任东北文委局常委、《东北画报》社副社长，并以未冉、渥然、天马等笔名在画报上发表诗歌、评论文章和漫画作品。1948年1月1日，他编导的黑白动画片《瓮中捉鳖》上映，成为新中国第一部电视动画片。1948年5月，光华书店出版了朱丹的诗集《诅咒之歌》（署名未冉），从他1946—1948年间创作的数百首诗中精选而成。是年夏，他接替罗光达任《东北画报》社社长。

1949年5月，朱丹作为东北文化艺术界代表去北京参加了由周恩来主持召开的文化会议，筹建人民美术出版社、《人民画报》社、新闻摄影局。1949年7月2日，中华全国文学艺术工作者代表大会在北平（今北京）举行，朱丹当选为全国文联委员。1949 年 7 月 21 日，在中华全国美术工作者协会成立大会上，他当选为常务理事。

1950 年 3 月，朱丹任新闻摄影局秘书长，7 月，他任《人民画报》社总编辑，9 月，任人民美术出版社副社长、总编辑。1955 年 1 月，他任文化部艺术局副局长。1956 年 6 月 1 日，中国画院成立（1965 年更名为北京画院），他作为艺术局负责人参与画院的组建工作。1958 年 2 月，他被调到文化部民族美术研究所（1959 年下半年由中央美术学院代管）任研究员，从事美术史和艺术理论研究工作。1961 年 4 月，民族美术研究所改名为中国美术研究所，他被任命为所长。同年，他开始制订招收培养研究生的 10 年计划和招收“副博士”研究生的准备工作。1964 年，他招收了新中国成立以来第一位美术史论专业研究生，成为新中国历史上最早招收艺术类研究生的导师。

1975 年，中国美术研究所与另外两个研究所合并，成立了文化部文学艺术研究所，朱丹回研究所工作。1977 年，他出任中央美院领导小组组长。1978 年 8 月，中国美术家协会（恢复）筹备组成立，他任副组长。1979 年，他任中央美术学院第一副院长。文化部文学艺术研究所在 1980 年更名为中国艺术研究院，院属研究生部成立，他成为中国恢复高考制度建立学位制之后，最先招收艺术学科研究生的导师之一。1980 年 5 月，他任中国画研究院（中国国家画院前身）筹备组组长。1981 年 3 月，朱丹负责筹备组建中国书法家协会，1981 年 5 月中国书法家协会成立，他当选为副主席。他还担任过《美术研究》的主编。

朱丹著有《朱丹书法选集》（辽宁美术出版社出版，1985）、《朱丹诗文选》（作家出版社出版，1990）。

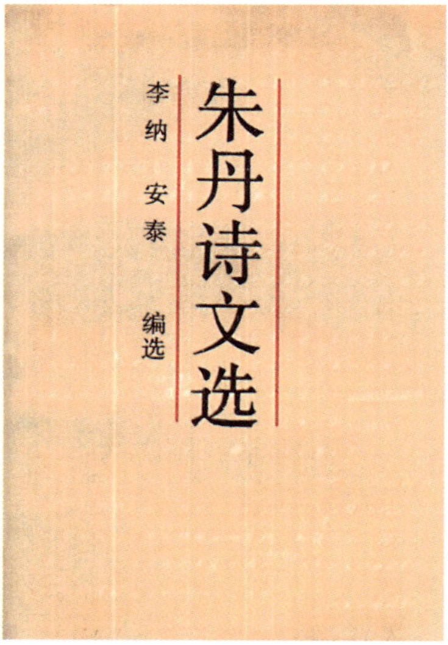

辽宁美术出版社出版的《朱丹书法选集》
作家出版社出版的《朱丹诗文选》

王巨才主编：《延安文艺档案（第49册）·延安美术·延安美术家·朱丹》，太白文艺出版社2015年版，第1670—1689页。

徐沛君：《朱丹先生和他的治学》，《美术观察》2014年第7期。

《悼念朱丹同志》，《美术研究》1988年第3期。

刘迅：《大海一样的人——怀念战友朱丹同志》，《美术研究》1988年第3期。

韩塞

1918—1995
原名韩原德[1]
曾用名唐伶、司徒展
江苏南京人
戏剧编导
作家

① 据王树萍《韩塞在延安和晋察冀》一文，韩塞原名作“韩原德”。王树萍在《忆在抗日战争中的韩塞》（文旅部网页刊文，2011 年 3 月 2 日发布）中，又记作“韩厚德”。《延安文艺档案》中阙如。

南京韩塞：《战斗进行曲》词作者

韩塞，江苏南京高淳人。他在高中时学习成绩名列前茅，和进步同学一起办刊物，宣传进步思想，还组织同学到农村宣传抗日思想，开展救国活动。他还曾针对国民党不抵抗政策，大胆提出实行抗战教育。因他的抗日行为不断触犯校方、当局，他最终被开除学籍。在南京一中时，他还曾被国民党当局投入监狱。

南京沦陷后，韩塞辞别双亲，经过长途跋涉，躲过敌人封锁，于 1937 年年底奔赴延安。在武汉填写自传表格时，为庆祝即将迎来的延安新生活，他改名为韩塞。1938 年 1 月，他到达延安。他先在陕北公学学习政治 3 个月。结业后，他考上了延安鲁艺，任戏剧系第一期二班副班长，同年 8 月初，他被调到鲁艺实验剧团。1938 年 5 月，他在鲁艺聆听了毛泽东的重要讲话。他还参加了歌剧《大丹河水》、话剧《流寇队长》等的演出。除演戏外，韩塞还进行歌剧创作。《青年进行曲》的曲作者是冼星海，词作者是王震之、安波、韩塞，他们 3 人用 10 天时间完成了歌词创作。韩塞还被选为全国陕甘宁边区分会候补委员。

1938 年，韩塞加入了中国共产党。1939 年，他被调到晋察冀边区，担任华北联大文艺学院戏剧系教员。他参演过话剧《带枪的人》，该剧由联大文工团和联大文艺学院师生合演，导演是崔嵬，牧虹饰演列宁、韩塞饰演斯大林，演员还有丁里、崔嵬、张铮、胡海珍、王树萍等。

1939年，中共北方分局为了加强对文艺工作的领导，根据聂荣臻和彭真等领导的指示，设立了“北方分局文艺工作委员会”，成仿吾担任书记，韩塞担任秘书。同年，成立了下属的各个协会，有“教育协会”“文学协会”“美术协会”及“戏剧协会”，戏剧协会主任是崔嵬，韩塞担任副主任兼剧协驻会常任理事。当时，韩塞精心筹备和组织了大型话剧《母亲》的演出。

1943年，韩塞任晋察冀军区抗敌剧社演员、队长、创作组组长，他参加过《前线》《俄罗斯人》两部大戏的演出。新中国成立后，他任职于中央戏剧学院、文化部艺术局等部门。

作为一名剧作家，韩塞创作了《回到祖国怀抱》《不打自招》《墙头草》《朱宝林看得清》《张志勇捉俘虏》《拴不住》《王大炮回头》《硬骨头》等20多部话剧，他还撰写了报告文学《不要杀他》及《戏剧在政治攻势的前线上——叙述一些感想和经验》等10多篇文章。

经过严酷的战争洗礼，1946年10月，韩塞写出《战斗进行曲》的歌词，王佩之为其谱曲。1970年2月1日，《战斗进行曲》和《大刀进行曲》等5首革命历史歌曲作为推广歌曲，被刊登在《人民日报》上，后来由中央乐团演唱并灌制成唱片，从而再次在全军乃至全国传唱，得到了更为广泛的传播。

王巨才主编：《延安文艺档案（第30册）·延安文学·延安作家·韩塞》，太白文艺出版社2015年版，第2225—2226页。

王树萍：《韩塞在延安和晋察冀》，《新文化史料》1996年第4期。

胡可：《忆韩塞》，《文化月刊》1998年第7期。

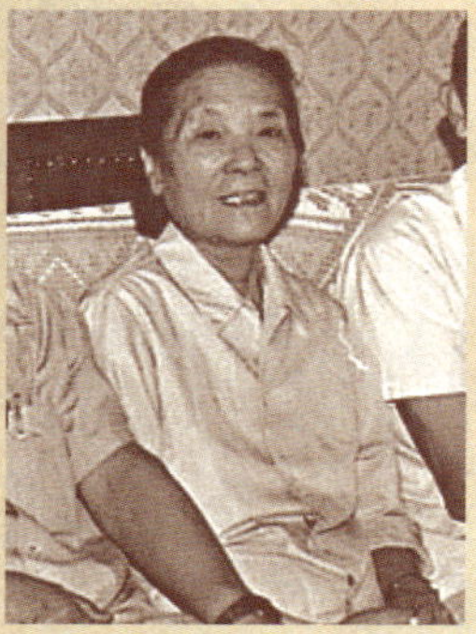

潘奇

1914—2008
原名潘克芬
曾用名潘建
笔名尹子、文元、克纹等
江苏扬州人
音乐编辑出版家
音乐翻译家

扬州潘奇：人民音乐出版社副社长

潘奇，江苏扬州人，曾用名潘建，[1]笔名尹子、文元、克纹等。

潘奇1914年出生于一个旧知识分子家庭，她的父亲善诗文，做过小学校长，后来转到青岛精盐公司任职，1962年去世。她的母亲是家庭妇女，48岁病故。她的弟弟潘克定早年即参加革命，1947年在解放战争中壮烈牺牲。潘奇5岁前即在附近的女私塾读书。进小学后，她喜爱唱游和小歌舞表演。高小一年级时，她学会吹竹笛，参加过校内的小乐队。

1924年秋，潘奇未读完高小，即随全家告别了故乡，移居到了位于黄海之滨的青岛。1925年夏，她考入私立文德女子中学读初一，此校学费昂贵。1926年，青岛首次创办一所市立女子中学，不收学费，潘奇便转入此校读书。1927年，市立女子中学换了一位校长，是刚从北平（今北京）师范大学英文系毕业的，随她同来的还有几位思想比较进步的年轻男女教师。他们反帝、反封建和要求民主革命的思想，对许多学生都有所影响。校方曾鼓励学生参加学生运动，协助学生成立学生会。潘奇曾一度任该校的学生会主席，她参加过“五卅运动”和欢迎“革命军北伐”的游行，还与同学一起

① 亦有写作“健”，参见郭圣祎：《音乐出版家潘奇研究》，青岛大学硕士学位论文，2012年，第8页。

在老师的领导下，秘密散发过反对蒋介石的传单。

1929 年夏，在老师的帮助下，潘奇跟随两位报考大学的高中生去了北平，考进了北平女子师范大学预科，她在北平上大学的费用由姑母提供。1931 年，男女师范大学合并为国立北平师范大学。1935 年，她以读完历史系和修满音乐学分的学历获得学士学位。1929—1935 年这 6 年，特别是本科 4 年，是她正式攻读音乐的开始，这个时期她除了修完一般音乐课程外，还侧重学习了声乐。在师范大学毕业前后，她曾两次参加“北平合唱团”。在这期间，她还向白俄罗斯女歌唱家欧罗普夫人学过声乐。

1935 年夏，上海百代公司来北平灌制唱片，曾邀请潘奇演唱《阳关三叠》，当时的古琴伴奏是古琴家张友鹤，《阳关三叠》成为中国最早的琴歌唱片。

1935—1937 年间，潘奇在北平以教音乐为生。她曾留在母校以兼任讲师名义每周教授 2 小时的唱歌课，此外，她还在市立第二女子中学任高中专职音乐教师，兼任私立协化女子中学等校的音乐教师。1937 年 10 月，在一位同志的帮助下，她准备去延安陕北公学学习，途经西安时被留在上海救亡演剧第一队从事抗日救亡工作。当时她使用的是潘建这个名字。

1938 年春，演剧一队奉命去延安汇报演出后，队员分别进入有关学校学习或工作。潘奇被分配到鲁艺音乐系第一期学习，因得了胃病，她学习了不过数日即转到延安抗敌协会。6 月份，她参加了歌剧《农村曲》的排演。同年 8 月，她离开延安到了重庆。她曾以陕北民歌音调发表过一首《搬夫歌》，也曾试唱过贺绿汀新创作的歌曲《嘉陵江上》。

1939年5月左右，日寇对重庆实施大轰炸，潘奇搭乘“作家访问团”的卡车北上。1939年夏，她在河南国统区军队中开展抗日救亡歌咏、戏剧活动，并做统战工作。1940年4月，她由西安八路军办事处工作人员护送来到延安，被分配到鲁艺音乐系任助教，兼任教戏剧系的一些音乐课程，并参加了新成立的鲁艺音乐工作团。

1940年11月，潘奇加入了中国共产党。1942年5月，她参加了延安文艺座谈会。

1942年11月，潘奇与导演张水华结婚。

1946年3月，潘奇去了张家口，不久又与张水华随由吕骥、张庚领导的鲁艺文艺大队赴哈尔滨开展工作。在哈尔滨公演《白毛女》后，全体干部又转移到佳木斯成立东北大学鲁迅艺术文学院，潘奇教年轻学员乐理与视唱。这一时期，她为塞克的《太阳红彤彤》谱了曲，并发表在《东北日报》上。1947年春，根据战争形势需要，鲁艺全体师生组成了3个文工团分别到牡丹江、佳木斯和哈尔滨（此团后改组为音乐工作团）开展工作，张水华、马可等与她分在合江鲁艺文工团，潘奇任副团长，负责行政后勤工作。受当时“东北书店”编辑部的委托，潘奇编选了两本《儿童歌曲》，还编了一本《简谱教程》，由东北书店出版发行。

1950年抗美援朝战争爆发，因张水华先前已赴北京，组织上决定调潘奇到天津音乐学院研究室任副研究员。此间，她边养病边对全国各地中小学音乐教育状况进行了一次比较全面的调查。她收集了近万份调查材料，在《人民音乐》编辑部的帮助下，整理出一篇调查报告《目前中小学音乐教育的情况和问题》，刊登在《人民音乐》1951 年第 1 期上。

《简谱教程》，潘奇编

1952 年，潘奇任中央音乐学院下属的天津音乐工作团副团长。1953 年，她被调至中国音乐家协会任副秘书长兼办公室主任。1956 年，她作为中国音乐家访问团副团长随团赴北欧访问演出。1958 年 1 月，她被调到音乐出版社任副社长、副总编（1975 年此社改名为人民音乐出版社），同时兼任中国音乐家协会创办、主办的《儿童音乐》的主编，主要从事音乐书稿的编审工作。她还曾担任过中国音乐家协会第二、三届理事。

1985 年，潘奇离休。此后，她以克纹为笔名先后翻译、出版了《怎样即兴创作钢琴伴奏》《德彪西的钢琴音乐》《贝多芬的一生》（与刘建昌合作），以上作品均由人民音乐出版社出版。此外，她还译有《拉威尔》（作品介绍）和《拉赫玛尼诺夫》（传记）两本读物。

为表彰潘奇对我国音乐文化事业和音乐编辑出版事业做出的杰出贡献，2002 年，她荣获了中国音乐最高奖“金钟奖”，并被授予“终身荣誉勋章”。

王巨才主编：《延安文艺档案（第13册）·延安音乐·延安音乐家·潘奇》，太白文艺出版社2015年版，第1291—1320页。

郭圣祎：《音乐出版家潘奇研究》，青岛大学硕士学位论文，2012年。

冶子：《潘奇——一位音乐编辑家》，《人民音乐》1994年第4期。

水华

1916—1995

原名张毓藩、张水华

祖籍湖北钟祥

出生于江苏南京

电影导演

水华原名张毓藩[①]、张水华，祖籍湖北钟祥。

水华1916年出生于江苏南京安品街39号，他在家中排行第三。他1926年从南京女子师范实验小学毕业，1927年进入南京女子师范实验中学，1930年中学毕业后，和同学一起组织成立了“胎儿艺社”，此名源于王茨荪老师的毕业寄语：“要记住，虽然你们在文学艺术上勤奋学步，但还只是营养不足的胎儿。”[②]在此时期，为发表作品之便利，他取笔名“水华”。“胎儿艺社”在“九一八”“一·二八”之后更名为“磨风艺社”，此名取moving（受左翼爱画齿轮和机器，崇尚一切运动的、能冲破陈旧的都是先进的思想的影响）一词的谐音。1933年夏，他进入复旦大学法学系学习，组织了“拓声剧社”。1934年春，他参加了中国左翼戏剧家联盟南京分盟。1936年春，他赴日本研究戏剧，加入了“中华戏剧协会东京分会”“中国留日剧人协会”。1937年4月，他回到上海。“七七事变”后，他参加了上海救亡

---

① 此处采用的是《延安日报》对于水华的介绍资料。《延安文艺档案（第3册）》中关于水华的介绍中作“张毓祥”。又有“张毓蕃”说，参见《从南京走出的著名电影人》（汪作民、关长全、周大元著，《电影创作》1977年第2期，第46页）一文。《延安文艺档案（第43册）·延安影像·延安电影家·水华》第824页介绍水华的文字中，又作“张毓番”。特此说明。

② 汪作民、关长全、周大元：《从南京走出的著名电影人》，《电影创作》1977年第2期，第46页。

演剧四队、二队，演出了《三江好》《最后一计》《放下你的鞭子》《八百壮士》等剧目。1939 年，他曾在陶行知创办的育才学校戏剧系担任教员。

1940 年春，水华奔赴延安，在鲁艺戏剧系任教员并兼任鲁艺实验剧团导演。他在延安排的第一部戏是反映皖南事变的《白占元》。1941 年年底，他与王滨联合导演了苏联多幕剧《带枪的人》。1942 年 5 月，他参加了延安文艺座谈会，同年加入了中国共产党。他导演过苏联话剧《神手》，编导了《赵富贵自新》《夫妻逃难》《张丕谟锄奸》等一批群众喜闻乐见的秧歌剧。1943 年，水华参加了鲁艺工作团。他和王大化等一起编导了大型秧歌剧《周子山》，获陕甘宁边区文化奖一等奖。1944 年回到延安后，水华参加了导演团，排演了话剧《粮食》，并参加了新歌剧《白毛女》的创作。在陕甘宁边区的群英大会上，他荣获甲等模范文教工作者奖励。

水华于 1946 年到东北参与筹建东北鲁艺。1947 年 5 月，合江鲁艺文工团（亦称东北鲁艺文工二团）成立，水华任团长，并再次导演了新歌剧《白毛女》《血泪仇》及话剧《王家大院》等。1949 年沈阳解放后，水华担任东北鲁艺实验剧团团长。同年，他到北京参加了第一次文代会。

新中国成立后，水华历任文化部电影局、北京电影制片厂导演，中国文联第三、四届委员，中国影协第三届理事、第四届常务理事、第五届主席团委员。他还是第三届全国人民代表大会代表，第五、六、七届中国人民政治协商会议成员。

1950 年，东北电影制片厂（长春电影制片厂前身）依据歌剧《白毛女》摄制了同名黑白故事片，这是新中国第一部歌剧电影。影片由水华、王滨、杨润身改编，由王滨、水华导演，田华、李百万、陈强等主演。1951 年，电影《白毛女》在京、津、沪、穗等 25 个城市的 115 家电影院同时公映。首轮观众即达 600 余万人次，仅上海就达 80 万人次，创下了当时中外影片卖座最高纪录。这部电影曾在 30 多个国家和地区放映，并在 1951 年捷克斯洛伐克第六届卡罗维·发利国际电影节上获得了“特别荣誉奖”，是长春电影制片厂历史上最杰出的影片之一。

在为“喜儿”选角时，时任东北电影厂厂长的吴印咸倾向于选择北京的女演员张奇虹担任主角，因为她银幕形象好，而作为第一次参加电影导演工作的水华从演员生活经历要求出发，认为那位女演员虽然银幕形象好、演技好，但农村气息不够，最终拍板由 22 岁的田华出演喜儿，因为白毛女的故事发生在河北，而田华就出生在贫穷落后的河北农村，抗日战争时期又长期生活、战斗、工作在农村。这是田华第一次登上银幕，[①] 为此，田华也从一名普普通通的部队文工团员，一跃成为家喻户晓的电影明星。

水华与夏衍合编的《革命家庭》，在 1962 年获第一届

① 参考《于蓝追忆水华导演》（于蓝、朱小鸥著，《电影艺术》1999 年第 4 期）一文。另据《导演王滨与电影〈白毛女〉》（宋杰著，《电影艺术》2004 年第 6 期）一文载：经过认真比较之后，王滨最终选了田华。《王滨与两部〈白毛女〉的诞生》（王丁菲、刘学著，《电影文学》2022 年第 9 期）一文中亦持此说。

电影百花奖最佳编剧奖。

北京电影制片厂出品的剧情片《烈火中永生》，由水华执导，由赵丹、于蓝、张平、项堃等担任主演，于1965年上映。该片改编自小说《红岩》，讲述的是重庆解放前夕，江姐在丈夫被敌人杀害后，去华蓥山区参加农村武装斗争，由于甫志高的出卖，她和许云峰被捕，他们在狱中保守党组织秘密，同敌人展开顽强斗争的故事。该片最初定名《红岩》，周恩来总理看过后，建议改名为《江姐》。但于蓝提出，江姐在影片中并不是唯一主人公。经过讨论，周恩来总理从叶挺将军的一首诗中取“烈火中永生”为片名，并由郭沫若题写。学界评价：“……一部相对时代主题、题材而言，有着相对完美的艺术表述的影片。在这部影片中，‘政治类型’电影达到一个峰值，主题艺术与时代政治命题已由内容上的叙事模式转移到艺术形式之上，在本片中实现了一种完美的视听程式，形成了一整套政治的叙事修辞学。”① 江姐是于蓝饰演的所有角色中最为成功的一个，“在几代观众心中，于蓝就是红梅，于蓝就是江姐”！②

北京电影制片厂出品的剧情片《林家铺子》由水华执导，夏衍任编剧，谢添担任主演，于1959年上映。该片根据茅盾的同名小说改编，以1931年的中国江南某小镇为背景，通过小工商业者林老板一家的命运，展现了当时整个社

① 戴锦华：《时代之子：水华导演艺术散论》，《电影艺术》1987年第7期，第33页。
② 廖翊：《“我与江姐”：访著名电影表演艺术家于蓝》，《新华每日电讯》2011年5月22日第1版。

会存在的尔虞我诈、“大鱼吃小鱼、小鱼吃虾米”的黑暗现实。1983 年，该片在第 12 届菲格拉达福兹国际电影节上获得“评委奖”。1986 年春，在中国香港举办了一次世界电影史上 10 部杰作展映，与《党同伐异》《战舰波将金号》《城市之光》《公民凯恩》等外国经典之作并列的唯一一部中国影片就是水华导演的《林家铺子》。[1] 该片有“新中国第一部封神电影”之美誉。学界认为：“电影艺术家水华在《林家铺子》中如何用电影艺术手段描绘真实的生活和塑造典型人物的经验，具有典范意义。”此片“堪称中国现实主义电影的经典之作”。[2]

1981 年，为纪念鲁迅诞辰 100 周年，水华导演了根据鲁迅同名原作改编的《伤逝》。

1986 年，在全国儿童电影剧本评奖会上，围绕剧本《白栅栏》能否入围获奖存在分歧，水华导演坚持该片应该获奖，并说：“这样的作品如果不给予鼓励，以后就不会有人写了。”[3]

1993 年，在中宣部等单位联合公布的配合开展爱国主义教育的 100 部优秀影视片中，水华导演的《林家铺子》《烈火中永生》入选。

作为新中国第一代电影导演，1995 年在纪念世界电影

---

① 罗艺军、徐虹：《〈水华访谈录〉前前后后》，《电影创作》1996 年第 3 期，第 67 页。

② 马德波：《典型的魅力——影片〈林家铺子〉回顾》，《电影艺术》1992 年第 3 期，第 78、72 页。

③ 于蓝、朱小鸥：《于蓝追忆水华导演》，《电影艺术》1999 年第 4 期，第 25 页。

电影《林家铺子》宣传海报，水华导演
电影《烈火中永生》宣传海报，水华导演

诞生 100 周年、中国电影诞生 90 周年“中国电影世纪奖”评奖中，水华荣获“中国电影世纪奖最佳导演奖”。此奖共有 45 位电影艺术家获得，其中导演 15 位、演员 30 位。水华导演的《林家铺子》作为 10 部优秀影片之一，被授予中国电影 90 年“世纪奖”。

正如学界研究所言：“水华导演的 7 部影片，从数量上说，或许还不能构成一个蔚为观止（实为‘蔚为大观’——编者注）的艺术序列；但在新中国电影史的每一时期，列数其重要影片，其中都有一部——至少一部‘水华电影’在内。”①

① 戴锦华：《时代之子：水华导演艺术散论》，《电影艺术》1987 年第 7 期，第 29 页。

王巨才主编：《延安文艺档案（第3册）·延安戏剧·延安戏剧家·水华》，太白文艺出版社2015年版，第1266—1269页。

王巨才主编：《延安文艺档案（第43册）·延安影像·延安电影家·水华》，太白文艺出版社2015年版，第824—851页。

舒晓鸣：《水华访谈录》，《北京电影学院学报》1999年第3期。

高慧琳：《水华》，《延安日报》2022年4月12日第8版。

于蓝等编选：《水华集》，中国电影出版社1997年版。

丁志刚

1919—1996
曾用名丁铸铁
笔名管一丁
原籍江苏徐州
出生于山东滕县（今滕州市）
作家

徐州丁志刚：国家图书馆党委书记

丁志刚，原籍江苏徐州。1919 年，他出生于山东滕县（今滕州市）。他在当地读完小学，于 1932 年考入天津南开中学。“七七事变”后不久，他转入重庆分校南渝中学读高三年级。1938 年 5 月，他于毕业前加入了中国共产党，积极投身革命工作。

1938 年 7 月，丁志刚高中毕业后即奔赴陕北，在延安抗日军政大学学习。1939 年，他随校东迁至晋东南，毕业后留校任大队宣传干事。1940 年，抗大又由晋东南迁至山东，他便被调至校文工团编审组进行文艺创作，并任文工团党支部书记，不久又被调至八路军第一纵队鲁迅艺术宣传大队（简称宣大）任政治教导员，后又改任大队长。

在此期间，丁志刚一直从事文艺创作，他的代表作有民族歌舞剧《亲家母顶嘴》《二郎神大闹佛堂》、话剧《万仙会》、歌剧《一场风波》、喜剧小品《土地庙》和大型歌舞活报剧《血汗交流》等。

1945 年 8 月，丁志刚被派到徐州做党的地下工作。1948 年，徐州解放，他先后担任徐州市青年学校副校长、徐州市一中校长等职。新中国成立后，1950—1954 年，他历任山东省文联筹委会秘书长、山东省文联副主席兼党组书记、山东省文化局副局长兼党组书记。1954 年 7 月，丁志刚调任北京图书馆（现国家图书馆）副馆长，连续任此职 28 年，兼任党委书记，后改任顾问。在国家图书馆工作期间，1973—1978 年，他参与筹建国图新馆舍的初期工作；1978—1979 年，他参与筹建中国图书馆学会，并任中国图书馆学会第一届第一副理事长、第二届理事长，《图书馆学通讯》主编。1980 年，他参与起草向党中央汇报的《图书馆工作汇报提纲》，负责筹建文化部图书馆局，并出任第一任局长。他曾任《中国图书馆图书分类法》主编。1981 年 8 月 17—22 日，身为北京图书馆副馆长的丁志刚率团赴德意志民主共和国莱比锡参加国际图书馆协会联合会第 47 次大会，这是新中国第一次派团正式参加国际图联活动。

王巨才主编：《延安文艺档案（第25册）·延安文学·延安作家·丁志刚》，太白文艺出版社2015年版，第308—318页。

丁志刚：《丁志刚小传》，《山东图书馆季刊》1992年第2期。

丁志刚：《七十自述》，《黑龙江图书馆》1989年第5期。

时善刚：《为我国图书馆事业操劳的丁志刚同志》，《图书馆论坛》1993年第5期。

鲍振西：《为我国图书馆事业的发展和建设做出了有益的贡献——缅怀丁志刚同志》，《图书馆学研究》1999年第4期。

徐徐

1918—1986[①]
曾用名徐宾尧
江苏无锡人
电影音乐作曲家
音乐理论家

①《延安文艺档案》中的“徐徐”资料部分显示，其去世时间有 1986 年和 1987 年两种不同说法，此处采其中收录的《脚踏实地谱心曲——作曲家徐徐》一文的时间信息。

1918年，徐徐出生在江苏无锡江阴县北湖东埭村。他的父亲是位受人尊重的乡村教师。在徐徐10岁的时候，他的父兄们常常聚在一起演奏江南丝竹乐，他受到了音乐艺术的陶冶。1931年，徐徐考入上海吴淞中学，开始接触西洋音乐，星期日他常去参加上海工部局乐队和美国海军军乐队举办的音乐会。他后来加入了全国最有影响的口琴团体——中华口琴队总会。

1935年读高中时，徐徐在电影院里第一次听到了田汉和聂耳为影片《桃李劫》创作的《毕业歌》。歌曲中“同学们！大家起来！担负起天下的兴亡”的号召，以及那雄壮有力的进行曲曲调，都给他留下了深刻的印象。从此，他积极参加各种进步歌咏活动。1937年，他从上海新陆师范学校毕业后便投身革命。

1938年9月，徐徐考进陕西洛川抗日军政大学。1939年，他加入了中国共产党。从抗大毕业后，他进入延安鲁迅艺术学院实验剧团，经常随团深入敌后，宣传党的抗日主张，编写、演唱、教唱各种通俗易懂的革命歌曲。

1939年年底，徐徐随实验剧团回到延安，进入鲁迅艺术学院音乐系第四期学习，并担任第四期音乐系的党支部书记，直到1941年年底。在鲁艺期间，他曾经参加过冼星海亲自指挥的《黄河大合唱》以及吕骥创作的大合唱《凤凰涅槃》等演出活动。徐徐除了在鲁艺学习外，还担任中央文化俱乐部口琴训练班的教员，兼任鲁艺音乐学校、部队艺术学校和延安中学的音乐教员。

1943 年春节，延安掀起了新秧歌运动，鲁艺组织了秧歌队。徐徐参加了新秧歌的创作和演出，他在《拥军小车》《运盐队》中都有出色的表演。由于学习刻苦、成绩优良，他 1944 年毕业后留院进修研究生，并参加了新歌剧《白毛女》《周子山》的乐队伴奏。

1946 年 6 月，徐徐来到东北齐齐哈尔市从事文艺工作。当时形势动荡，徐徐冒着随时可能被特务暗害的危险，以文联、民教馆为基地坚持发动和开展群众性歌咏活动。他组织了声势浩大的《黄河大合唱》演出，又开办了音乐训练班，还组织了业余合唱队，并举行过冼星海纪念音乐会、周末露天音乐会等。这一时期，徐徐作为市文联负责人，除了做大量的音乐组织工作外，还对京剧、评剧、马戏、曲艺团等文艺单位进行了改革，同时还创作了《解放全东北》《全力准备大反攻》等歌曲。他参加创办的市文工团，于 1949 年全部编入东北电影制片厂，为初创的人民电影事业输送了新鲜血液。

1949 年 6 月，徐徐被调到东北电影制片厂担任音乐科副科长，后任制片处副处长、厂艺委会秘书，并开始了电影音乐的创作。1952 年 4 月，他被调到北京中央电影事业管理局艺术委员会音乐组工作，后又任文化部电影局音乐处研

徐徐为电影《深山里的菊花》配乐

究科科长、音乐处副处长、新影乐团团长等职。他曾任中国影协名誉理事、中国电影音乐学会副会长等职。

徐徐先后为《高歌猛进》《卫国保家》《无形的战线》《深山里的菊花》《中德友谊》《并肩前进》等影片配乐。还参与了新中国成立初期著名的纪录片《反对细菌战》和故事片《沙家店粮站》的音乐创作。此外，徐徐还积极向国人介绍译制外国电影插曲。他曾与孟广钧合作，为 1952 年举办的苏联电影周译配了《勇敢向前进》《飞吧，鸽子》《顿巴斯矿工》等 20 余首电影歌曲。他还为 1955 年举办的印度电影周译配了影片《流浪者》中的《拉兹之歌》和《两亩地》中的《催眠曲》。特别是前一首歌曲，在中国群众中广为流传。

另外，徐徐还先后完成了为《毛主席接见外宾》《全国五项球类运动会》《美国总统尼克松访问中国》等纪录片作曲的任务。

王巨才主编：《延安文艺档案（第13册）·延安音乐·延安音乐家·徐徐》，太白文艺出版社2015年版，第1146—1180页。

孙克悠

1920—2012
原籍江苏扬州
出生于山西太原
作家

孙克悠出生在一个医生家庭。1936年在太原友仁中学就读时，她就参加了爱国学生抗日救亡运动。她1937年参加八路军，1938年5月加入了中国共产党。1938年秋，她被部队选送到延安学习，先后在抗日军政大学三大队、八大队、五大队学习。1939年，中国女子大学成立，她被编入中国女子大学三班学习。她还参加了南泥湾大生产运动。从1940年起，她在陕甘宁边区米脂县、绥德县从事妇救会领导工作。米脂中学成立之初，她被聘为音乐教员。1944年10月，她考入中共中央党校二部学习。解放战争期间，她任山西交城县委宣传部部长、古交区委书记等职。1947年10月，她奉命调到东北。

1950年以后，孙克悠先后担任哈尔滨工业大学、东北设计公司、中共哈尔滨市委学习室等单位的党总支书记、校办主任、干部处处长等职。1961—1978年，她任哈尔滨图书馆采编部主任。1978年10月，她被调到中共中央纪律检查委员会工作，历任政策研究室副主任、纪检四室副主任等。孙克悠参加了十一届三中全会后党内若干历史问题的讨论，参与起草、讨论、审定“党内准则十二条”的工作。她1982年11月离休。其丈夫高铁是我国高等教育战线上成就卓著的教育家，曾任哈尔滨工业大学校长、党委书记，北京大学党委副书记、常务副校长，建筑材料工业部副部长。

孙克悠在部队期间，通过歌唱革命歌曲等方式来宣传组织群众支援抗战。在中国女子大学学习期间，她担任班级歌咏指挥。她在《人民日报》《瞿秋白研究》等报刊上先后发表了《聆听陆老谈瞿秋白——访陆定一同志》《〈多余的话〉知情者如是说》《瞿秋白是我党早期杰出的主要领导人》等9篇文章。2005年5月，这些文章由中国方正出版社汇编出版。1999年，孙克悠主编出版了《延水情——纪念延安中国女子大学成立六十周年》一书。

孙克悠：《延安是故乡》，《延水情——纪念延安中国女子大学成立六十周年》，中国妇女出版社 1999 年版，第 309—312 页。

吴坚

1918—?
原名吴孝贞
曾用名吴剑
江苏南京人
新闻记者
摄影家

南京吴坚：山西省老年摄影家学会副会长

吴坚，江苏南京人。抗日战争时期，因日军轰炸南京城，1937 年 8 月她被迫离开就读的南京汇文女中，转入山西省立高中学习。后来经人介绍，她进入安吴堡青训班学习， 1938 年冬，她被分配到抗大五大队女生二队学习。1939 年 7 月延安中国女子大学成立后，她从抗大转入女大二班学习。1939 年 7 月底，她奔赴敌后方，9 月下旬到达华北敌后模范抗日根据地晋察冀抗大二分校，后任该校文工团演员。1942 年，她被派往华北联合大学文学院戏剧系学习。毕业后，她先后在晋察冀太行一军分区、晋绥八军分区、吕梁区党委工作。吴坚 1945 年加入了中国共产党，1947 年任中共隰县委员会宣传部干事，1948 年调任《晋中报》文学编辑。

新中国成立后，吴坚历任《山西日报》记者、编辑，山西图片社、省新闻图片社主任，《山西画报》顾问。1954 年，她当选为太原市第一届人大代表。她 1961 年加入中国摄影家协会，1963 年加入山西省摄影家协会，先后当选为山西省摄影家协会分会常务理事、副秘书长、秘书长。1966 年夏，她出访东欧，进行文化交流。1985 年，她担任山西省老年摄影家学会副会长。吴坚是山西省最早从事专业摄影的女摄影家之一。她于 1984 年 7 月离休。

除了发表众多文字报道之外，吴坚还发表了大

吴坚生活照

量新闻照片。吴坚拍摄的山西省文水县云周西村召开公审杀害刘胡兰凶手的专题照片，曾在国内众多报刊上发表，受到广泛好评。她拍摄的《母亲的控诉》被香港《周末报》头版刊载，她拍摄的《时刻准备着》入选1963年全国首届“女摄影工作者作品展览”。此外，她拍摄的《女司机》《会见狼牙山五壮士之一宋学义》《郭老题词》《英雄母亲戍冠秀和胡文秀在一起》《朱德来山西》《试修》《社员学时事》《干部参加劳动》《羊群满山坡》《照张“全家福”像》等照片先后入选山西摄影展。她的摄影作品《周总理在山西》《母亲的控诉》《同陈毅爷爷一起照像》，分别载入《难忘的瞬间》《山西妇女》《中国老摄影记者优秀作品选》等画册。特别是照片《母亲的控诉》于2000年国庆50周年之际，被授予“世纪佳作奖”。

吴剑：《从延安到敌后》，孙克悠：《延水情——纪念延安中国女子大学成立六十周年》，中国妇女出版社 1999 年版。

张沛、吴杰：《一位女摄影家的足迹：记山西画报社离休干部吴坚同志》，《山西画报（太原）》2005 年第 4 期。

贾秀总主编：《古今中外女名人辞典》，中国广播电视出版社 1989 年版。

吴剑：《从延安到敌后》，李子主编：《延安女兵》，陕西人民出版社 2007 年版。

葛力群主编：《中国老摄影记者优秀作品选》，辽宁美术出版社 1991 年版。

蒋往、庹纯双主编：《中国文艺家传集（第一部）》，四川辞书出版社 1993 年版。

后 记

本书是围绕延安十三年时期江苏文艺人展开的初步调研与整理，从江苏文脉传承研究的角度而言，自以为这般的集中梳理，是有意义、有价值、有趣味、值得做的一件事。至少当前的许许多多江苏人读过该书后都不免觉得惊喜：如许重要的文艺作品和文艺现象竟然都烙刻有江苏人的印记。

这群江苏文艺人，来自不同战线，有的现如今仍举世皆知，有的或许年轻一代已少有耳闻。他们都与延安十三年时期有着剪不断的情缘，在他们的人生地图上有一个共同的交汇点——延安。你或许会对他们的姓名感到陌生，可是对他们的传世作品，你却倍感熟悉和喜爱。这番对比或反差及其背后的惊喜，也算是我们走进这段历史时的一份额外收获吧！

对从延安十三年走出来的江苏文艺人的考察，给我留下这样几点印象：

一是这群江苏文艺人的姓名，大都发生了变化。原名原姓的改变，最简单、最直接地揭示了那段岁月的峥嵘与艰难。为了抗日，面对国民党反动派的围追堵截，这些热血青年不得不隐姓埋名。可以说，每个改名的背后都是一首战歌，彰显同一种信仰。所以我在搜集准备资料时，都会特别留意他们改名的动机与背景，尽可能地还原一些独特的历史细节。

二是确如已有研究显示的那样：这群江苏人不远千里，克服重重困难，执着奔赴革命圣地延安。他们出身大有不同，不少人家境贫苦，少小就离家闯荡，也有一些出身优渥的青年，没有贪图安逸享乐，为了民族大义和社会责任担当，毅然投入抗日烽火，显现出江苏青年所拥有的强烈爱国之志、自觉报国之心。习近平总书记强调："追求进步，是青年最宝贵的特质，也是党和人民最殷切的希望。"[①]"青年是标志时代的最灵敏的晴雨表，时代的责任赋予青年，时代的光荣属于青年。"[②]一群群热血青年如朝圣般奔赴延安，本身就预示着中国革命胜利的方向。

三是延安十三年对于这群江苏文艺人成长发展的影响，再次印证一个铁一般的真理：个人无法脱离开社会语境的形塑，一个人的人生道路会受到其所置身的那个社会生活的巨大影响。有些江苏人在去延安之前并无明显的文艺特长，甚至是零起点，可是在强烈的现实需要面前，经过短短几个月的急训式培养，就能成长为一名合格的甚至是优秀的文艺战士，应该说社会土壤环境在其中起到了不可忽视的特殊作用。现实需要文艺为抗日服务，而一个人在特殊环境中就真

---

① 习近平：《在庆祝中国共产主义青年团成立 100 周年大会上的讲话》，《中国青年报》2022 年 5 月 11 日第 2 版。

② 习近平：《青年要自觉践行社会主义核心价值观》，《习近平谈治国理政》第一卷，外文出版社 2014 年版，第 167 页。

的爆发出了不可限量的潜能，响应了社会形势的需要。虽然不少人在去延安之前就已有一定的文艺专业的积淀，可是他们受到延安特殊艰苦环境的影响也是显著的。例如，有人在去延安之前是名画家，可是延安缺纸少笔，多的是树木，于是他就转变成为一名木刻版画家，将画笔换作了刻刀。面对艺术门类的跨越，这群江苏青年没有怨天尤人，而是服从抗战需要，积极昂扬以对，努力投身开辟文艺第二战场。

四是这群江苏文艺人在延安十三年以及后来很长一段时期内创作的作品，多是有为而作，“文章合为时而著，歌诗合为事而作”的传统极力张扬，显现出强烈的现实针对性、指向性。作品诞生后，即收到良好的社会效果。我们可以用辩证的眼光指出其间的一些不足，可有一点是颠扑不破的：作为文艺人，只有紧密拥抱现实生活，真正深入植根现实生活，文艺创作才有真正的源头活水，这样创作出来的作品才真正富有生命力。

五是众所周知，延安十三年是中国共产党在新中国建立前夕对于全面执政的一次重要试验和探索。这群江苏文艺人不仅经历了血雨腥风的革命岁月，也积极投身到新中国成立后的各项文艺建设事业，甚至成为一些文艺机构、文艺事业的主力军、领导人、奠基人，他们经历了革命与和平建设时期，他们的重要贡献是不可磨灭的。他们和其他文艺人一道成为新中国文艺事业顺利健康发展的重要人才资源保障。

六是当前研究红色江苏文化，通常还是就江苏言江苏，多聚焦发生在江苏大地上的人和事。江苏文艺人群体，是延安革命文艺、红色延安的一个重要组成部分，更是“红色江苏”不可或缺的重要组成部分。“红色江苏”的外延也应该包括从江苏走向全国的人及其事迹。值得一提的是，这群江苏文艺人的部分作品已经不仅仅属于江苏，属于中华民族，也成了代表全人类的宝贵精神文化符号。

若要说起本书的创意，则受惠于在延安干部学院学习期间的所见所得。有一天参观延安文艺纪念馆，馆内不少江苏人的人物图片突然引起了我的注意，出于自身专业背景的敏感性，我立马萌生了搜集整理这群江苏文艺人资料的念头。学院的鹏飞老师告诉我：王健老师跟纪念馆那边比较熟。我便请王健老师出面，帮我联系上了纪念馆的焦莉娜老师，请她替我逐一拍摄了馆内展出的江苏人的图片资料，作为我研读的第一拨资料。一个月的学习结束后，鹏飞老师还不忘把他参观《五月盛会——纪念延安文艺座谈会召开 80 周年特展》时见到的相关资料图片一一拍了发我……延安诸位老师热情无私的帮助与支持，如同阳光雨露，让我将这些资料整理成书的念头渐渐生枝冒叶。

另一位不得不提及的前辈是王巨才先生。虽说直到书的初稿完成之时，我都还没有联系过王先生，但是在着手整理此书之初，我便发现了一套大型丛书《延安文艺档案》（全 60 册），我如获至宝，整理工作顿时有了更为详实可靠的向导。从那时起，我便有一个愿望，想联系上甚至拜见一下王先生，因为他正是这套大型丛书的总主编！没有这套大型丛书，单凭我一己之力想在延安十三年里爬梳、挖掘江苏文艺人，其难度是难以想象的，甚或是无法完成的专业工程。手边有了这套大型丛书，我就像手中有了拐杖、心中有了方向。我的工作从零起步，我以从大型丛书中搜集到的江苏文艺人的介绍为基础，再尽可能地广泛吸收借鉴最新文献资料和研究成果，增补遗漏，辨析正误，并根据本书的体例计划，有针对性地突出介绍被收录者代表作的创作诞生过程及细节。读者诸君若是有心将本书与大型丛书两相参读，自会发现异同。但是，我还是想套用牛顿的一句名言，此书真的是站在巨人之肩上完成的。而这个巨人就是总主编王巨才先生及其领导的编写团队。2023 年 2 月 1 日，是值得铭记的日子。由中国作协副主席吴义勤先生帮助，心怀忐忑的我终于如愿在电话里向王先生表达了诚挚的问候和由衷的谢意，汇报了本书的创意缘起以及《延安文艺档案》给予的不可替代的帮助。王先生年届八十，曾担任过重要领导，可是语气显得非常谦和可亲，他一方面坦陈大型丛书存在的瑕疵与不足，一方面高度肯定我这项整理工作的价值与意义，还特地把《延安文艺档案》责任编辑的姓名和联系方式提供给我，助我解决在文献资料、历史图片等方面遇到的困难。前辈浓浓的提携关爱之情，让我浑身暖流涌动……

在此，我要再次真诚地向王先生率领的丛书编辑团队致以深深的感谢！同时，我还要向无私提供珍贵历史图片的延安文艺纪念馆以及其他所有给予帮助的师长、同仁致以深深的感谢！

本书的责任编辑兢兢业业，严谨高效，精益求精，务实亲和，生动演绎了一个道理：一本书的高质量出版，与著者自是密不可分，而优秀的责任编辑同样不可或缺。

另外，编撰本书时，参阅文献众多，恕我不能一一感谢各位作者，特此说明并向作者致敬，祈望理解与海涵。

最后，附一首自作小诗以记之：

绝处逢生惊宇内，
清凉宝塔佑群豪。
自由民主先风著，
铁血丹心日月昭。
兄妹开荒河水颂，
众芳求索向阳谣。
江苏自古多风雅，
且看延安又一潮。

癸卯年春于玄武湖畔

图书在版编目（CIP）数据

宝塔山下江苏文艺人 / 陈军编 . -- 南京 : 江苏凤凰教育出版社 , 2023.5
ISBN 978-7-5743-0561-8

Ⅰ . ①宝… Ⅱ . ①陈… Ⅲ . ①文艺工作者 – 先进事迹 – 江苏 Ⅳ . ① K825.72

中国国家版本馆 CIP 数据核字 (2023) 第 045172 号

书　　名　宝塔山下江苏文艺人
编　　者　陈　军
策划编辑　周敬芝
责任编辑　王　岚
版式设计　夏晓烨
封面设计　高　森
出版发行　江苏凤凰教育出版社（南京市湖南路 1 号 A 楼　邮编：210009）
苏教网址　http : // www.1088. com. cn
照　　排　江苏凤凰制版有限公司
印　　刷　苏州市越洋印刷有限公司
厂　　址　苏州市吴中区南官渡路 20 号（邮编 ：215104）
开　　本　787 毫米 ×1 092 毫米　1/16
印　　张　30.25
版　　次　2023 年 5 月第 1 版
印　　次　2023 年 5 月第 1 次印刷
书　　号　ISBN 978-7-5743-0561-8
定　　价　88.00 元
网店网址　http : // jsfhjycbs. tmall. com
公 众 号　苏教服务（微信号：jsfhjyfw）
邮购电话　025-85406265，025-85400774
盗版举报　025-83658579

苏教版图书若有印装错误可向承印厂调换
提供盗版线索者给予重奖